全局
构思力

[日]细谷功　[日]坂田幸树　著

朱立坤　译

構想力が劇的に高まる
アーキテクト思考

中国原子能出版社　中国科学技术出版社

·北　京·

KOSORYOKU GA GEKITEKI NI TAKAMARU ARCHITECT SHIKO by ISAO HOSOYA;
KOHKI SAKATA

ISBN: 978-4-478-11387-5

Copyright © 2021 ISAO HOSOYA; KOHKI SAKATA

Simplified Chinese translation copyright ©2024 by China Science and Technology Press Co., Ltd. and China Atomic Energy Publishing & Media Company Limited.

All rights reserved.

Original Japanese language edition published by Diamond, Inc.

Simplified Chinese translation rights arranged with Diamond, Inc. through Shanghai To-Asia Culture Communication Co., Ltd

北京市版权局著作权合同登记　图字：01-2022-1251。

图书在版编目（CIP）数据

全局构思力 /（日）细谷功，（日）坂田幸树著；朱立坤译. —北京：中国原子能出版社：中国科学技术出版社，2024.1

ISBN 978-7-5221-2987-7

Ⅰ.①全…　Ⅱ.①细…②坂…③朱…　Ⅲ.①商业经营　Ⅳ.① F715

中国国家版本馆 CIP 数据核字（2023）第 180173 号

策划编辑	申永刚	执行策划	王碧玉	
责任编辑	付　凯	文字编辑	杨少勇	
封面设计	潜龙大有	版式设计	锋尚设计	
责任校对	冯莲凤　邓雪梅	责任印制	赵　明　李晓霖	

出　　版	中国原子能出版社　中国科学技术出版社
发　　行	中国原子能出版社　中国科学技术出版社有限公司发行部
地　　址	北京市海淀区中关村南大街 16 号
邮　　编	100081
发行电话	010-62173865
传　　真	010-62173081
网　　址	http://www.cspbooks.com.cn

开　　本	710mm×1000mm　1/16
字　　数	238 千字
印　　张	16.75
版　　次	2024 年 1 月第 1 版
印　　次	2024 年 1 月第 1 次印刷
印　　刷	北京盛通印刷股份有限公司
书　　号	ISBN 978-7-5221-2987-7
定　　价	79.00 元

（凡购买本社图书，如有缺页、倒页、脱页者，本社发行部负责调换）

前　言

当今时代，为何需要架构师思维

本书的提到的"架构师思维"，简而言之，就是指高度抽象的全局构思的思维。架构师①一词，本意为"建筑师"。而在本书中，我们将它的含义进一步拓展为在建筑界之外的其他领域中也具有一般意义的"全局构思家"。首先，我们从这种思维的重要性开始介绍全局构思家的概念。

在新冠疫情和数字革命的影响下，我们面对的是一个无法预测的、具有高度不确定性的"乌卡时代"（Volatility、Uncertainty、Complexity、Ambiguity，VUCA）。因为新冠疫情，2020—2021年成为全球激荡不安的一年，在世界范围内同期持续着无法预测的状态，这是近年来少有的现象。

身处变化如此激烈的时代，从解决既有问题、基于既有变量及指标的最优化解决方案开始，重新审视和定义"到底是哪里出了问题？"才是当务之急。因此，当下迫切需要的是在零基础上开创全新时代，构建全新世界的思想和思考能力。

到目前为止，对既有领域进行优化，一直是日本压倒性的优势。

同时，这种状态与"在给定环境下遵守约定俗成的规定而将能力发挥到极致"的日本人相得益彰，由此奠定了"战后的日本"成功的基础。

---

① 原词为Architect，建筑师。——译者注

从原则上说，"战后的日本"所处的环境是由战胜国"设定的环境"。"战后的日本"在给定领域中展现了卓越的技术、取得了几乎是常胜不败的"辉煌成就"。当然，这都发生在战后经济高速增长期和经济泡沫时期。何况，上述成就仅仅说明了日本当时的战略和磨炼出来的竞争技术的卓越性而已。

在取得最佳战绩的汽车、半导体、电气设备等制造行业，它们的基本构思几乎没有一个是源自日本的。每一个都是日本加入"由某人设定好的博弈"，彻底研究博弈规则并将其优化后再取得胜利。这是迄今为止日本的成功模式。

然而，在前文所说的激烈变革的时代，日本经济陷入了即使在发达国家之列也是为数不多的、被称为"失去的30年"的低速增长期。必须从全新领域思考"能获胜的博弈"变得如此迫切，这也正是迫切需要架构师思维的一个重要原因。

被称为数字时代天选之子的GAFAM[①]（虽然也有GAFA、FAMGA等叫法，但本书中统称为GAFAM），因为提供了全部博弈所需的"平台"而展现出压倒性的存在感。

尽管不能否定我们"在这个平台上的卓越表现"，然而，在"牢牢控制优势资源，轻松获得所有信息"的平台设计规则之下，结果只能是平台完胜，无论是对个人还是对商业竞争者，因这种弊端而带来的伤害正在日益加深。

同时，与现实世界相比，社会的数字化正在使"构思新平台的设想"变得更加简单。物理性产品是以"获得市场份额"为目标，公司根据这个目标采取相应的市场战略和制定相应的生存法则。

在数字平台领域，"平台完胜"的概念更具吸引力，而在以制造业为主导的物理性领域中，所谓的"市场份额"的地位是不能与之相提并论的。在这个前提下，"定义初始领域"的重要性要比以往显得更加急迫和突出。

---

① GAFAM：世界范围内的科技五雄——谷歌（Google）、亚马逊（Amazon）、脸书（Facebook）、苹果（Apple）和微软（Microsoft）五家公司的首字母缩写。——译者注

架构师是全局构思家

本书将前文阐述的"架构师思维"定义为"处于变革期的商业领域中压倒性不足的思维方式",即将从零开始的白纸状态转换为具有高度抽象性的全局构思家式思维模式。

Architect,在英语中,原意是建筑师。而在信息技术(IT)领域,则以Architecture(表示中央处理器等的基本架构设计思想)的形式出现。同时把将设计信息系统中复杂的构成单元集成一体,考虑设计逻辑和整体构造的人,称为"IT架构师"。

本书中的"架构师",定义为"全局构思家",如其语源所示,这位"架构师"是一位能从一张白纸的状态提升到具有高度抽象性概念和展望未来远景的统筹规划者。这位"架构师"并不在某个既定的领域中施展才华,而是着眼于该领域更前沿的未开垦区域,以总览全局的视野,为未来玩家设置准入条件和游戏规则。

本书设定了如下假说:受乌卡时代与数字化转型叠加影响的21世纪,经受重大变革的商业领域,在发展中所遇到的瓶颈是由架构师的不足而导致的。本书的目的是在阐述架构师的思维逻辑与思考方式的同时,希望读者通过学习商业模式的组织结构和案例,掌握其实践效果。

狭义的Architect是指建筑师或IT架构师,而在本书中,特指那些能够将其核心技能普遍化,并扩展到包括商业在内的所有领域中,而且为各个领域提供"抽象化的、以空白为基础的全局构思"的统筹规划者。例如,无论是摒弃传统习惯、开拓新兴业态的创新者,还是全新事业的奠基者,都可以被称为商业架构师。不仅如此,在其他领域,还有驱动IT构建城市发展计划的"智能架构师"、创立新式即时通信软件的"交流架构师"、创立某种组织或集团的"集团架构师"、创立全新文献系统的"文献架构师"、从无到有推出全新概念的"概念架构师"等。甚至可以毫不夸张地说,每个人都是"自己独特人生的必不可少的架构师"。

除此之外,游戏和动漫——作为当代日本在世界上具有压倒性竞争力且为数不多的两个代表产业，它们所表现出来的优势不应只是表面的趣味性，更要思考其是否揭示了某种世界观？这种展示根本性世界观的能力也是架构师不可或缺的能力。

架构师思维中必不可少的是"抽象化能力"

那么，作为架构师必不可少的"架构师思维"，究竟是一种什么样的能力？

如图0-1所示，本书对实践型架构师的能力进行了总结和归纳。

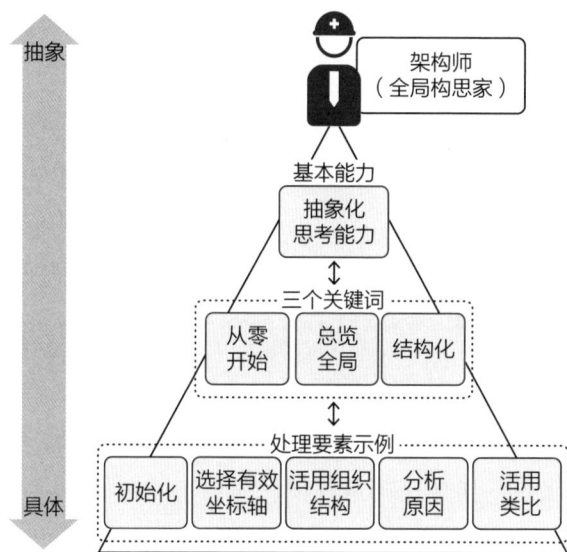

图0-1 架构师思维必不可少的"抽象化能力"

俯瞰全局，用抽象化方式构想从零开始的全新事业，并以此为基础树立全新的世界观，这种思考方式就是"抽象化思考"。从看得见的具象世界，到看不见的抽象世界，用总览全局的视角，为各个构成要素赋予相应的关系，使其成为有机的整体。这种能力，与现实世界中在平地上规划高楼具有异曲同工的效果。

架构师思维与非架构师思维的区别

为了更好地理解架构师思维的全貌，让我们对比一下架构师思维与非架构师思维之间的区别。

如图0-2所示，首先，架构师思维的第一步，是掌握规划一栋建筑或一座城市的能力，即高屋建瓴的能力。这种思维的出发点既不是"所处组织"，也不是"自己立场"，而是将目标置于整体（即由各个系统以及整个商业体系作为构成要素而相互联系的整个社会）中，捕捉全局视点。

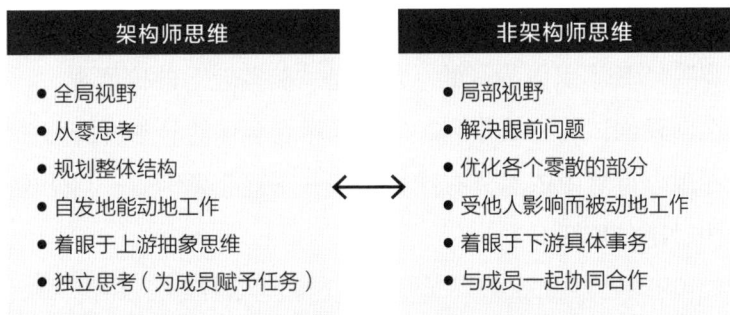

架构师思维	非架构师思维
• 全局视野	• 局部视野
• 从零思考	• 解决眼前问题
• 规划整体结构	• 优化各个零散的部分
• 自发地能动地工作	• 受他人影响而被动地工作
• 着眼于上游抽象思维	• 着眼于下游具体事务
• 独立思考（为成员赋予任务）	• 与成员一起协同合作

图0-2 架构师思维与非架构师思维的区别

其次，在空白领域，具备从零开始到勾勒全局的思考能力。所谓从零开始，是指抛弃曾经的经验或由此造成的约束，最大限度地利用当下最好的信息和技术描绘出最佳蓝图。

与之相反的思维方式，是考虑如何充分利用既有资源，为现有体系填补空白。这是补充式的解决问题方式，我们将它称为非架构师思维。

因此，架构师不能根据他人的反应而反应，而需要卓越的自我能动性。既不是单纯否定他人的提议，也不是对现有事物提出改进方案，而是从一开始（或者说从零开始）就考虑替代方案。在架构师思维的实践中，这是不可或缺的。

架构师思维所考虑的对象，主要是涉及上游事业的概念或蓝图等具有高度抽象性成果的工作。任何工作都需要有"基本蓝图"或"基本思想"，将其具体化之后，逐渐形成客户可以使用的商品或服务。而在未形成有形可见的具体商品之前的抽象概念，即是本书中所阐述的"架构师思维"。

在本书中，实践架构师思维的人必须是单独的一个人。"群策群力"和"集思广益"的方式，充其量更适合具体工作和出点子等场合，但在抽象成果中，人数的增加，会导致思维焦点的模糊和思考质量的下降（试想有谁听过某个概念是经过"100人的努力思考"得出的呢）。

上游思维正在受到重视

那么，拥有架构师思维的人才为何如此稀缺呢？如果用一句话概括原因，那就是"当下需要与日本一直引以为豪的传统价值观完全相反的另一种价值观"。"日本引以为豪的"象征是"制造业"的价值观。

现在，我们试着将截止到20世纪末席卷全球的日本经济高速增长的原动力（在现今世界中依然具有优势）——制造业思维——与架构师思维进行简单的对比，见图0-3。

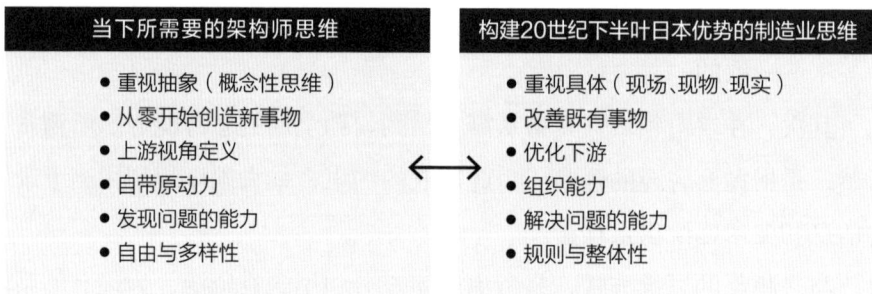

当下所需要的架构师思维	构建20世纪下半叶日本优势的制造业思维
● 重视抽象（概念性思维）	● 重视具体（现场、现物、现实）
● 从零开始创造新事物	● 改善既有事物
● 上游视角定义	● 优化下游
● 自带原动力	● 组织能力
● 发现问题的能力	● 解决问题的能力
● 自由与多样性	● 规则与整体性

图0-3　架构师思维与制造业思维的区别

我们将架构师思维定义为"抽象化的、在零基础上思考全局构图"的思维。这与日本一贯重视以现场、现物、现实的"三现主义[①]"为代表的具象世界的制造业思维，在某种意义上构成了鲜明的对比。

---

① 三现主义：日语词语中的现场、现物（实物）和现实的简称。——译者注

处于变革期，我们需要的不是优化既有框架模型的能力，而是构建全新框架模型的能力。这正是需要抽象化的原因。当然，为了实现抽象化，首先需要对具体事物进行观察，准确地说，由重视抽象，进一步扩展为重视抽象"化"。

KAIZEN[①]（本词已被收录到英文的词典中），作为世界范围内闻名遐迩的制造业方法论，它的核心内容是针对"既有事物"的改善。换言之，这是与要求"在零基础上思考全局构图"的架构师思维完全不同的一种思维方式。如果将这种区别简化成一句话概括，即上游思维与下游思维之间的不同。本书将针对这些区别进行详细阐述。

高度抽象化不是以组织的形式进行，而是以个人为单位的独立技能，这一点已经在建筑界得到充分证明。构思建筑物基本概念的世界级建筑大师，几乎没有一个不是以个人名义独立开展工作的。

而与此相对的，在制造业中最为重要的却是公司上下整齐划一地在制定好的、严格的质量管理守则下开展工作，并且最好能剔除掉所有个体的个性与多样性。这是因为在工厂中，质量管理工作的最大敌人就是"不一致"。工厂的很多质量提高活动都集中在"如何减少不一致"上（机械化是消除不一致的一种终极状态），但正如后文所述，抽象化最重要的是以天马行空的各式思维为轴而展开的多样性。

到目前为止，日本曾引以为傲的制造业思维，与日本人遵守整齐划一、严守规则的特性完美契合，成就了将这个思维发挥到极致、席卷全球的日本制造业。

颇为讽刺的是，克莱顿·M.克里斯坦森（Clayton M. Christensen）在其著作《创新者的窘境》一书中曾说，当新变革出现、范式发生改变时，"一个时代的骄傲"将成为新时代的痛点。

如上所述，日本上一个时代的制造业中引以为傲的优势，对于乌卡时代、数字化时代来说，在某种意义上则是矗立在其面前的巨大障碍。本书

---

① KAIZEN：即改善（かいぜん），日语名词的罗马字表述。——译者注

所迈出的这一小步，如果能够让商业领域中哪怕是多增加一位"架构师思维"的实践者，或者引起新变革的某一个人，那么本书的目的就达到了。

架构师思维不是仅属于"一部分被选定之人"的专有思维

为了避免读者误解，需要说明的是，"架构师思维"对于所有人来说，并不是在所有场合都是必不可少的。换言之，这种思维不是在所有场合都是必需的，而只有遇到适当的场合，这种思维才会有特殊的价值，况且制造业思维仍将在大多数场合中继续存在和发挥影响力。

说到这些，恐怕立刻会有人反驳："这种思维在所有情况下对所有人都不是必需的。"而他们随后给出的具体的个别反例本身，恰恰淋漓尽致地体现了所谓的"所有人通过习以为常的统一培训来提高平均成绩"的制造业思维。

综上所述，尽管架构师思维最需要一个被称为"站在上游构思全局的机会"，一个特定的场合，但如果架构师思维仅限于"一部分被选定之人"使用，那么，这与本书的宗旨是有云泥之别的。

新项目的全局构思、产品及服务的全局构思、活动的全局构思、网页的全局构思，或者某个人上网发帖的全局构思，所有人在各种场合中均可灵活利用架构师思维。总之，架构师思维不是"一部分被选定之人"的专属。甚至反过来看，无论是"组织的首脑"，还是在任职仪式上公开宣称"继承前任方针"的大企业领导者，从这个角度出发，都可以说是体现了与架构师思维相反的构思方式。

中国经典古籍《史记》中有一个词叫"鸡口牛后"，它的意思是"与其在大的集团或组织中处于末端，不如在小的地方，更能凸显长处和作用"（《新明解四字熟语词典》，三省堂）。

然而，现实中的日本社会，比起"鸡口"（例如街头小店的店主），难道不是对"牛后"（大企业的一般员工）更加认可吗？这也是有原因的。前文阐述的制造业文化能够大量生产出整齐划一的高品质且低价格的商品的关键就在于此。而这种环境对"牛后"的需求远远大于"鸡口"。近年来，发生重大的变化，正是这个"鸡口牛后"在部分领域中正在变成事实，如人气网站油管（YouTube）与家庭电视的作用。

在日本，尽管也有许多数字平台，但大多都是基于时间机器理论，依赖于语言和文化上的壁垒，"从欧美引进具有时间差的先进架构"，而架构师部分则完全依赖于欧美。

为了打破这种局面，普及架构师思维培育更多人才，特别是商业领域中的"商业架构师"，哪怕是仅仅多增加一名，既是本书之幸，也是本书的目的所在。

需要从零开始构思新世界的能力

本书中，将"架构师"做如下定位。

如图0-4所示，纵轴表示从抽象性构思到具体性构思，代表工作的上游与下游，横轴表示适用对象为"可以直接看到"或"不可以直接看到"。

架构师的一个典型代表就是前文所述的建筑师，他们站在下游施工者前面，在上游从事只有少数人才能完成的概念性工作。图0-4中，箭头A表示以建筑物为代表的可以直接看到的具体实物，应用到如商业或数字等

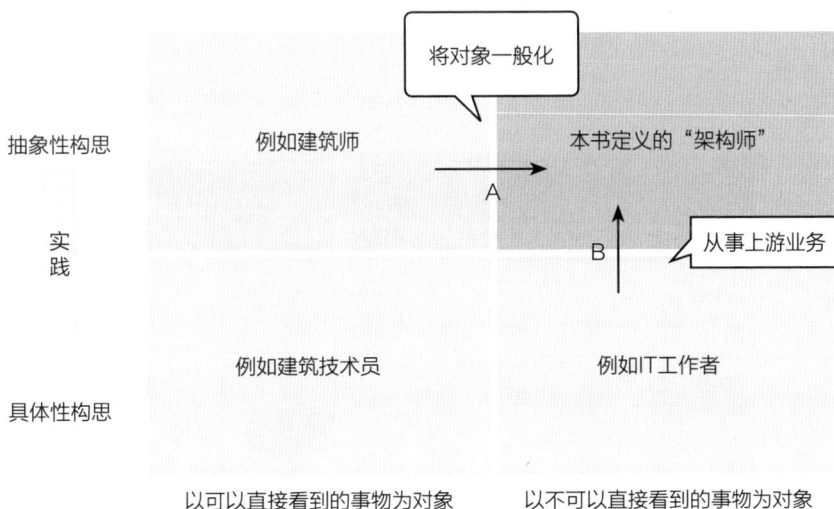

图0-4 "架构师"的职责是规划不可以直接看到的事物

不可以直接看到的更加普遍的领域（即使在建筑领域也有无法直接看到的概念，但我们将它视为其他领域而共同归纳到"右上"的位置）。

箭头B表示，将既有的、能够通过眼睛可以直接看到的大量下游人才引导到上游，期待提高他们自身不可以直接看到的构思能力。

本书的结构如图0-5所示。

本书大体上分成两部分，第一部分由细谷功执笔，第二部分由坂田幸树执笔。

第一部分通过说明架构师思维的为何（Why）/什么（What）/怎样（How）等概念，阐述具备架构师思维的必要性及架构师思维的具体含义，最后介绍这种思维方式在"抽象化"的商业领域中的具体应用案例。

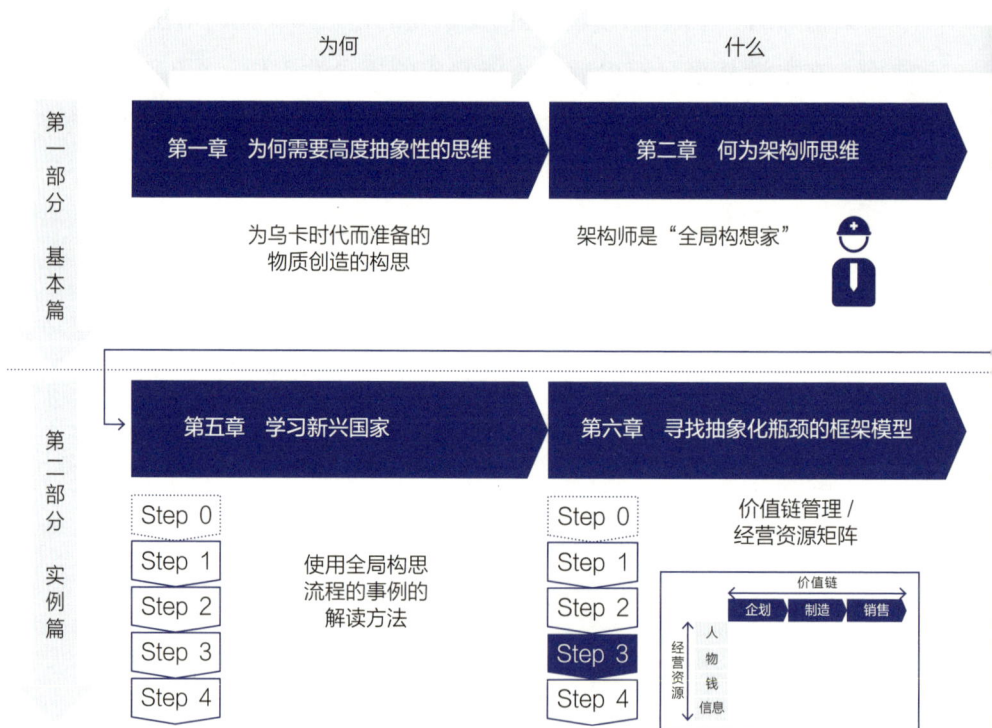

图0-5　本书的结构

第一部分的第四章，以流程图的形式形象地阐述难以流程化的全局构思的步骤，总结该方法的概要，并在第二部分中对其必不可少的结构进行说明。

作为第一部分的承接，第二部分通过介绍东南亚独角兽企业的具体战略制定及实施计划的案例，阐述架构师思维在商业领域中的具体应用。

作为构思的实施工具，结构与抽象化思考方式如何充分展现在"商业架构师"的思维中，希望通过后文的说明，能够帮助读者建立基本的印象。

本书的构思始于2020年年初，正值新冠疫情向全球扩大蔓延之时。恰好同年2月，细谷以讲师身份登上了由坂田担任首席执行官（CEO）的经营

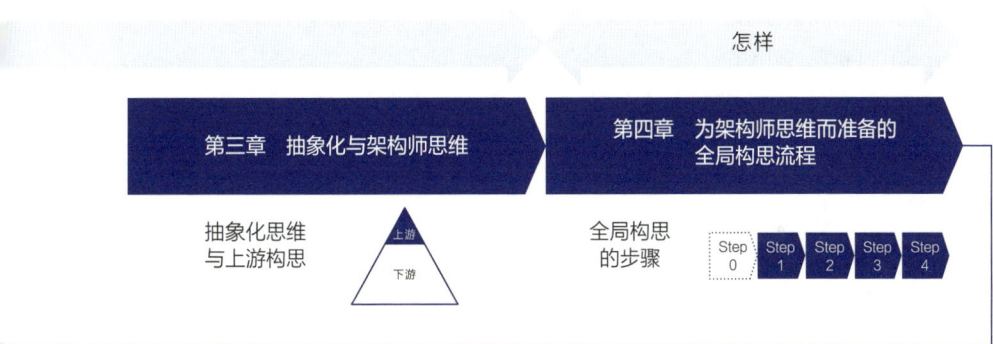

怎样

第三章　抽象化与架构师思维

抽象化思维
与上游构思

上游

下游

第四章　为架构师思维而准备的
全局构思流程

全局构思
的步骤

Step
0　Step
1　Step
2　Step
3　Step
4

第七章　从抽象角度把握行业特性的
框架模型

Step 0
Step 1
Step 2
Step 3
Step 4

扩大规模与多元化

多样性矩阵

追求整体优化型　组合投资型

成功模式移植型　追求个别优化型

本地化

第八章　通过案例掌握架构师思维

Step 0
Step 1
Step 2
Step 3
Step 4

用全局构思流程
详细分析新兴
国家案例

共创基盘（IGPI）[1]新加坡分公司的讲坛。彼时的新加坡已经开始实施严格的办公楼进出管理政策，我们回到日本后，相互交流今后世界的发展方向时，一致认为"在零基础上构思全新世界的思维能力正在变得越来越重要"。

由此，以服务于在东南亚开展业务的日本企业为使命的坂田和致力于传播思维的力量的细谷，出版了一本在后疫情时代如何全局构思的书，希望能够为日本商界人士提供新的方向指引。以上，就是本书执笔的动机所在。

在新冠疫情前的时代，我们一直着眼于乌卡时代所必需的思维能力的培养，以及在东南亚开展业务的日本企业所面临的各种课题的研究。而新冠疫情到来后，我们更加意识到这个使命的重要性。

如果有幸，读者通过本书能够在解决上述问题时得到启发，本书的创作初衷就达到了。

如何战胜新冠疫情，是我们每个人必须以人生架构师或职业架构师的姿态重新审视的问题。在无形的世界中，架构师思维的有无必会导致方向上的巨大差距。[2]

细谷功　坂田幸树

---

① 经营共创基盘：日本公司名称，中国分公司名称为益基谱管理咨询有限公司。——译者注
② 本书数据截至成书时间，约2021年8月。——译者注

目　录

第一部分　明确架构师思维中的Why、What和How

第一章 | 为何需要高度抽象性的思维 / 003

1. 为何选择架构师思维 / 004
2. 新冠疫情导致的剧变 / 005
3. 乌卡时代与范式转换 / 006
4. AI的发展与知识至上主义的终结 / 012
5. 社会将越来越抽象化 / 014
6. "鸡口牛后"时代将再次到来 / 016
7. 当今最需要的是"思维的架构师" / 025
8. 任何场合的任何人都可以使用架构师思维 / 026

第二章 | 何为架构师思维 / 027

1. 建筑界与IT界的架构师思维实践 / 028
2. 架构师的起源与现状 / 029
3. IT界的架构师定义 / 034

4. 具体事例中的建筑界与IT界的对比 / 041

5. 本书中的"架构师"及"架构师思维"的作用 / 044

6. 商业领域中架构师的对象范围 / 045

7. 将具体的人与抽象的作用分开来考虑的架构师思维 / 050

第三章 | 抽象化与架构师思维 / 051

1. 架构师的使命 / 052

2. 架构师的价值观 / 057

3. 架构师的思维模式 / 062

4. 架构师的行动习惯 / 077

5. 架构师思维的应用——商业领域也需要"架构师"/ 083

6. 为何很难培养架构师 / 084

7. 日本社会"下游度"非常高 / 085

第四章 | 为架构师思维而准备的全局构思流程 / 087

1. 面向"商业架构师"的全局构思流程 / 088

2. 全局构思的步骤 / 089

3. Step 0 ~ 4的解释 / 093

第二部分　训练架构师思维

第五章｜学习新兴国家 / 135

1. 东南亚的现状 / 136

2. 东南亚的代表性独角兽企业——印度尼西亚的GoJek / 139

3. 印度尼西亚与美国的差异 / 141

4. 第一阶段　基础战构筑在印度尼西亚独一无二的竞争
   优势 / 141

5. 第二阶段　拓展电子支付，开发具有支付功能的
   超级应用程序 / 144

6. 第三阶段　开拓多国业务，致力于成长为东南亚屈指可数的
   独角兽企业 / 147

7. 小结：基础战中苦苦挣扎的GoJek在竞争中取得优势 / 148

8. 本书中的案例的解读要点 / 149

第六章｜寻找抽象化瓶颈的框架模型 / 151

1. 不能准确把握抽象化瓶颈的解决方案是无意义的 / 152

2. 万事皆有瓶颈 / 152

3. 价值链·经营资源矩阵构成的三条坐标轴 / 154

4. 价值链 / 154

5. 经营资源（人、物、钱、信息）/ 160

6. 时间轴 / 165

7. 整合解决方案 / 171

第七章 | **从抽象角度把握行业特性的框架模型 / 175**

1. 从抽象角度把握行业特性 / 176

2. 经营的目的不是仅仅追求销售额的提高与市场份额的扩大 / 176

3. 构成多样性矩阵的两条坐标轴 / 177

4. 扩大规模和推进多元化提高利润率 / 178

5. 推进本地化提高附加价值 / 184

6. 多样性矩阵的四种类型及其特点 / 189

7. ①成功模式移植型 / 190

8. ②个体最优型 / 191

9. ③整体最优型 / 192

10. ④资产组合型 / 194

11. 按照不同类型进行类比 / 195

第八章 | **通过案例掌握架构师思维 / 199**

1. 学习四个来自新兴市场国家的案例 / 200

2. 案例1 垂直整合模型下将牛奶直接送到消费者家中 / 202

3. 案例2 水平整合模型下改革成熟的葡萄酒业 / 213

4. 案例3 为20世纪90年代引入数字平台技术,创立人才市场 / 220

5. 案例4 打破大国行政分割,力求独一无二 / 228

专栏 利用架构师思维从零开始谋划一个发达国家的发展思路 / 238

结束语 / 241
参考和引用文献 / 247

明确架构师思维中的 Why、What和How

在第一部分中，本书将说明如下三项内容（图1）：

1. 关于架构师思维的Why（为何需要架构师思维）。
2. 关于架构师思维的What（何为架构师思维）。
3. 关于架构师思维的How（实践架构师思维的流程与示意图）。

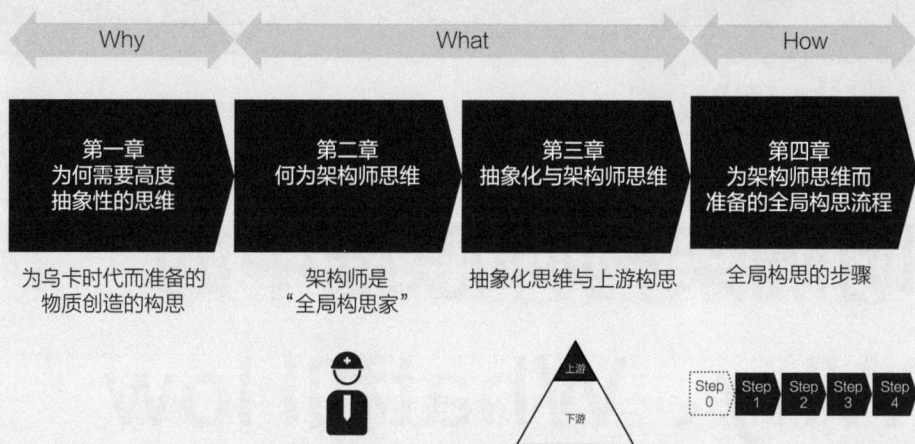

图1　架构师思维的Why、What、How

本书从零开始构思全局结构的"全局构思家"的定义，诞生于怎样的背景之下，又为何如此必要呢？

将其构思技巧分解之后，又会是怎样的一种形态呢？

如何在实际输出中发挥其真正作用呢？

在第一部分中，我们将一一解答。

为何需要高度抽象性的思维

第一章

1. 为何选择架构师思维

作为本书的主题，架构师思维为什么现今变得如此重要呢？让我们再回顾一下前言中简要说明的内容。

首先，我们回顾一下时代背景及商业环境的变化。新冠疫情的暴发导致的社会剧变，以及在此之前引起商业环境激变的数字化转型（DX），再加上由此导致的乌卡时代，受此三者叠加影响而形成的环境因素不确定性，变化剧烈、速度快。

在此环境背景之下，依据具体的个人能力，反复进行的部分个体优化变得不再重要，而高度抽象地重新描绘整体蓝图的能力开始愈加受到重视。

那么，上述的环境变化为何对思维方式的变换提出要求，我们将对答案进行一一梳理。

图1-1总结了第一章的要点。

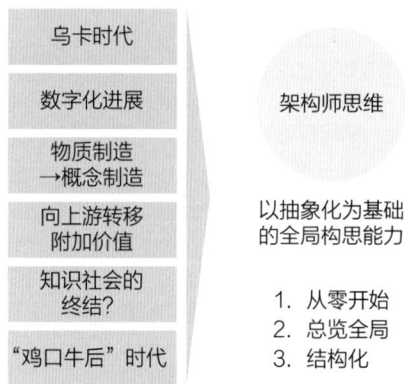

图1-1　以抽象化为基础的全局构思能力

由于商业环境的变化，有必要转换思维方式，而具有代表性的思维方式便是"从零开始抽象地构思全局"的架构师思维。关于这个问题，我们将在余下各章节中逐一阐述。

2. 新冠疫情导致的剧变

新冠疫情的蔓延，改变了我们曾经的生活节奏和习惯。面对如此巨大的环境变化，与之前几乎没有变化的安定状态相比，我们要么调整自己适应变化，要么与之保持一定的距离，而此两种应对方式之间可能存在着巨大的区别。同时，在商业领域中，由此带来的负面影响则更加显著。

当然，我们可以将此称为如同遭遇"天灾"，而不是归咎于经营的巧拙。例如航空业，特别是国际航线，无论有多么优秀的想法和领导能力，或者是卓越的现场执行能力，当需求突然降到"几乎为零"的状态时，航空公司还要继续提升经济利益，简直就是天方夜谭。

另外，能否将"受新冠疫情的影响"作为销售额大幅减少的正当化理由，仍旧是个疑问。相反，对于电子商务和网络会议等相关业务，新冠疫情宛如"超级促进剂"一样的存在。而在外卖行业中，单单是将吃饭的场所从店铺换成了家中，就导致配送业务的激增。颇具讽刺意味的是，尽管受到疫情的影响，日本2020年度的税收总额仍创下了历史最高纪录。

重要的是，人类生活中基础的部分和本质性的需求仍旧保持不变，即使场所和时间发生巨大变化，我们也能掌握其规律。

如同工作场所和吃饭场所的移动一样，各种各样的需求（从现实转移到网络就是典型事例）也会从A点转移到B点，其结果是其他事情出现了像台球一样依次顺延移动的现象，这种"台球效应"受新冠疫情的影响，正在全世界的各个角落中上演。

换言之，人们的生活中出现一个又一个的连锁反应，导致各种各样的需求的转移，进而演变为各种各样的商机。发现并消除这个"需求的转移"，正是商业中该有的姿态。

从这个角度看，可以说新冠疫情带来了千载难逢的机遇。

面对这样的变革期，我们是一如既往地紧紧抓住传统的应对方式，"坐等风暴过去后的雨过天晴"，还是将新的变化当成为机遇，迅速地开发新产品和服务，搭建与之相适应的新结构呢？不同的选择将导致巨大的差异。

2021年夏天，在新冠疫情暴发超过半年的时间节点上，对于那些期待疫情结束、依赖政府补助金或政府主导型优惠政策而艰难度日，以及刚刚迈出数字化的第二步、仅能提供最低程度的远程办公环境的企业来说，一切的期待都化为了泡影。

与之相对的是，迅速着手数字化改造和远程办公等来适应新常态的企业，不仅能够克服短期的危机，甚至已经开始朝着新的机会进行布局了。与"人人平等发展"的平常期相比，在变革期中，擅长抓住机遇的人与不擅长的人之间的差距是显而易见的。

在迅速适应这种变化并调整前进方向过程中，需要具备一项重要的能力就是"能够从零开始开展新项目或新业务，或者规划新的业务流程"的能力。

3. 乌卡时代与范式转换

激荡的乌卡时代，在新冠疫情暴发之前，已经通过急剧的数字化转型及"智能手机革命"等形式崭露出其冰山一角。而新冠疫情的到来，更是加剧了它的变化速度。

以苹果手机（iPhone）为象征的智能手机，自2007年面世以来，已经经历了十几个年头。在这十几年的时间里，智能手机已经完全主导了我们的生活。

20年前的现实世界中全部依靠物理产品进行的事情，如今大部分已经被智能手机所替代。回想起这十几年的变化时，不禁让我们为之惊讶。例如：

- 阅读。

- 欣赏音乐。
- 欣赏电影。
- 导航。
- 检索书籍和论文。
- 预约酒店和餐厅。
- （能想到的所有的）购物。
- 游戏。
- 摄影。
- 排队[①]。

这些生活习惯、产品及服务的变化对商业世界的冲击当然也是巨大的。以信息化为例：

- 以平台方式而展开的数字化垄断。
- 消费记录等大数据的活用。
- 全部是"试制品"。
- 震撼性的速度感。
- 基于数据的行动可视化。
- 非现金交易。

上述形式从根本上改变了商业游戏的规则。

以上很多观念都是与战后日本取得领先优势的"强大的制造业"价值观完全对立的，因此需要彻底转换思维方式。然而，很多企业几乎无法摆脱之前成功的光环，而导致这一转换迟迟不能推进。

本书的目的就是在向读者介绍如何规划这种思维的转换，并将其应用到各自业务的实践中。

---

① 这里的排队，是指使用手机排号的方式，如就餐前的排队等。——译者注

我们将在图1-2中，从思维方式与行动标准的角度对乌卡时代与此前相对稳定的时代进行对比。与处于稳定期的时代相比，某种意义上说，激荡起伏的乌卡时代更加需要完全相反的思维方式。

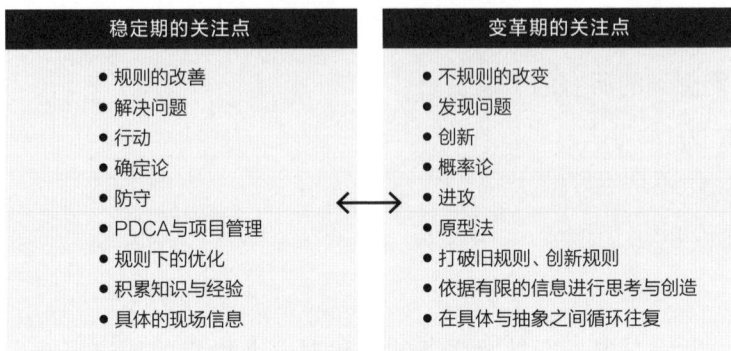

稳定期的关注点	变革期的关注点
● 规则的改善	● 不规则的改变
● 解决问题	● 发现问题
● 行动	● 创新
● 确定论	● 概率论
● 防守	● 进攻
● PDCA与项目管理	● 原型法
● 规则下的优化	● 打破旧规则、创新规则
● 积累知识与经验	● 依据有限的信息进行思考与创造
● 具体的现场信息	● 在具体与抽象之间循环往复

图1-2 稳定期和变革期的差别

变革更加需要创新

让我们先从简单的区别开始看，在稳定期，变化是规则的、连续的。而在变革期，变化是不规则的、不连续的，不是仅仅止步于单纯的改善，而是需要发明创造。

因此，变革期需要的不是解决给定问题的能力，而是善于主动发现问题的能力。在满是鱼儿的河中捕鱼时，如果在下游张网，则鱼儿会自动跳进网里。可是，如果是在鱼儿稀少的河中，渔人不得不主动撒网寻找鱼儿。通过这个对比，上述两点区别不言而喻。

简而言之，不能以被动姿态接受既有问题，而是从原本什么都没有的区域主动发现并定义问题。这种站在上游俯瞰的方式，在所谓的"问题不会主动找上门"的变革期中，尤为重要。

放弃"防守"，主动"进攻"

我们再对比"防守"与"进攻"的区别。稳定环境中，通常都要求"防守"。

"防守"思维基本上属于"拥有"的思维，基于已经"得到"的各种各样事物而假设出来的思维方式。

- （维持现有组织的）人、钱、物。
- （构成现有组织的过去与现在的）信息与知识。

"防守"是以上述两项内容为前提，与基于零基础的构思相比，它是无论是好的还是不好的资源，都可以统统拿来使用的一种思维方式。

当然，这种思维方式，在"现有的资源"不能起积极作用的变革时，将遇到巨大的阻力。

相比之下，"进攻"的不确定性要远远高于防守。踏入完全陌生的敌方阵地，不仅信息量远远少于熟悉的己方阵地，而且这个阵地中会突然杀出什么样的敌人，也一无所知。

因此，从下面的几个方面看，"防守"与"进攻"是在本质上完全相反的观点。

- "顺利是理所当然"的防守思维与"成功就是赚到了"的进攻观点。
- 顺理成章的"及格分就是最高分"的防守思维与"及格仅仅是个开始"的进攻观点。
- 由此而产生的"君子不立危墙之下"的防守思维与"总之先摸着石头过了河再说"的进攻观点。

在白纸上描绘蓝图

后文将着重阐述的架构师思维的一个重要特征——"在白纸上描绘蓝图"的能力，与进攻的姿态是紧密相连的。

与"握有详细的己方阵地地图"的防守相比，"无论好坏都拥有广泛自由度的对手"的进攻，则更加需要"在白纸上描绘蓝图"的能力。

因此，物质准备与情报收集的方法是千差万别的。对于防守方，需要详尽而细致的信息收集（原本就取之不尽的己方情报）与周到而完全的物质准备；而进攻方，不得不依靠有限的情报资源而展开行动，"以苍蝇再小也是肉的态度尽一切可能获得对方情报"的获取资源的方式，变得更加重要。

因此，在不可避免的流程处理方式上，由稳定期的防守所执行的即PDCA［计划（Plan）、实施（Do）、检查（Check）、行动（Action）］这一经久不衰的程序，变成了变革期的必需的进攻路径即试试看再说的"原型法"（Prototyping）流程。这是一种针对小规模的试制品，以短周期、反复锤炼的方式进行推进的螺旋式流程。

综上所述，稳定期的防守与变革期的进攻在根本性的构思与价值观上存在巨大差异。在后文中将要介绍的、作为本书的主要观点之一，"下游的具体"与"上游的抽象"之间的对比关系，不仅与此二者的对比关系相呼应，还需要着眼于环境或所接触对象的性质的构思方式。因此，特别是处于变革期中，最需要的就是"架构师思维"。

"制造业的优势"变成了"数字时代的弱势"

当前时代所需要的思维方式适用于变革期，而这种思维方式未必适合所有的情况。如图1-2所示，所谓的稳定期，是指变化相对较少，或是尽管有变化但也仅仅是过去延长线上的增长以及保持了"相当于上一年度"的良好状态等情形。

例如，在日本的经济高速增长期，的确产生了巨大的变化。然而，这是沿着某种轨道按照一定速度向前持续的发展，从对其具有高度的"预测可能性"的角度衡量，它更加需要"稳定期"式的思维方式。战后的日本教育与社会体系对这种状态展示了异乎寻常的适应性，奠定了世界范围内屈指可数的高速增长的基础，促进了举世瞩目的汽车产业与电气电子产业的发展。

尽管如此，由于环境的变化，所有的优势也可能成为弱势。这就是日本经济至今持续低迷的主要原因之一，即本节标题所述的"制造业的优势”变成了"数字时代的弱势"。而日本当前的迫切需求，不是类似于在智能手机中"添加一个新的应用程序"的停留在表面的简单事项，而是"重新设计操作系统或平台"的根本性思维方式的转换。

"添加应用程序"与"变换操作系统"之间的区别在于，前者仅仅是在已有的事情上进行延伸，而后者则是如果不重置当前的业绩与知识，将无法构筑新的方向的问题。

当大企业开展新事业时，这种状况比较常见。新的事业基本上成功概率偏低。大企业往往有"将失败概率降到最低才是根本"的价值观，对于开发操作系统方面的新事业时，无论掌握了多少与应用程序有关的新事业方法论，都会按照"不靠近危险"的基本价值观，最终得出"时机尚早，静观其变"的结论。

另外，满脑子装的都是类似"先看之前事例或数据再做决定的降低风险式的决策真谛"的决策者，是不可能做出属于变革期的决策的。那些由通过战后工作方式而崛起的人们掌握决策权的企业，是无法面对变革期的。

处于变革期，我们必须清醒地认识到：持续至今的决策方式，在面对今后如何在新时代生存的问题时，可能会变成"负面遗产"。

"知识与经验"将成为变革期的沉重负担

其中重要的例证就是知识至上主义。在位于过去的延长线上的未来，将过往不计其数的成功经验作为知识掌握在手中，似乎可以起到积极的作用。如果环境变化不是特别显著，拥有更多知识的人或许可以保持更具优势的发展和前进的方向。然而，当遇到变化显著的环境时，这些知识就会起到消极的作用。即便如此，或许仍会有很多读者认为，"与没有相比，掌握这些知识似乎不是一件坏事。"而在很多情况下，事实并非如此。

之所以这样说，是因为曾经的知识与成功经历在面对下一次变化的时候可能会成为阻碍的因素。因此，能够灵活应对变化的人，既不是拥有丰富的过去的知识经验的"专家"，也不是拥有过去的负面遗产的人，而是从零开始的"素人"。

变革期，需要的是那些通常被称为"多余的人""经验不足的人""头脑不灵活的人"，而这些人的价值正是"知识匮乏"和"没有常识"。

本书的主题之———"从零开始思考"的概念的最大难点也在于此。本书的宗旨就是面向这些"素人"提供应对变化的思维方式。

4. AI的发展与知识至上主义的终结

人工智能（AI）技术的跨越式发展，构成了知识至上主义的另一个威胁。单纯地依靠知识量的增加而提高附加价值的工作仅仅适用于机械性的人群，这是不言而喻的。特别是近年来的人工智能技术不仅仅是简单地记忆庞大的碎片化知识，甚至可以通过发现相关关系而建立疑似因果关系的假说。这早已经不再是人类可以通过知识量与计算速度可以与之相匹敌的时代了。

要说未来什么会变得相对重要的话，恐怕要从与人类相比人工智能的弱点开始说起，这就是前文中阐述的架构师思维与具有相同方向性的"变革期的思维方式"这一概念的完美统一。如前文举例所言，当今时代人类胜过人工智能的优势领域如下所示：

- 发现并定义问题的能力。
- 不仅能够优化给定的变量，还能够定义变量的能力。
- 根据有限的信息来确立假说的能力。
- 在不完美的"半生不熟"的状态下进行实验的能力。

而能够从根本上支撑这些基础性理性能力的是比知识能力更重要的思维能力。

数字时代是高度抽象性竞争的时代

如前文所述，数字化正在以破竹之势迅猛展开。而新冠疫情更是使其发展进一步加速，移动办公与居家办公等形式将工作与购物一口气全部实现了线上化。

在此背景下，由于商业数字化而导致商业领域中关于战略及战术的思维方式与之前相比发生了巨大的变化。其中，值得注意的一个方面是"具体与抽象"的观点。分别从具体和抽象两个方面考虑的商业是完全不同的两个世界。

举例来说，"业界[①]"是当今社会讨论商业领域时常用的一个单位名词。这是根据主要从事的商品或服务的类型的不同而定义的，如按照汽车、食品、服装等产品划分的各行业。各行业内都有其固有的成功原因，善于把握和发挥这些因素，可在与行业内拥有高额市场占有率的企业展开争夺战时，构建取胜的蓝图。

不幸的是，这个曾经令人深信不疑的常识正在随着数字化的推进而逐渐土崩瓦解。这是由于按照行业内容所做的行业区分正在失去其原有的意义。

如"广播与通信的融合"等现象就是"按照行业内容所做的规划是没有意义"的典型代表。

以在线形式提供商品和服务的电子商务领域中，一旦将架构搭建完成，就可以使销售"任何商品"成为可能。在这个领域中，存在不同行业的销售渠道（批发商、中间商等）。而且由于需要特殊的人际网络与技巧，这里的参与者相对而言在每个行业内相对固定。

而在以亚马逊和乐天[②]为代表的电子商务领域中，已经不再有上述的关联，并且作为用户的我们已经习以为常。

现在变得愈加重要的，不再是以往的"根据行业划分的知识与技能"

---

① 业界：日语中汉字词语的直译，转译为"界"。——译者注
② 乐天：Rakuten，日本最大的在线销售平台。——译者注

等具体事物，而是能够抓住超越抽象化行业且超过一般程度的商界结构的能力。这就是通常所说的一般化的商业模式。这些高度抽象的成功原因包括"跳过中间商直接面对用户""以单客为单位统计顾客的消费记录，事先将可能购买的商品推荐给顾客"等。当掌握这些原因后，乍一看都是种类不同的商品或服务，而实际上背后都具有很多相似的商业模式。

本书的目的不仅是阐述这个时代中存在的具体商业模式，还包括通过将商业模式的概念抽象化，从而帮助读者建立"掌握（商业）结构的能力"而不是充实具体的"行业知识"。针对这种观点的见解与思维方式，我们将在后面的章节中逐一展开。

5. 社会将越来越抽象化

人类的历史特别是理性世界的历史，可以说就是一部抽象史。自由地使用语言，是人类在理性层面上区别于动物的根本性原因之一。语言是抽象化思维的代表性产物。由于使用语言，人类理性世界的抽象程度得到了飞跃性的提高，根本性地拉开了与其他物种在理性能力方面的差距。

况且，交换手段从极其具体化的"以物易物"的形式转换为通用化和抽象化的"石头"或"贵金属"等形式，之后进一步抽象为"货币"，再到如今抽象为电子货币等虚拟形式。

而且，被抽象化的"钱"的概念，增加了以期货和金融衍生品为代表的金融商品的种类和多样性。

并且，虚拟货币以及由其派生出来的去中心化金融（DeFi）和非同质化货币（NFT）等概念，也是在被称为区块链的高度抽象化的结构下，以另一种形式出现的抽象化产物。

上述的金融衍生品、区块链、虚拟货币等，如果没有高度抽象化的能力，是无法理解和消化的。抽象化世界正在以对可视化世界造成巨大影响的形式，不断地强化对我们物理世界的支配。

与前文所述的IT及数字化转型等商业模式的抽象化相同，人类社会中非可视化的部分正在与日俱增，并且通过想象力和创造力的形式逼迫我们重新审视思维模式的重要性。

不可见世界的比例正在提高

照此发展，我们的社会中，高度抽象化的"非可视化世界"的比例正在提高。包括日本在内的很多国家，贫富差距扩大及社会两极化发展而导致社会分裂的其中一个重要的原因就是非可视化世界的强化。

在可视化世界，如人类的身高和体重，相互之间的差异并不是很大（除去儿童，几乎都差不多高）。

然而，在非可视化世界，这个差距很容易扩大为数十倍甚至数百倍。从基于以狩猎和农耕为核心的劳动密集型收获的农业时代，到由以工业革命引起的"工业大生产"为基础的工业时代，人类社会的规划蓝图早已开始崩溃。

而且，随着人类社会进入电气时代和电子时代等非可视化世界，工业产品的生产性原动力也开始从可视化的身体能力朝着非可视化的理性能力转移。

再加上理性能力和可以相对简单地实现可视化的能力，朝着难以可视化的"思维能力"的转移，进一步将差距拉大了。

知识能力在某种程度上是"与所花费的时间成正比"的能力，与之相对，思维能力是一旦掌握则可以在所有场合都能发挥作用而没有掌握则在任何场合都不能发挥作用的能力，二者在效率方面存在巨大的差距。换言之，这是做"加法"的知识能力与做"乘法"的思维能力之间的对比关系。

到此为止，关于有形的可视化物质世界与无形的非可视化抽象世界的思维方式的不同点逐渐清晰起来。在体力劳动或制造物理性产品方面，人与人之间恐怕很难达到百倍的差距，而脑力劳动则可以轻松实现。金融业中，年收入达到1亿日元的人大有人在，而在体力劳动领域（代表具体世界）中，年收入达到1亿日元的人则是凤毛麟角。当然，有人会说这就是工作的附加价值造成的差距，而如果用这个角度回看非可视化世界，我们会更容易发现，这个世界中更容易产生能够轻易拉开百倍附加价值差距的工作。

然而，在物质性资产上很难实现"万倍"之差（例如，即使是超级富豪恐怕也不会为了娱乐而购买1万台车），而非可视化的金融资产则能产生万倍之差。

"炎上"①，作为最近很火的网络用语，与现实社会中口口相传的评论"方式"相比，之所以能够迅速引起关注，与二者在"扩散效率"上的量级差距是密切相关的。在非可视化的"数字世界"中，扩散速度是呈几何式增长的。

6. "鸡口牛后"时代将再次到来

第一次工业革命之前，世界上通行的商业模式几乎都是以个人和小型企业为主导的商业模式。之后，第一次工业革命的推进导致机械化的发展与生产资料的公有化，人类社会进入大生产时代。这必然会促进大型工厂的诞生，而大型工厂又进一步要求大规模的资本注入，最终催生出生产设备和资本高度集中和有组织的大规模劳动者群体。

这样的时代背景下，形成了巨大的金字塔式的社会结构，大多数人为特定的少数雇主工作，即"牛后鸡口"（非鸡口牛后）现象。

对此，我们可以想象一下信息革命对这种结构带来的冲击。种类丰富的后台服务导致开展业务的成本的急剧降低，使得小规模资本也能轻松实现创业，以自由职业者为代表的个人开展工作的自由度大大提高。

同时，这个时代正在从由数量有限的超级巨星鼎足而立的娱乐旧时代，过渡到由为数众多的满足个别需求的网络主播②们群雄逐鹿的娱乐新时代。

① 炎上是日语网络流行语，指短时间内爆出大量负面新闻。——译者注
② 网络主播：原文为YouTuber，此处改为网络主播。——译者注

由此，信息革命正在将由少数的大规模公司和资本家引导大众的社会结构，向由少数的小规模集团和个人逐鹿中原的社会结构转变。

当然，不能否认孕育出如GAFAM等为数不多的、庞大的"巨象"级（也可称为"恐龙"）平台是信息时代特有的标志性现象，而依托其平台产生的群雄逐鹿的社会结构也在同时发展。

"鸡口牛后"一词出自中国汉代史学名著《史记·苏秦列传》中"宁为鸡口，不为牛后"的典故。无论你在学校曾经学过与否，至少它与当下日本社会的价值观是完全相反的。

如果针对日本高中生询问"未来想要从事的职业"是"一流大公司或公务员"还是"个体户"，或者"父母希望自己的孩子未来从事的职业是什么"这类的问题的话，恐怕多数人会选择前者（能够继承家业的人除外）。

顺便说一句，数年前，关于"想让孩子从事的职业"的调查问卷中，曾因为出现了网络主播一词而招致了家长的批评，而现在，这种价值观正在逐渐崩溃。

纵观世界各国，最典型的代表是美国。在美国，工商管理硕士（MBA）毕业生中受欢迎的职业选项首先是创业，其次是进传统的大企业，这正是"鸡口牛后"所称的状态。

在这个时代中的"鸡"最需要的就是"从最开始一个人构思全局"的思维能力。在数量有限的大型金字塔背景下，仅有的极少数具有类似架构师思维的原有人才是足够的；而在小型金字塔如雨后春笋般蓬勃而出的当下背景中，对于拥有架构师思维的人才的需求是呈跳跃式增长的。

价值观从"下游"向"上游"转变

由此可见，当下把握非可视化的抽象世界的能力正在变得越来越重要。在这里我们有必要提出在理解"为什么需要架构师思维"或者"为什么需要抽象化能力"等问题时具有参考价值的视角，即以更大的视野捕捉世界发展动向的能力。社会和组织、商品和服务与人类一生的发展遵循同样的逻辑，都在随着时间的变化而变化。

如果将人生比喻成一条河，河水从上游流到下游的过程中，水量由小到大，水流由急到缓，河床的结构由尖锐而棱角分明的大块石头变成圆润而光滑的卵石，不同的阶段面临不同的境遇。因此，人生在不同的阶段，也需要不同的价值观和技能。

尽管在后文将要详细阐述的架构师思维是终极的上游思维模式，但在起始于"制造业"的社会（特别是日本社会）中，下游思维模式仍然具有根深蒂固的渗透力。

因此，架构师思维是一种反"多数性常识"的思维模式，我们必须事先对此有清醒的认识。首先，让我们熟悉一下上游与下游的区别，以及为适应两种环境而采取的思维方式的不同之处。这也是拥有"架构师思维"的人才不足的根本性原因之一（图1-3）。

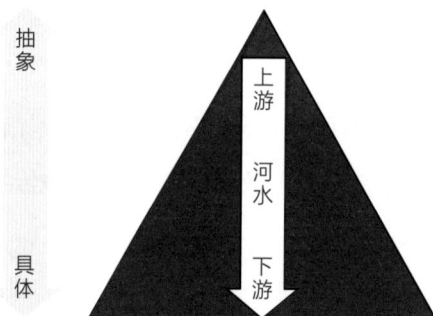

抽象
具体
上游
河水
下游

图1-3　上游与下游的区别

如图1-4所示，从高度抽象的角度，如果将河水的流动与人类集团的迁移看作是同样事物而进行类比时，就会发现二者在本质上是相似的。

首先，我们着眼于河流从上游到下游的流动过程中发生的变化，从源头的涓涓细流，到注入大海时的汹涌澎湃，水的量发生了巨大的变化。企业等集团单位也是随着时间的流逝而不断地增加基本成员与部门。同样，伴随着企业的倒闭与收购合并，它们也会像河流一样出现中途断流或合流的情形。

河水的流动	人类集团的迁移
● 从水量小到水量大	● 从少数人到多数人
● 从大的石块到分散的细沙	● 从"大人物"到"小人物"
● 从棱角分明的岩石到圆润 　光滑的卵石	● 从"个性突出"到"圆滑世故"
● 从急而快的水流到缓而慢 　的水流	● 从四处奔波到安逸稳定

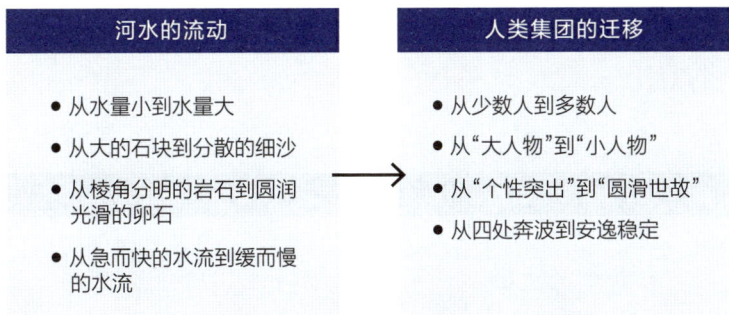

图1-4　河水的流动与人类集团的迁移相类似

其次，我们再看"质"的方面。上游山脉险峻，导致河床中布满了"棱角锋利"的尖锐石块，而到了河口附近则完全变成了"大量而细软的泥沙"。试看人类社会，这也是人才变化过程的特征。与处在满是"个性鲜明的大人物"的起步期的体系相比，随着社会成熟度的增加，完善的体系内更多的人是朝着"整齐划一"的方向而转变的。

将这个对比放在现代社会中，就是决定果断、反应迅速的创业型企业与反应相对迟缓的传统大企业之间的区别。

从抽象到具体的途径

这个过程也可以看作是从抽象到具体的处理流程。一旦组织或工作中的一个系统被定义为"问题"后，剩下的工作则是集中精力解决该问题。解决问题的流程或途径是先将已经抽象化的概念落实到具体中，之后再进一步执行。

宛如河流的上游与下游迥然不同的性质一样，沿着这个流程解决问题的过程中，也会出现上游与下游，不同阶段的主要问题和次要问题，以及性质各有千秋的玩家。

而本书的主题——"架构师思维"可以说是在这个过程中为最上游准备的思维方式。从建筑物到项目，再到产品或服务，甚至是活动方案等形式的全局构思，对于最上游的工作，架构师思维是必不可少的。

这里提到的全局构思，既可以理解为一般化的"问题定义"，也可以理解为定义问题的着手点。图1-5是将上游与下游之间的区别以具体事例的形式进行对比。

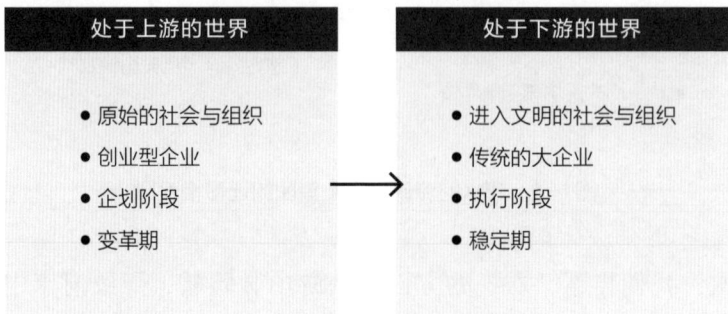

处于上游的世界	处于下游的世界
● 原始的社会与组织	● 进入文明的社会与组织
● 创业型企业	● 传统的大企业
● 企划阶段	● 执行阶段
● 变革期	● 稳定期

图1-5 上游与下游世界的区别

上游世界与下游世界等表达方式是根据河水的流动而抽象出来的。在现实社会中，各种事物从起步开始，随着时间的流逝而呈现的发展与变化，恰如河水从上游流向下游的过程中呈现的发展与变化。人类社会从原始社会进化到现代文明的过程，企业由初期的创业型企业发展成为具有影响力的传统大企业，都是同样的流程与途径。因此，上游到下游的概念可以理解为"随着时间的流逝而变化"。

无论是工作还是生活，都可以从规划"首先做什么"开始，逐步向前推进，而这个过程恰好可以表示为从上游到下游的发展过程。随着时代的变化，思维方式也会随之与时俱进，然后进入稳定期和收获期，这是所有事物的发展规律和必经之路。

在这条必经之路上，尤其是上游，最需要的就是"架构师思维"。

上游决策与下游决策的区别

充分理解从上游到下游的社会发展规律之后，我们还需掌握这是由于上游与下游性质不同而导致价值观与思维方式的差异。通常在社会中，从抽象到具体的过程呈现为三角形，越是向下游发展人数越是增多，表明在这种结构中，下游思维价值观处于支配地位。本书之所以要阐述"架构师思维"的重要性，其原因在于这种思维往往会被当成少数人的思维而被轻视，被看成是少数人的价值观而得不到承认。

　　因此，从高度抽象的角度理解"架构师思维"的重要意义，从某种程度上讲，也是结构上的无奈之举。

　　接下来，我们用对比的方式，分别说明位于不同阶段即上游和下游的公司和集团之间的特征，特别是我们将看到上游与下游根本性的区别（图1-6）。先进社会中"架构师思维"不足的问题，恰恰是由于构成社会和组织的、占大多数的基本理论仍旧是下游理论和价值观导致的。后文将以"上游越来越少"作为大前提进行着重阐述，但在这里要提醒读者注意的是，随着社会变革需求的高涨，作为上游思维方式的架构师思维的重要性也在不断提高（图1-7）。

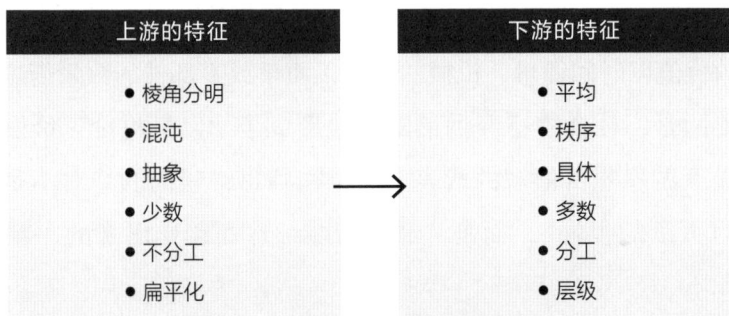

上游的特征	下游的特征
● 棱角分明	● 平均
● 混沌	● 秩序
● 抽象	● 具体
● 少数	● 多数
● 不分工	● 分工
● 扁平化	● 层级

图1-6　上游特征与下游特征的区别

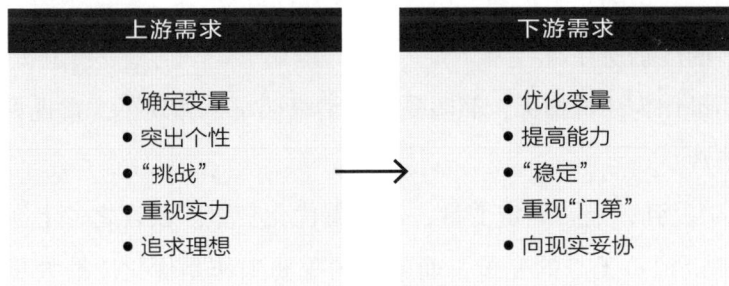

上游需求	下游需求
● 确定变量	● 优化变量
● 突出个性	● 提高能力
● "挑战"	● "稳定"
● 重视实力	● 重视"门第"
● 追求理想	● 向现实妥协

图1-7　上游需求与下游需求的区别

对比上述不同的同时，需要思考如何"增加作为少数派的存在感"。

多数派的下游与少数派的上游

与下游相比，从事上游高度抽象工作的人的数量也是非常有限的。这一点，可以类比水流的状态，水量会随着流向下游而逐渐增多，导致上游的水量总是远远小于下游。在社会中，上游的工作及其从业人数原本就十分稀少，加之盛行少数服从多数，整体上对位于上游的人是极其不利的。

量的下游，质的上游

"经过精雕细琢而创作出来的一幅纯粹的绘画"与"写得满满一万页纸的报告"，哪个更有价值呢？

本书忠实的读者朋友恐怕要说当然是一张绘画更有价值。然而，日常生活中常见的各种价值基准却是"量"。书的价值以厚度衡量、研修与学术会议的价值以时间衡量、机械的价值以质量或零部件的数量衡量。

重要的是，社会中已经潜移默化地形成了"以量论价"价值观。这简直就是下游思想价值观的代表。而架构师思维崇尚的绝对不是"写得满满一万页纸的报告"，而是"经过精雕细琢而创作出来的一幅纯粹的绘画"。

我们换个角度继续看这个问题，如果"将词典、法典甚至医学手册全部记住"是下游重视具体知识的终极体现，那么"单纯的终极模型化"则是上游抽象意识的完美体现。由此，我们可以得出在"量的下游"与"质的上游"的区别所在。

使用量作为评价指标，简明易懂，清晰明了，体现了"重视量化"的下游价值观。

图1-7提到，上游确定变量，而下游优化变量。换言之，上游的重要工作是确定独一无二的变量，而下游的重要工作是优化（最大化或最小化）这些独一无二的变量。

细化的下游，统一的上游

越是向下游发展，功能的分类越细化。在上游，为数不多的人以"少数人做大事"的姿态开始新的事业，而在下游，随着功能的细化，将涌现出更多的行业专家。在向下游移动的过程中，随着量的增加，事物的复杂性也开始提高，无论是在量的方面还是质的方面，一个人把控全局的情形将越来越难，由此需要各个行业的专业人士大显身手。

一个简单的例子就是社会的进化过程。创业初期，企业需要极少数人的能力覆盖全部领域，但随着企业的成长，部门的细化进一步加深，各个领域都越来越需要专家。

上游与下游之间不是"优劣的关系"

读到这里，恐怕有些读者会有疑问："是不是上游处于重要的位置，而下游只是附属品，要听其发号施令呢？"接下来，我们针对这个困惑展开说明。

上游与下游之间不是绝对的"上司与下级"或"领导与成员"的关系。

举例来说，通常所谓的"大型组织"（如大企业和政府部门）基本上都属于"最下游"，而刚刚诞生的"襁褓中的初创企业"则属于"最上游"，如果按照这样的对比关系，想必就不会有人再认为"位于上面的人"是如何了不起了吧。

下游水量充沛，具有压倒性的优势，"人、钱、物"也具有压倒性的优势，一般的"上流社会与底层社会"的概念，在此处是不适用的。

通常而言，我们可以将上游理解为"拥有（高度抽象性）想法而缺乏资金"的阶段，而下游属于"拥有资金而缺乏（高度抽象性）想法"的阶段（尽管在后文引用的案例中，也会看到上游资金丰富，而采取实际行动的却是在下游）。

上游的破坏性附加价值

问："大阪城是谁建造的？"

答："工人们。"

这个脑筋急转弯有很多象征性内容。"建造大阪城的人是丰臣秀吉"作为常识性的历史知识，日本人已经耳熟能详。然而，汗流浃背地参与完成这座城堡的物理性部分的人，理所当然是那些数量庞大的建设者群体。

况且，即使在设计蓝图阶段，实际参与（至少是大部分的）详细的图纸绘制工作的劳动者中，恐怕也不会有丰臣秀吉。

结果，能够"名垂青史"的却仅仅只有丰臣秀吉一人。因此，我们可以得出这样的结论："最显著的成就全被站在上游构思的人拿走了。"

实际领导人不仅利用自己手中的权力充分调动了"人、钱、物"，而且还通过自己的聪明才智勾画了建城的构想（尽管具体内容如何不得而知，但至少提出了正式的建议），这些功绩使其能够千古流芳。

最显著的成就全被站在上游构思的人拿走了，而位于下游的人们只能慨叹：那个人实际上什么都没做。这样的场景在企业中似曾相识。

- 因身为"创业功勋"而身居要职、受领高薪的老员工，却总是被优秀的新员工揶揄"居然一点能力都没有"。
- 因开发明星应用程序而大赚却无奈忍受"被什么都没做的平台平白无故地分走三成利润"的程序开发者。
- 仅凭介绍客户、不参与任何谈判却还要一直拿佣金的前辈同事，被年轻的新手销售员吐槽。

相似的例子不胜枚举。他们的共同点是都没有完全理解"从上游出发进行设计"的价值所在，仅仅从下游参与者的角度评论上游人"毫无贡献"。这种场景，从另一个角度再次证明了，下游价值观占主导地位的人是不能理解上游的重要性的。下游的附加价值是与量成正比的，而上游的附加价值是与从零开始的构思和所承担的风险成正比的。

例如因经营平台而收取"场地费"的人所提供的"场地价值"就是上游的附加价值。而若非真正创建过"场地"的人，通常是很难理解"创建场地"本身的价值的。

只有下游价值观的人，对于诸如"白纸上构思""空地上修路"等问题的价值是无法理解的。而从事过上游事业的人，则很容易对这些问题的价值产生共鸣。

所谓的上游价值甚至可以理解成"哥伦布蛋"：已经完成的事业，看似"这也没什么大不了的""换个人也能做到"，然而如果是从一张白纸开始做起，与"看到纸上的内容再提出异议"相比，简直难如登天。

与此同时，在上游启动新事业所要面临的巨大风险，对于那些只习惯于低风险的大众场合的下游人士来说，恐怕也是无法理解的。

即使是经过时间检验而最终证明是正确的事情，首先提出该概念的人也需要莫大的勇气。因为他不仅要面对来自不计其数的人的"绝对不可能成功"的否定，更要承受来自这些人的轰炸式的集中批判。

架构师思维包含巨大的附加价值，先不必说构思的内容如何，在任何人都没踏足的领域中描绘一些东西的想法本身就体现了面对风险毫无畏惧的惊人勇气。或许这是只能涉足下游领域的人（绝大多数人穷尽一生也仅能止步于此）永远也无法理解的价值。

7. 当今最需要的是"思维的架构师"

从很久以前开始，在这个世界上就有一个词，被译为"建筑师"，因其具备高度抽象的特点而广泛用于多个领域。随着信息化的推进，对"IT建筑物"的需求愈加迫切，进一步刺激和扩大了对"建筑师"的需求。

而且，这里所称的"建筑师"，不仅指能够规划物理性建筑物的建筑师，还指能够针对软件、智能建筑，甚至是商业领域中的企业、产品和服务等"非可视化事物"进行构思和规划的"架构师"。

特别是规划信息世界中具有举足轻重意义的"平台"时，高度抽象的思维更是至关重要的。在日本，物理性建筑方面的优秀建筑师层出不穷，不胜枚举，与之相比，"思维建筑师"却如此地匮乏和稀少。

从下一节开始，我们将着重阐述架构师的资质，以期能够找到相关的原因。

8. 任何场合的任何人都可以使用架构师思维

读到这里，恐怕有读者会觉得："这些都是与我无关的内容。"或许有的人看法与前文阐述的内容完全相同，也或许有人觉得完全相反，但无论怎样，在不同的人之间存在一定的差距也是情理之中的事。

的确，架构师思维的重要性需要衡量。通过前文所述具体与抽象二者之间的关系，我们可以知道，无论身处何种工作和岗位，架构师思维都能够或多或少地起到积极作用，这一点是清晰而且明确的。这是由于具体与抽象的关系不是绝对的，顶多算是相对的关系。

以企业为例，在创业初期面对"从零开始"的极端状态时，架构师思维的重要性是不言而喻的。其后，随着公司的壮大，从新事业及新客户的拓展，再到分店或分公司的开设，甚至是个别项目或小规模的集团化发展，由于新事物的发展必然会经历从上游到下游的过程，因此任何行业都对架构师思维有需求，这是发展的必然结果。

无论怎样，行业的共同期待都是那个能够"从零开始自主出击的第一人"。

另外，每个想成为"自己人生的架构师"的人，都不能选择别人业已成型的既有道路，而是要以披荆斩棘、筚路蓝缕的决心，独自开拓全新领域。

总之，对于"能动地独立思考和行动"，架构师思维是不可或缺的。相关内容将在第三章详细说明。

何为架构师思维

第二章

1. 建筑界与IT界的架构师思维实践

本书前言部分定义的架构师思维，简而言之就是"从零基础开始抽象化构思全局"。在第一章中，我们在阐述时代背景及当前课题的同时，解释了为何"现今"的商业领域对架构师思维的需求如此地强烈。

我们渐渐接近本书的主题——架构师思维到底是什么。在本章中，我们将针对这个问题展开讨论。

将架构师思维定义为"抽象化构思全局的思维能力"，大体上源自以下两个领域：

其中一个自然是"建筑师"或建筑家，特别是建筑师在实践中广泛使用的思维方式。

除此之外，另一个经常提起"架构师"或"架构学"概念的是IT领域，这是一个比建筑界更加频繁地使用这一词的领域。

以上述两个领域的工作方法或思考方式为出发点，本书中架构师思维的对象和概念都会变得更加明确和清晰。

本书定义的架构师思维是指将同类项抽象化，提高通用性与抽象性，能够以零为基础开始全局构思的思维方式。

下面，我们将从历史背景与现状两个角度，分别说明建筑界及IT界中使用的"建筑师"及"IT架构师"等概念与本书阐述的架构师之间的区别（图2-1）。

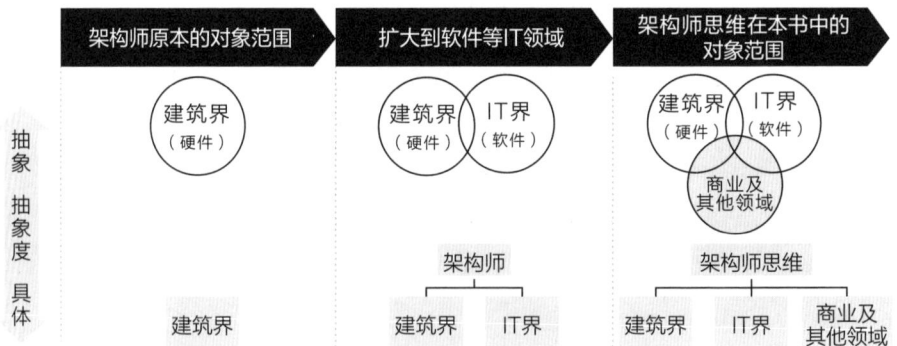

图2-1　建筑界及IT界与本书的架构师思维之间的关系

比起上述领域之间的区别，如果读者朋友对"架构师思维的本质是什么"更加感兴趣的话，建议可以泛读甚至跳过本章，直接阅读第三章。

2. 架构师的起源与现状

首先，让我们明确一下本书的架构师思维及其实践者架构师的定义和对象范围。

我们将从回顾与之相关联的词语的语源和历史的角度，展开与本书定义之间的关系。

"架构师"的历史背景与本书中的定义

在我们明确架构师一词的语言学定义及其对象范围之前，先整理一下通常情况中使用的建筑师以及与之相关联的"建筑"等词语的概念。

简而言之，本书中的"全局构思家"以及成为其构思对象的"建筑"是"高度抽象的全局构思"，本章将对其背景及具体内容展开说明。

提出新的词语或概念的时候，最重要的是尽可能详细地明确该词语的定义。日常交流及即时聊天等交流沟通过程中，经常发生由于不经意间按照自己定义（也可能是没有注意到与对方使用词语的些许微妙差别）使用词语而招致的误解。特别是随着词语抽象程度的提高，"词语理解的范围"也会愈加放大，词语定义模糊时的沟通障碍也会愈加扩大。世间上的多数争论都是由于这些词语定义的差异（或是当事人之间没有注意到）而引起的。

数学作为代表性的高度抽象的学科，其定义十分缜密，即使是非专业人士的不经意使用也不会产生误解。这也是在进行高度抽象的讨论时特别重视这一点的原因之一。

总之，架构师思维需要明确其定义和前提条件。

如果读者对于本书中的信息有不适应的感觉，无论是因"语言定义的差异"而引起的，还是因"共有定义基础上的不同附加感"而引起的，笔者都希望通过阅读能够帮助读者消除在日常交流中出现的不适感。请读者带着这种意识阅读包括本章在内的其余章节。

建筑师与建筑的定义

首先，让我们看一下"建筑师（Architect）"和代表其工作对象的"建筑（Architecture）"一词在不同领域中的定义。

● Architecture的语源

英语中的Architecture的语源，可以追溯到古希腊时代，在古希腊语中architechtonicē一词表示建筑的意思。

这个词的原意是原理或首位，引申为工匠。接下来让我们来看"建筑的隐喻"词条（柄谷行人，讲谈社学术文库，第13页）中，对其语源的解释：

> architechtonicē是architechtonicē technē的省略语，取architèectōn的technē（技术）之意。Architectōn是由表示原始、原理、首位之意的archē与表示工匠的techtōn组合而成。对于古希腊人来说，建筑不单单是一项工匠技术，还是拥有理性知识、地位处于工匠之上、掌握各种技术、可以指导和规划制造工程的人。如海德格尔（Martin Heidegger）所言，technē不仅仅表示狭义的技术，还有普遍制造的意思。

我们简要概括一下"Architecture"一词的语源，它包含以下三个要素：

（1）表示"原始、原理、首位"的要素。

（2）表示"工匠"的要素。

（3）表示普遍"制作"的要素。

值得注意的是，现在我们使用的"建筑"一词并不包含"原理"之意。

而本书中架构师核心内容的"抽象"的概念，已经被隐含在"Architecture"之中了。

并且，普遍"制作"的对象不仅是物理性（例如建筑物）的事物，还包括非可视化的事物（如思想和概念等）。

● 古希腊哲学家的思考

回顾历史我们得知，在亚里士多德的表述中，这个词不仅表示建筑物，还表示思维的结果。可见本词用于从具体事物到抽象事物的表达，不是最近才有的。

● Architecture的翻译

将"建筑"一词作为英文的Architecture的译文而使用，大概是近百年前的事。在当时，这个词以表示物理性建筑对象为主，其后随着英语文化圈的解释与汉字文化圈的解释之间出现分歧，建筑学家矶崎新在《日本建筑思想史》（矶崎新，太田出版，第41页）中做了如下解释（在书中Architecture被解释为"建筑"，但与本书的表述并不一致，仅作原文引用）：

> "Architecture"被翻译为建筑已经一个世纪有余，而在英语文化圈与汉字文化圈中所表示的意思之间出现了分歧。尽管表示构建事物的意思并未发生变化，但前者的用法侧重于表示设计社会性制度，并对其进行战略性组合的软实力（事）；而后者则集中于表示建立类似于建筑物（edifice，大厦）的物理性物体（物）。术（techni）与艺（ars）之间原本存在差异，而建筑一词原本含有二者兼顾的意思。随着这个词在日本的广泛使用，二者的差异逐渐加大，特别是以日本现代社会体系停止进一步扩大的20世纪70年代为起点，到经过四分之一个世纪后的1995年左右，"Architecture"与"建筑"的用法之间出现了巨大的分歧。随着思维形式由类比向数字转换，在新的世界体系切换的过程中，这个

分歧发展到了无法隐藏的程度。当然，由于发展不均衡，这在全世界范围内不能一概而论。

这之间的区别就是，在英语世界的理解中，Architecture这个词不单单是物理性的建筑物，还用于概念性的领域中，据此的确可以看到概念抽象化的发生，进一步可以想象到与IT领域中架构一词的紧密联系。

然而，日语中的"建筑"，除去一些比喻的用法，几乎全是指代物理性建筑物。总之，原本起源相同、不分彼此的两个词语，由于解释的抽象程度的变化而产生了巨大的差异。

图2-2进一步阐述了相关的差异。

图2-2 "建筑"与"Architecture"的差异

回顾我们在第一章中阐述的内容，随着社会信息化的推进，Architecture成了一个包含非可视化事物（前面引文中所称的"软件""事"）的含义的一个一般化的词语，而"建筑"则仅限于表示硬件事物的含义。

由此可见，此处产生了一个空白区域（而填补这个空白就是本书的目的之一）。但仅仅将这个空白区域用"外来语[①]"进行填补，显然"架构"

---

① 外来语：日语中以片假名形式表示的引用自其他语种的词语。——译者注

无论是知名度、还是渗透性，都要远远低于"建筑"。接受过小学以上程度日语教育的人群中超过99%的人都知道"建筑"这个词，而即使是活跃在社会各个行业，若非从事IT相关工作，恐怕连"架构"这个词是什么都没听到过。

词语是表述概念的一种手段，如果某个词语从未被使用过，那么说明概念本身没有得到任何渗透。本书之所以将以外来语形式表述的"建筑""架构"二词，与以英语形式表述的Architect/Architecture二词区别使用，也正是由此决定的。本书为了填补这个差异导致的空白，现在只针对被限定的两个词即"建筑"和"架构"从提高抽象度的角度进行论述，通过这种形式得出思考方式的方法论。

架构师提升世界（观）

我们再从国际标准的角度看一下对这些词的定义。ISO/IEC/IEEE42010及其前身IEEE1471对architect的定义如下所示：

architect：The person，team，or organization responsible for designing systems architecture.

这条定义本身依赖于"什么是架构"的概念，而在ISO/IEC/IEEE42010中，关于架构的定义如下所示：

Architecture：fundamental concepts or properties of a system in its environment embodied in its elements，relationships，and in the principles of its design and evolution.

虽然定义本身并没有给出明确的答案，却通过"构成要素或关联性"和"设计或进化的原则"等关键词描述了某个系统的"基本概念或属性"。

本条定义从"系统"的角度体现了构成整体要素之间关联性的大致方向，这一点大体上与本书的定义没有抵牾之处。

这里再稍稍多说一句，笔者看到Architect这个单词时，最先联想到的是到目前为止仍旧毫不褪色的科幻电影《黑客帝国》中以The Architect命名的黑客空间的造物主。这个让人联想到上帝的词语，也从另一方面暗示Architect的任务是创造世界（观）。

IT世界中的"架构师""架构"

如前图2-2所示，日语中的"建筑"几乎全是指物理性的建筑物，而使用外来语表示的"架构师""架构"则大抵上应用于IT领域中。

特别是架构一词，经常用于表示IT领域中技术性的基本结构。

通常，人们从思想或哲学的角度，使用架构这个词描述具有高度抽象性的基本结构及其背景。例如，以冯·诺依曼计算机为代表的现代计算机基本构造，以x86架构或ARM架构为代表的中央处理器基本构造等具体的技术体系，以及"智能手机与个人电脑（PC）之间的架构完全不同"等纯技术论。

如果进一步扩大IT的范围，在通信和网络领域中，"TCP/IP"与"WWW"等基本结构也可以被称为架构。

商业领域与IT领域交叉的部分，也习惯将企业信息系统的整体结构称为企业架构。

综上所述，在IT领域中，将高度抽象的技术体系称为架构的事例不胜枚举。

3. IT界的架构师定义

接下来，我们将介绍广泛应用于IT界的架构师的定义。

IT领域中的人才培养等方面，通常将负责信息系统基本设计的人才称为系统架构师。下文我们将要通过介绍日本信息处理技术人员资格考试对系统架构师是如何定义的。

● 系统架构师

作为高级IT人才，有明确的专业领域，接受来自IT战略师的提议，明确利用信息系统或嵌入系统、物联网（IoT）系统开发的构成要件，设计实现这一目标的架构，主导开发相关的信息系统的人。

这里的架构师，从某种意义上看是局限于特定领域内的架构师。在这个领域中，与被本书称为"从一张白纸开始进行全局构思"的架构师十分接近的是位于上游的"IT战略师"。

下面将介绍"IT战略师"的定义：

● IT战略师

作为高级IT人才，有明确的专业领域，基于企业的经营战略，针对商业模式或企业活动等的特定流程，充分利用信息技术，为改革、提高和优化业务而制定、策划和推进基本战略。同时，利用嵌入系统、物联网系统，统筹系统的企划及开发，为实现新的价值而制定、策划和推进基本战略。

上述两个定义都从"要做什么"的角度进行描述，至于为了能够在现实中更好地胜任这个角色，需要怎样的技能、价值观甚至是思维方式，并没有明确的说明。针对这一问题，本书希望先"笼统地概括"基本技能，再进一步阐述具有高度通用性的定义，最终展示必备的思维回路及思维方式，来进行解答。

建筑界与IT界的"架构师""架构"

在了解了建筑界与IT界的背景和现状后，我们将对二者进行比较，寻找二者之间的同类项。

下面，为了更好地明确"架构师"及"架构师思维"的对象范围，我们需要观察一下建筑界与IT界的关联性。

"有人知道这张图片里的建筑吗?"

卡耐基梅隆大学的奥努尔·穆特卢（Onur Mutlu）教授在主题为"计算机与架构"的首次演讲中，引用了由弗兰克·劳埃德·赖特（Frank Lloyd Wright）设计的作为现代建筑的杰出代表的流水别墅［位于卡耐基梅隆大学所在地的匹兹堡市，在日本被称为"落水别墅（Falling Water）"，或者以其所有者命名的"考夫曼别墅"（图2-3）］作为开始课程的引子。

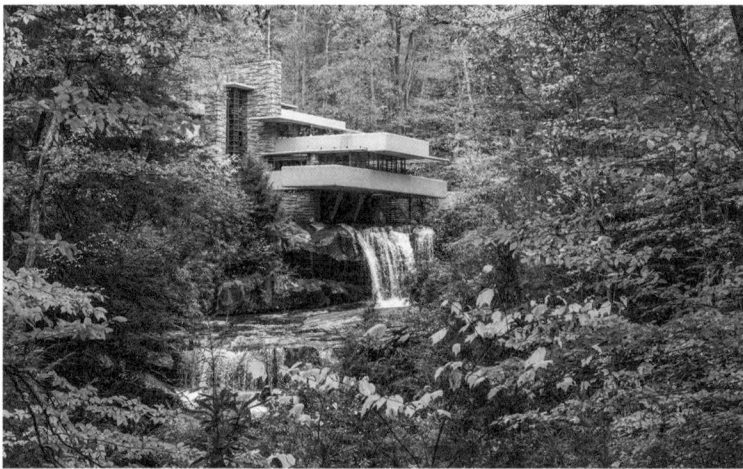

图2-3　流水别墅

穆特卢教授借用建筑的概念进行类比，阐述计算机架构的全景，由此证明建筑界与IT界的概念是解释IT架构师所必需的。

由于建筑界与IT界中拥有很多相似的结构，因此这些概念是可以共用的。类似的事例还有很多，例如，预算严重超支且完工时间依然遥遥无期的系统被称为"圣家族大教堂"(从开工开始历时已经超过130年),经过常年的反复维修形成的结构复杂的系统被称为"温泉旅馆"(因为不断增加的新建筑而导致新楼与旧楼之间毫无统一性而言)。

因此,从定义复杂结构物这一共同点看,在建筑界与IT界具有高度抽象性的部分也可以共用思维方式和方法论。

接下来,我们将分别从两个不同的领域探究它们的共同点与不同点。

建筑界与IT界的"架构师"的对象范围

为了更好地比较这两个领域,让我们先明确讨论的基础。

我们思考一下建筑界中建筑师们最常出现的场景都有哪些。

这通常是因设计了某座著名的建筑而以其名字命名的个人建筑师,或者因美术馆或学校等建筑物具有突出的设计性而举世闻名的建筑家。

相反,大规模的建筑群、工厂、平台,以及道路和隧道等土地工程建筑,几乎看不到任何个人建筑家的影子。

然而,要说到底是哪种情况下建筑师的身影出现最多,恐怕是那些数不胜数的个别案例了。图2-4对这种情况从不同的角度进行了简单的概括和总结。

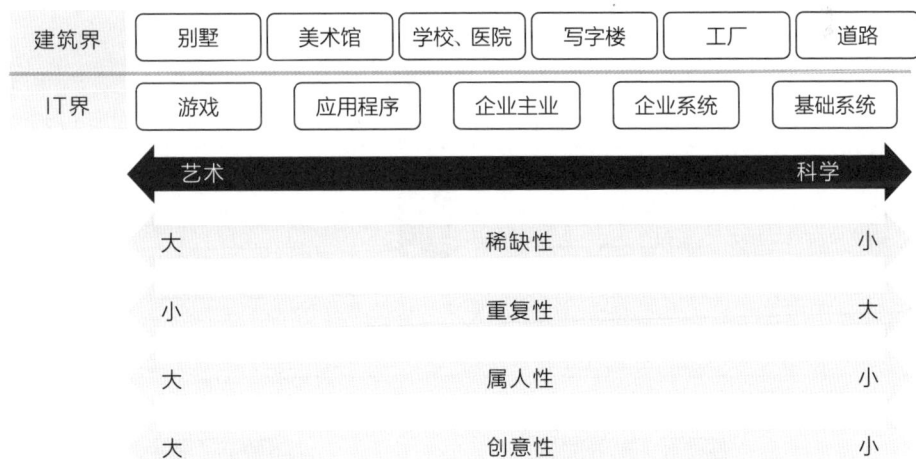

建筑界	别墅	美术馆	学校、医院	写字楼	工厂	道路
IT界	游戏	应用程序	企业主业	企业系统	基础系统	

艺术		科学
大	稀缺性	小
小	重复性	大
大	属人性	小
大	创意性	小

图2-4 从艺术到科学

为了更清楚地描绘出这条变化轴线，我们列举的建筑物充其量只是概括性的一般论述，因为在个别的事例中，一定会存在很多的例外情形。

同时，考虑展开的IT界与商业界的内容也是采用了概括性的论述。

图2-4中的轴线为"艺术⇔科学"，其内容包括：

- **重复性⇔属人性**：任何人都能按照一定的法则或程序对产品进行复制，还是局限于个人，其他人无法复制。
- **稀缺性**：产品"独一无二"，还是能够量产。
- **创意性**：可见的设计性要素的比重。

根据上述解释，在图2-4中，可以明显看到建筑师的出场位于中间偏左的位置，即具有高度的属人性，较低的重复性，偏重于"艺术"范畴。

然而，再看IT界，尽管有些游戏等产品近似于"建筑师"以"游戏架构师"的身份完成的个人工作，可是对于多数的企业系统来说，其产品几乎都是图2-4右侧的属性比较强。由此，我们可以提出如下假说：这里不存在如同建筑界的以个人名义开展工作的"架构师"。

我们再从工作的维度继续分析。

如图2-5所示，我们将从抽象性高的上游工作开始，向抽象性较低的

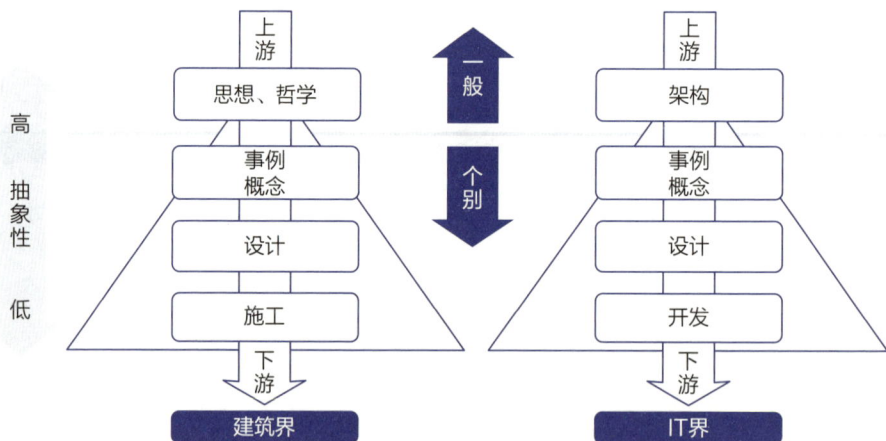

图2-5　抽象性高的上游工作与抽象性较低的下游工作

下游工作及信息的流动性，将建筑界与IT界进行比较。

图2-5的基础三角形表示前文所述的上游→下游的模型。将下游一侧设置为三角形的底边，其中一个目的是解释上游的抽象和下游的具体，这一通常的抽象→具体的工作流程。在这个过程中，单纯的概念转换成具体的细节，信息量激增。

另一个重要的原因，就是无论是建筑界还是IT界，越是向下游流动，信息量、参与人数和所需的资金越呈现增长趋势。这与本书阐述的架构师思维有很大的关系。

在图2-6中，我们将建筑界和IT界从上游到下游分别设置了四个不同的阶段。

而且，我们进一步将第一阶段与第二至第四阶段分成两个不同的层次。每个部分的第一阶段表示的不是具体的产品或建筑，也不是与系统直接关联的节点，而是具有通用性的抽象观念及理念，以及建筑的设计样式等抽象性内容。

而在第二至第四阶段表示具体的产品、建筑或系统，如同身边的具体顾客一样，具体性逐渐增加。

请看图2-6的建筑领域。

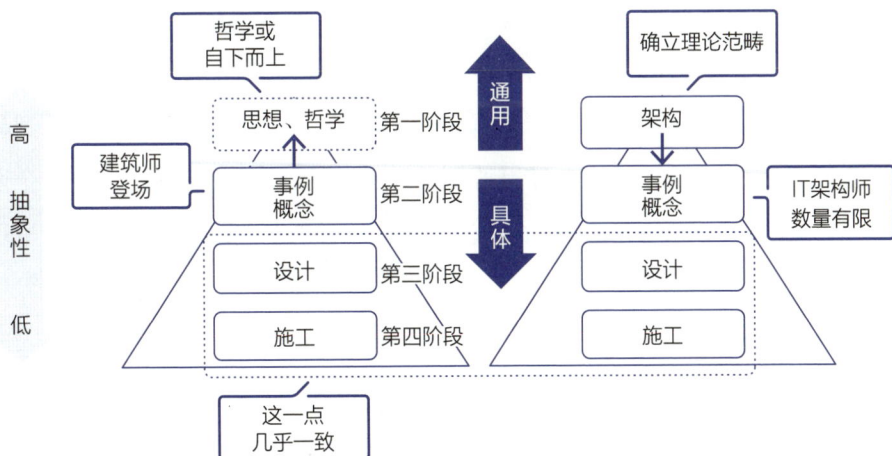

图2-6　从上游到下游的四个阶段

位于最上面的第一阶段，随着时代的不同，会有所谓的哥特式等某某样式的表述，而在思想界有构造主义、解构主义，以及新陈代谢、现代主义等代表时代的思想。

从第二阶段开始，开始讨论以物理性建筑物为对象的具体事物。建筑师将从这个阶段开始登场，即在第二个阶段开始出现，这使第一阶段与第二阶段之间存在明显的不连续的变化。

本书的架构师思维的主要研究对象，是进入这个阶段后，以具体案例为基础的最上游，即此处所称的第二个阶段，也就是建筑师开始登场的这个阶段（当然，尽管第一阶段中的思维方式也基本相同，然而从以特定课题为研究对象，以及需要事先考虑之后的具体化过程这两点看，第二阶段还是作为主要研究对象）。

接下来我们站在IT界的角度看一下第一阶段与第二阶段。

第一阶段大多是基本理论或技术体系，从IT界的角度看，是指由冯·诺依曼计算机等构成现代计算机的基本原理开始的。这与前文中阐述的"某某架构"或软件领域的结构化程序及项目指南等概念是有机统一的。这些事物的存在并不依赖某个具体产品或系统案例，而是作为基本原理而存在的。

下一步终于轮到了建筑师们崭露头角的建筑界。在这个第二阶段中，二者之间存在着明显的巨大分歧。

如果想要在IT界寻找像建筑界中的"建筑师"一样的能够依靠个人力量、以单个系统为单位独立构思全局的人，恐怕是非常困难的。其中一个重要的原因就是先前所述的"艺术⇔科学"示意图中，建筑界从艺术到科学普遍存在，而与之相比在IT界特别是以系统形式构成规模的企业对企业（Business to Business，B2B）领域中，属于右侧科学范畴的系统案例呈现出压倒性的优势。

再加上IT界中不可视的部分和创意性的部分要远远低于建筑界，因此IT项目更具有科学色彩。

继续向下看第三、第四阶段。在这两个阶段中，特别是二者中那些具有更强科学色彩的大型案例中，能够看到非常明显的相似性。第三阶段中的总承包商和系统集成商，与第四阶段中的分包承包商和开发从业人员可以说几乎是完全对应的。

4. 具体事例中的建筑界与IT界的对比

我们将第二至第四阶段中的"具体案例"单独拿出来，试着进一步分析这两个领域的不同之处。

由于建筑界和IT界中存在各种各样的不同类型案例，特别是位于下游具有明显相似性、由总承包商与系统集成商负责的、较大规模的"艺术⇔科学"轴的中央（以及稍稍偏右）位置上，集中了具有某种程度的可重复性的具体事例，根据客户的需求与制约条件的不同，我们在这里假设其为个性化的对象。

从上游到下游，以及作为其象征的从抽象到具体的构图中，如果从更大的结构水平看的话，能够看到前文阐述的二者之间明显的异同点，具体请参照图2-7。

在图2-7中，我们可以清晰地看到二者之间的关系，即"下游非常相

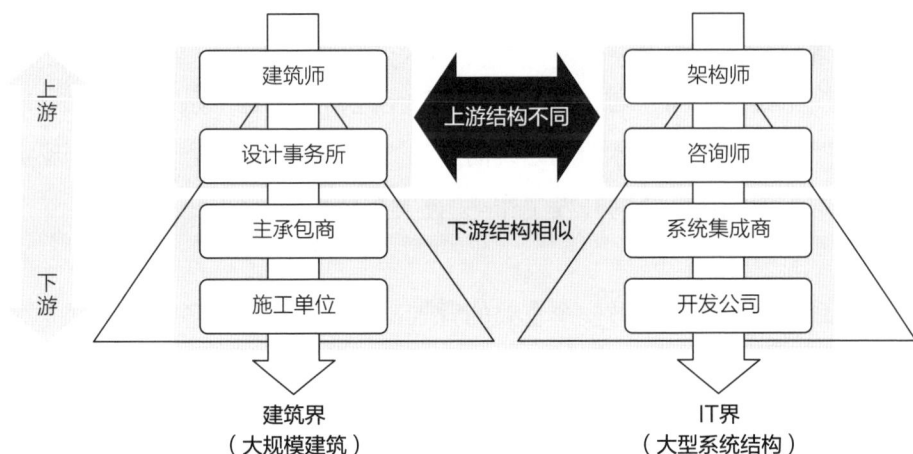

图2-7　下游非常相似，而上游则迥然而异

注：承包商或系统集成商覆盖上游的情形很常见。

似，而上游则迥然而异"。上游之间的差异是我们能够得到与架构师思维有关的线索。

为什么与建筑师相比，IT架构师更加稀缺、存在感更加不明显呢？一个重要的原因就是IT界的具体事例的性质（艺术色彩薄弱）。

"客户与供应商"关系的差异

如果从上游人才与下游人才的角度来看，那么建筑师无疑属于上游人才。可是，在IT界中，为何这种存在感竟是如此的不明显呢？

这或许是由于IT界对系统集成商的商业模式，或自古以来形成的商业习惯的依赖而导致的。不仅是系统集成商，在日本的其他行业中经常能够看到的一种现象就是，无论要求好与不好，都能"完美地实现客户的要求"才是他们的基本思考方式。这的确就是典型的下游思维方式，即忠实地满足客户的具体要求的理念根深蒂固地渗透在公司的每个角落。

"需要放大画面中的字体"则放大字体，"需要强化网络连接"则增强网络连接，"需要开发某某系统与人机交互功能"则直接着手开发，"此项业务具有特殊性"则按照业务流程变更系统设置等，所有一切都是"没有任何怀疑，在具体层面实现"，这种不论好坏的工作方式是日本IT界的常见工作方式。

将客户需求抽象化，分析"客户的要求到底是什么""这些功能在业务上会产生哪些影响"之后，不站在"对于经营来说这个系统需要取得什么效果"的角度考虑具体的问题，而导致"根据客户的随意性需求（现实性的要求）而完成系统的开发工作"，此类现象层出不穷。

导致这一情况还有另一个重要的背景：日本的IT界大多采用"营业额的提高与开发工数相对应"的商业模式。

换言之，由于"只要满足客户需求就有钱赚"，导致公司不去重新抽象化客户需求，以至于提供"实际上并不需要的功能"的方案变成了公司内部的讨论内容。

向上游进发的系统集成商

骨子里渗透着"下游型客户开发"基因的大多数传统系统集成商们，随着第一章中阐述的环境剧变，尤其是随着数字化转型的发展而愈发想要向上游进军，面对的现实却是总是得不到心满意足的结果。

这里面一个重要的原因是，能够在经营层面讨论上述变革的人才不足，也就是不具备能够将其抽象化的架构师思维能力。这正是本书的假说。

总之，对于这些课题，强化架构师思维能力有可能成为强有力的应对策略。

很多的系统集成商，特别是搭建B2B型系统结构的公司所从事的下游工作，要么是针对既有系统进行的修改，要么是习惯于对具有某种方向性的事物进行添砖加瓦类的"唯命是从"型工作，已然适应了按照客户要求而完成相应系统的工作模式，当面对"需要从零开始构思"的要求时，迫不得已只得保持沉默。

面对这种局面，本书将从"思考方式"的角度提供解决方案。

有如下两项重点：

第一，"完全颠覆现有价值观"。本书后面将具体说明"架构师思维"与现有的以"制造业"为中心的价值体系是完全不相容的，而颠覆这一价值观，将成为一种解决手段。

第二，营造能够孕育高度抽象性价值观的组织和社会。这将关系到每位读者朋友能否在各个领域中大显身手。

当前，人们认为日本人或日本社会的环境不能孕育出架构师，而我们想寻找否定这一说法的证据。这也是我们将建筑界与IT界放在一起进行反复比较的原因之一。除了建筑界，还有游戏界、动漫界等领域都涌现出了创造具有"普世价值观"的世界级作品的人，这也是一个明确的标志。一旦有了与之相适应的环境，架构师式思维方式的威力完全可以在现实中展示出来。

5. 本书中的"架构师"及"架构师思维"的作用

前文从历史与语言的角度对建筑界与IT界的"建筑"、"架构师"以及"架构"等概念进行了简单的介绍,接下来将进一步明确本书中的"架构师"及代表其思维方式的"架构师思维"的定义。

围绕"架构师"的概念,我们首先从建筑界转移到IT界,其后将IT进行一般化处理,使其成为可以触摸到的物理性形态,最后再将概念与思维范畴做一般化处理,最终在商业中将其作为范式而推广使用,见图2-8。

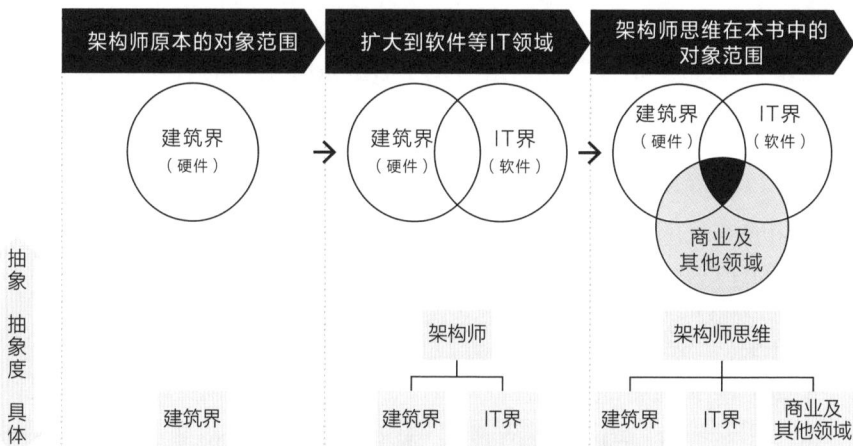

图2-8 架构师思维在商业领域中的应用

简单来说,架构师的适用范围是从有具体形式的建筑界开始,到将没有具体形式的IT界,进而再扩大到以商业为首的其他领域。

之后,我们将从上述所有内容中寻找共同点,以最大公约数的形式说明"架构师思维"的具体内容。

商业与架构师思维

如图2-9所示,"商业及其他领域"所包含的范围是前文中讨论过的"拥有具体目的或服务对象"的产品和服务。从具体内容来看,架构师思

建筑师特有思维模式

● 创意设计
● 材料设计
　……

IT架构师特有思维模式

● 基本原理
● 数字设计
● 系统设计
　……

建筑界
（硬件）

IT界
（软件）

商业及其他领域

按照特定目的
从零开始构思全局结构
（抽象化）

商业架构师特有思维模式

● 商业框架模型
● 人、钱、物
● 公司
● 产品、服务

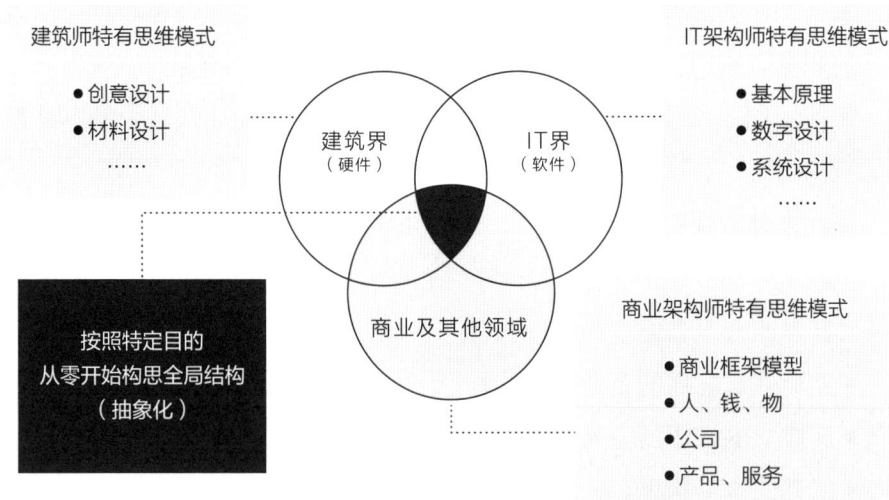

图2-9　三圆合成图

维不仅适用于创业者和新事业开发者的活动，还适用于构思职场新活动，构思个人活动等形式，几乎可以覆盖所有的个人活动。

与之相对，这个范围并不包括具有通用性目的的理论体系（换言之，不具有特定目的）。

在图2-9中，我们将图2-8中最右侧表示本书阐述对象范围的部分表示为三个圆形，通过这种格式化的方式，描述每个圆形中的定义涵盖的对象范围（图中蓝色以外的部分），以及本书中的架构师思维的使用对象大概处于哪种范围。

作为最大交叉领域，图中蓝色的部分表示哪种思维方式，又包含哪些思维要素呢？关于这个问题，我们有必要简单地再次定义一下架构师的概念。我们首先回顾一下如何使用架构师思维方式思考架构师。

6. 商业领域中架构师的对象范围

前文中我们阐述了建筑界中的建筑师与IT界中的IT架构师的对象范围。

那么，作为商业领域中的全局构思家的架构师，又是以哪些对象作为自己的职责范围呢？简而言之，即需要全局构思的所有场合。

例如，创业以及以其为目的的整体商业构思就是商业领域中最容易理解的全局构思。

除此之外，还有如下内容：

- 新事业或服务的全局构思。
- 经历并购之后的企业的全局构思。
- 新成立的社团的全局构思。
- 活动的全局构思。
- 企划书的全局构思。
- "新的行动方案"的全局构思。

相反，不需要全局构思的情况是"循规蹈矩"即可开始工作。特别是历史越悠久、规模越庞大的企业，这种情况会越严重。

尽管如此，第一章已经阐述过，即便是如此规模的大企业，在乌卡时代也不能采用循规蹈矩的方式，因为从零开始重新规划蓝图的要求正在增加。

同时，处于"鸡口牛后"时代的我们，每个人都需要成为"自己人生的架构师"，这是必须注意的问题。

架构师是全局构思家

如果将前面阐述的内容用一句话总结，本书中的架构师的作用就是"全局构思家"。

图2-10对本书的架构师的概念进行了简单的描述。

全局构思家是指，在高抽象度上，站在最上游的位置，以零为基础，能够为各式各样的体系（产品、建筑、信息系统、组织，或者社会及商务，甚至是国家）规划纯粹蓝图的人。

角色类型	架构师的含义	架构师的资质

建筑师
IT架构师
创业者
……
其他的构想家

抽象化思考的
全局构思家

从零开始
总览全局
结构化

上游

下游

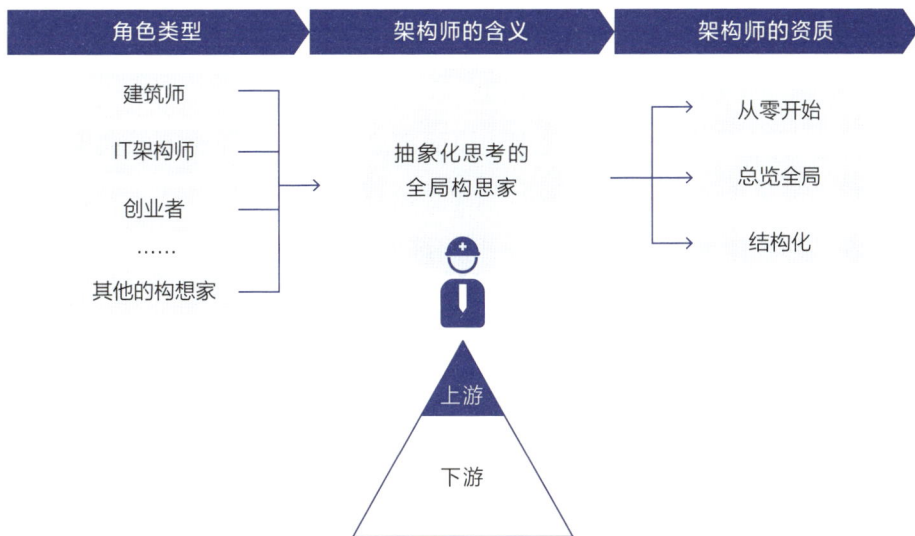

图2-10　架构师是全局构思家

因此，这个人必须具有"总览全局"，"从零开始""绘制成一张蓝图（结构化）"的能力。

架构师与某某职业的关系

在阐述语言定义的最后，我们需要明确一下架构师概念中"似是而非"的共同点与不同点。

需要注意的是，这里阐述的内容只是"本书中的定义"。由于本书涉及的词语会因为行业与公司的不同而在使用方式上有所区别，因此明确到底如何阐述概念就显得尤为重要。

例如对于"设计"与"设计师"的概念，恐怕会出现仁者见仁，智者见智的现象，因此商业领域中这些词语的定义也是千差万别的。

我们的想法是，将本书中架构师的概念与那些"似是而非"的印象之间的关系，与读者分享一下。

另外，为了更直接地展示单纯依靠语言文字而无法诠释的二者之间的关系，我们采用了"维恩图"（Venn Diagram）的形式说明数学上的包含关系等内容。

架构师与设计师的关系

架构师与设计师之间的区别，简而言之，就是处理对象的抽象度不同，或者说是上游与下游的差别。架构师的抽象度更高，位于上游，二者之间在某种程度上有重合的地方，利用维恩图表示如图2-11所示。

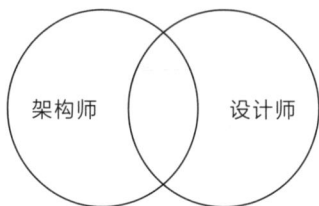

图2-11　架构师与设计师的关系

从上游到下游的工作流程中，设计师负责在某种程度上已经确定好的领域内承担"某某设计师"的工作，而架构师则是从原本一张白纸的状态定义庞大的领域，二者之间处于生境分离的状态。当然，不能否认也可能有"最上游的设计师"这一概念的存在，因此图2-11中设置了"架构师与设计师重合的部分"。

架构师与项目经理的关系

经常在IT界的案例中出现的项目经理与架构师之间的关系，可以定义为明确的生境分离的关系。

IT界中的项目经理的工作内容近似于建筑界中的"监理师"。这个项目经理的岗位责任是遵照"谁""在哪里""做什么""截止到什么时候""为什么""怎样做"这5W1H的步骤，沿着计划完成相关工作之后，以监理师的方式检查实际的工作成果是否如计划规定。

总之，架构师的任务是发现问题和定义问题，而项目经理的任务是解决已经确定的问题。二者的关系如图2-12所示。

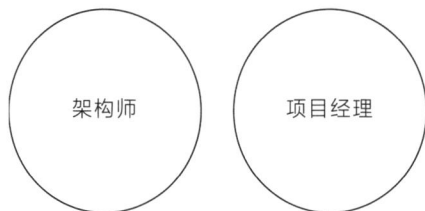

图2-12 架构师与项目经理的关系

架构师与团队主管的关系

接下来，我们再介绍一下常见的团队主管与架构师的关系。由于主管一词的使用范围非常广泛，因此我们将架构师的职责范围设定在主管之下，具体如图2-13所示。

图2-13 架构师与主管的关系

仅从字面意思上看，主管一词可以表示"主要管理"之意，这其中就包括主管"智能构想"的架构师的职责，如同"保龄球的1号球瓶"的位置。

架构师与学者的关系

最后我们再阐述一下架构师与学者的关系。无论是建筑界还是IT界，都存在着众多的建筑学学者和信息科学学者。二者的关系如图2-14所示。

二者的关系与架构师和项目经理的关系一样，属于明确的生境分离状态。架构师的职责是定义解决特定客户和案例的方法，而学者的职责是创造非特定用途的通用性理论和模型。

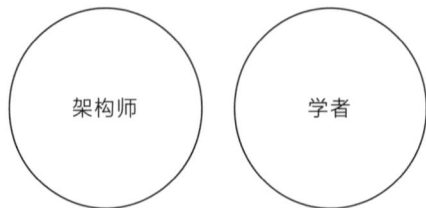

图2-14　架构师与学者的关系

7. 将具体的人与抽象的作用分开来考虑的架构师思维

前文中我们分析了架构师与各种不同身份的职责之间的关系。以最后的学者为例，读者的脑海中或许会浮现出如下想法："某某大学某某教授曾经设计过实际建筑物，而这样分离其职责未免有些不妥""某某建筑师同时也兼任大学教授，并没有实现职责的分离"。

然而，本书讨论的仅仅是抽象性概念的职责，与现实中的具体人物是有区别的。这与前文中所述的架构师与项目经理的关系是完全相同的。

这也可能是不擅长"架构师思维方式"式抽象概念性操作的人将"抽象与具体混淆"而导致的感受。

上述例子中的两个人都是"一人身兼数职"，因此不可能做到面面俱到，这一点请读者朋友结合实际情况仔细体会（在棒球比赛中，恐怕不会有人将投手与击球手的职责混为一谈。例如著名的大谷翔平即使一个人承担"两个职责"，也不意味着投手与击球手可以变成同一个角色）。

在本章中，我们以建筑界和IT界为例，针对"架构师思维"以及作为这个思维的实践者的"架构师"在本书中的定义与适用范围等进行了详细的说明。

下一章中，我们将继续沿着这个方向，对架构师思维的要求与架构师侧重的价值观及思考流程展开进一步说明。

抽象化与架构师思维

第三章

1. 架构师的使命

在前一章中，我们参考建筑与IT两个行业，从本书的角度，针对"架构师"和"架构师思维"的定义，以及架构师的使命，对象范围及其思维方式等方面的内容进行了阐述。

在本章接下来的内容中，我们将针对架构师思维的基本实践方式、价值观和思考方式等内容以及与之相关联的内容展开讨论。在描述架构师思维概要的基础上，我们将架构师的思考和行动部分从实践者的角度以"架构师从事（不从事）某某工作"的形式展现给读者。

架构师思维所要求的核心能力是能够抓住抽象化概念的综合思维能力（图3-1）。

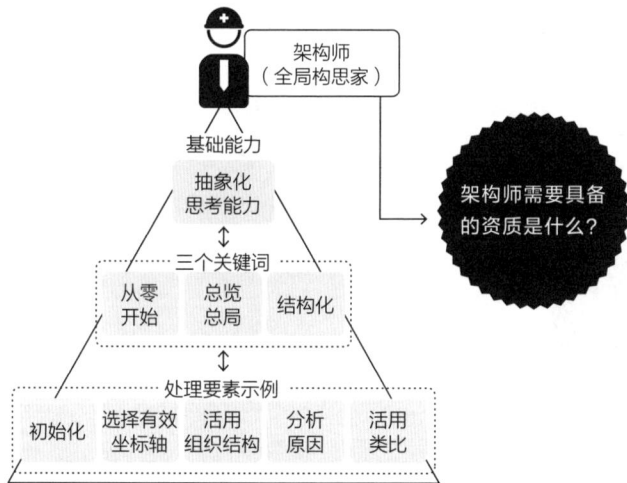

图3-1　架构师思维需要的资质

架构师是核心

如果将"具体⇔抽象"比喻为排列金字塔状的保龄球球瓶，那么架构师无可置疑地将成为站在塔尖的那个1号球瓶。

球瓶一个接一个倒下，宛如从上游开始沿着从抽象到具体的顺序发展的过程。在这个过程中，抽象的概念逐渐被具体化、可视化，直到最终形成有形的事物并得到执行。这是对发生在工作和日常生活中的场景的完美模拟。

随着向下游推进程度的加深，更多的玩家也开始涌现出来。高度抽象的概念像折扇的扇轴一样，对所有的扇骨都产生影响（现实中的扇骨呈倒三角形，上下与左右都与金字塔的正三角形相反，为了便于读者理解，本书中的三角形采用"镜像模型"）。

本节为了更好地说明架构师的作用，我们使用保龄球球瓶帮助读者理解这个抽象概念，见图3-2。1号球瓶先于其他的球瓶倒下，其他的球瓶以其为开端产生连锁倒下的效果，因此1号球瓶对于其他球瓶来说承担着引导与先锋的职能。

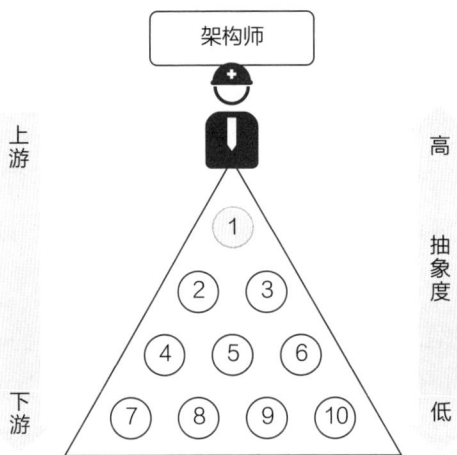

图3-2　架构师是核心

众所周知，在实际的保龄球游戏中，最先倒下的1号球瓶不是依靠"自身动力"而倒下的，而是受到了"保龄球"的冲击才倒下的。如果放在商业领域中，我们可以将这个"保龄球"理解为"需求和商机"，或者"客户要求"等外因。

十人中必有一人架构师

不过，不是所有人都需要成为架构师，概括地说顶多是"十人中有一人"（或者按照从业人员的总数的十分之一的比例进行类比），按照这个模型推算即可。上游与下游也可以使用这个模型，人际交往中这样的关系也能成立。

但是，这也不是意味着一定要保证每十个人中就有一名架构师，而是要依照所有人的整体情况和状态，可以一人身兼数职。因此，任何能够扮演"1号球瓶"角色的人都必须掌握这一点。

况且，世间的每个人，所要承担的角色到底属于哪个位置的第几号球瓶，恐怕都不是确定的。

例如，一个人为了完成某项任务（职场活动的企划干事、执行干事等），在工作过程中随着时间的推进将扮演多个身份，而每个身份都可能是该部分的1号球瓶。

总之，最重要的是清楚地了解所使用的环境。

下面，我们将工作中从上游到下游的推进过程，即由抽象到具体的转换过程比喻成保龄球球瓶的传导过程（有哪些相同点），做如下总结：

- 从上游到下游的逐步推进的过程呈具体⇔抽象的金字塔型。
- 顶端处的一人是"扇轴"，即承担所谓核心的架构师角色。
- 球瓶从第一个（1号）开始倒下，之后扩散到第二行（2、3号），第三行（4、5、6号），第四行（7、8、9、10号），从抽象到具体演变的过程中，新的参与者不断加入，这与具体化逐步推进的状态是一样的（这个过程也包含偶尔逆向流动的情形）。
- 具体的事物必须单独处理，而高度抽象性的事物则可以一次性全部搞定，假设只剩下7、8、9、10号球瓶，想要一次全部击倒难度非常大（几乎不可能），比较笨拙的方式是一个一个分别击倒。
- 架构师的工作占全部工作十分之一的比例。

希望读者通过上述的总结，能够从球瓶倒下的过程类比由抽象到具体的处理流程和方式。

架构师站在抽象金字塔的顶端，从这个抽象度最高的位置上，逐步展开提高具体性（降低抽象性）的工作。

反过来说，架构师也需要事先将自己的水平提高到抽象度最高的程度，这也是与之保持一致的抽象性所要求的。

在接下来的篇幅中，我们将以上述内容为基础，从全局构思家的角度，阐述架构师需要拥有怎样的思维，在实际操作中又是怎样处理的。

架构师从零开始规划蓝图

架构师具备从零开始规划蓝图的能力。站在非架构师的角度看待这个能力，恐怕会有人觉得这也没什么了不起的。然而，换个角度我们会看到他们的不同之处。

从非架构师思维的角度看，为了填满空白领域或许需要超乎想象的庞大数据，而这种思维是从具体的角度考虑事物所导致的。

从抽象的角度大体上考虑全局的步骤，不是要将空白领域填上密密麻麻的数据，而是首先仅从宏观上的框架模型开始考虑。做到这一点，即使不具有该领域的知识储备也不要紧，只要有一个在任何课题下都能使用的框架模型即可。所谓的提高抽象度，是宁可因为牺牲信息量而使其"轻量化"向上位移的过程。

从具体程度考虑，为了使用各种各样的数据充实空白领域，需要获得海量的数据信息，而与之相对，从抽象角度描绘空白领域的整体构想时，只要提高抽象度，那么获得这个构想将不再是件难事（图3-3）。

而这里必不可少的工具就是我们反复阐述的框架模型这一高度抽象性的方法。

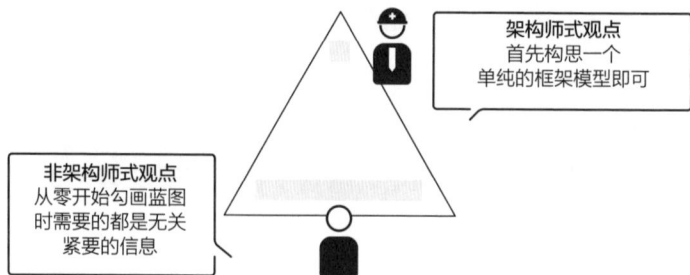

图3-3　架构师首先只考虑宏观的架构

架构师只规划一张蓝图

"用一句话说明""规划全局"是指通过高度抽象的信息，或一张蓝图甚至是一个简单的图表描绘全局。而表现概念的文字，与说明具体事物的详细而冗长的文字是不一样的，是抽象度相当低的内容。

在后面的章节中，我们将要介绍的各种框架模型，对于把握简单的整体构造会有一定的帮助。框架模型作为一个必需的背景，是架构师思维过程中的一件重要的工具。当绘制整体构造的蓝图时，是否需要考虑掌握全部事物，也是正在观察具体事物的人所担忧之处。"过度的知识量"的确会对规划整体构造产生不利影响，这一点我们将在第四章继续说明。

为了绘制一张整体构造的蓝图，或许并不需要某些个别领域的知识储备。因为一旦掌握高度抽象的框架模型，就能抓住思维的边界，绘制这张蓝图将变得易如反掌。

架构师设置工作环境

第一章中我们阐述的数字平台的结构就是一个非常典型的事例，架构师工作中一个重要的环节就是设置工作环境。不是走到某个人设定好的领域，而是在没有任何人涉足的荒野中设置一个范围，将这个领域定义为"整体"，接下来再描绘一个具有高度抽象性的构思蓝图。

绘制蓝图所需的具体思维方式，我们将在第四章的思维流程中进一步阐述。而当务之急是完全摒弃现实中的障碍，从零开始考虑事物，并将解决该问题的最佳视角和坐标系导入由此形成的全新领域，再将所有元素组合搭配。由此而产生的空间就是所谓的工作环境。

换言之，架构师创造了全新的世界观。这个世界观与保龄球模型中2号球瓶之后的所有球瓶都存在着决定性差异。这是由于只有"开始的第一人"才能设定工作环境与世界观。

2. 架构师的价值观

架构师酝酿非议

在上游，即使出现反对者，架构师也会非常注重表明自己的主张（结果将是与反对者分道扬镳），而下游则是"以和为贵"，将减少反对者的数量作为自己的目标。这就是上游与下游思考方式之间的差异所在。在上游，必须明确舍与得，根据确定"得"的内容再去"舍"，架构师就是从事"一刀两断式切割"的工作。而由此被舍去的人，自然会心怀不满而成为反对者。因此，架构师的想法必须是酝酿非议、招致反对的想法。

我们假设一个向多数人分配预算的场景。

站在上游构思，设定"未来的年轻人是投资重点"，这个分配概念必然会招致"未来的老年人"的强烈反对。

这时，倘若有人问道："将年轻人作为投资的重点，这是否是对老年人的歧视呢？"上游的架构师恐怕必须回答："是的。"不出所料，这个回答将招致激烈的非议。实际上，从上述的言论或许可以导出一个相对温和且更理论的结论。然而，为了守护这个明确的概念，上游架构师决不能轻易妥协而失去棱角。

此外，很多持有下游思维的人针对上述的反问会表示出"当然不能忽略老年人"和"理解成年人的反应"的态度,采取减少反对者的策略。这会出现下面的局面:"以年轻人作为投资重点,同时也不能忽视正值工作精力旺盛的中年人,更要维持必要的老年人的社会福利,还要针对即将担负未来职责的儿童进行必要而充分的投资。"而这个局面似乎没有人能够理解其重点或核心在哪里,试图最小化反对者的攻击的代价是失去了整个结构的精髓。

这也是经常能够看到冗长而繁复的政客答辩和政府文书的原因所在。为了照顾到所有人而尽量减少反对意见的尽头是"最终使目标变得模糊",这种由下游思维而导致的情景屡见不鲜。

接下来请看图3-4。在多面手型的下游非架构师思维框架下,短期内尽可能"缩小遭遇不幸的人数",尽量最大限度地照顾各个利益相关体,从长期看,将导致由于政策缺乏核心内容而最终没有任何人从这个政策中受益。

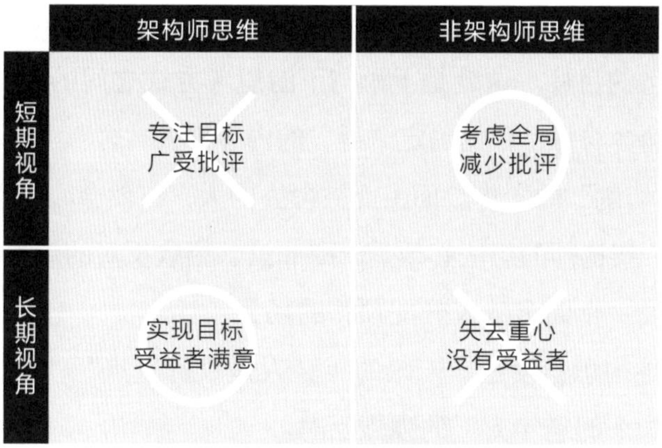

	架构师思维	非架构师思维
短期视角	专注目标 广受批评	考虑全局 减少批评
长期视角	实现目标 受益者满意	失去重心 没有受益者

图3-4 多面手型的非架构师思维

然而,在删繁就简的上游架构师思维模式下,短期内放弃某一方面的确会导致很多人陷入困境,但长期来看,由于具有明确的目标而能实实在在地提高目标群体的满意度。

有两种方式可以反映"客户的声音":一种是"从实际出发",全盘接受客户的变更要求，而从不说"不"；另一种是"从抽象出发"，针对客户的要求适当地说"不"，不一味地满足其所有目标，而是采取针对性的具体行动。

以建筑业为例，有两种人，一种是全部按照客户的要求变更设计布局的人，另一种是俯瞰全局、适当优化管线的设计布局，甚至牺牲某些特定楼层的便利性以期达到目标的人。显然，后者就是架构师思维方式的典型代表。

这让我们联想到笔记本电脑的外接端口的数量。美系制造商的产品中经常能够看到重视设计的范例，"想方设法减少外接端口数量，其余的外设通过转化器连接"的方式是其精髓的体现，如苹果的12英寸（1英寸=2.54厘米）Macbook笔记本电脑上仅有一个语音插孔和一个USB-C端口。而日系制造商更多是出于方便的目的而采用"所有的端口全部集齐"的方式，尽管这种方式带来的便利性是无可比拟的，但从外观上看，零零散散的布局（从抽象角度看）确实没有设计美感。

上述内容恰好是回应每一项来自客户的具体要求的下游思维，与忽略个别客户的具体要求而保持高度抽象性设计的上游思维之间的区别。

架构师是一个人在思考

前文介绍的具体与抽象以及上游与下游的金字塔中，在下游和具体的范畴内，人数越多品质越好，而在上游和抽象的范畴内，人数越少品质越好。这是两个范畴之间的区别之一。而后者的极点位于金字塔的顶点，即全局构思起步的地方。

在商业领域中，经常听到的是"合作很重要""团队很重要"等价值观，而上游和抽象范畴的价值观很少会被提及。这是由于"比起一个人单打独斗，团队合作更易造就好的结果"这种常识性的认知在人们心目中已经根深蒂固。

可是，为数不多的一个例外就是高度抽象性构思。

对于这种构思的需求，也如同金字塔面积所示，越是位于顶端，在整体中所占的比例越小，因此能够理解这种思维的人恐怕也会非常有限（鉴别一个人是否具有架构师潜在资质的一个简单方式是，观察这个人在工作过程中，合作的倾向多，还是独自沉思、安静思考的倾向多）。

"架构师"必须面对独自一人思考的局面。人数越多，抽象度越是下降，能够理解这种场景的人也越少。

试想，你听说过"十个人合作得出的概念"吗？即使有，恐怕也是最初的一个人负责构思，其余九个人仅仅负责添砖加瓦或者反复锤炼的工作。高度抽象性成果应该具有"根源同一性"的特点。从构造上来说，多数人合作出来的成果不可能具有这样的抽象范畴独有的特点。现实世界是以多数人参与为基础的民主世界，而抽象世界是一个人支配全体的"理性独裁"世界。

因此，架构师从来不会成立由十数人构成的某某"委员会"形式的组织，况且架构师的气质也使他不会接受和认可"委员会"委派的工作。架构师非常清楚，多数人从事的工作一定是下游的工作。下游工作中追求的是"与周围打成一片""减少反对意见，使决议顺利通过"。而这样的地方不是架构师发挥优势的环境。

在所谓的"某某委员会"或"某某工作小组"中，是不可能诞生高度抽象的构思的。而这样的组织顶多算是将高度抽象性概念进行具体化，以及为了添砖加瓦而组建的临时议事机构而已。

架构师对"美"情有独钟

在架构师眼中，与物理性构造物一样，具有整体的统一性、不具有冗长性的构造物，即使没有形式上的概念或计划也可以称为美。而这种"美"，称不上是具体范畴中的美，只能是停留在抽象范畴的概念。具体范畴中的美，是指通过色彩或创意方面的设计而通过"眼睛可以直观感受到"的美。

而抽象范畴的美，是指具有简洁性（不冗长繁复）、对称性的"构造上的美"，是非直观性的概念性的美。

建筑界的构造美与创意性的美之间的差异，或许就是具体领域与抽象领域中的抽象美与具体美之间的差异。

抽象美是指将任何简单的事物通过复杂的形式表现出来，用一条信息激发很多人的想象力，使人们想象出更多具体的形式。架构师思维专注于这样的抽象美。

架构师不会"横向串联"

在大型单位和组织中，很多的部门之间都存在本位主义的问题。因此，各个部门之间需要建立一个沟通顺畅、降低壁垒的合作机制，我们将这个机制称为"横向串联"。

然而，这个词并不存在于架构师的词典中。"横向串联"就是"各个零散的部门或人员之间的强制关联"，是站在具体的角度做事。

将所有人关联到一起原本也是架构师的视角，因此架构师不需要构思"横向串联"的结构和框架。这也是1号球瓶构思与7～10号球瓶构思的区别所在（图3-5）。

完全沉浸在本书中所称的下游世界的人，已经完全将工作是需要各个部门与单位之间通力合作的概念渗透到骨髓中了。这可以理解成"看到白纸的瞬间心中已经知道了各个领域的边界所在"了。这里所谓的边界，既

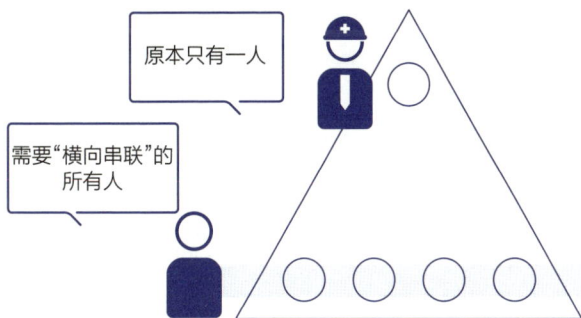

原本只有一人

需要"横向串联"的所有人

图3-5　架构师不需要"横向串联"

包括部门间的界线，也包括国家间或行政单位之间的分界线。

人们长时间盯着显示相同内容的显示器，脑海中会呈现出被该特定图案所留下的烙印。这种状态就是长时间充分浸泡在下游世界的人形成的特有的视网膜所呈现的状态。

在大型企业和公共机构等所谓的既得利益集团中无法孕育架构师，这也是原因之一。

众所周知，为了驱动社会发展，各种组织以各种机制或目的开展活动，涉及特定领域和规则，而对这些内容的理解是位于下游的人的首要任务。因此，这是"体制内"的人非常重要的思维模式，它是阻碍架构师思维的最大因素。这一点需要读者特别留意。

这样的人无论看到什么，首先会联想到的是"这是谁负责的？""这位专家与那位专家联手的话应该会有非常好的合作结果吧？"等。当脑海中浮现出类似的想法时，表明他们与从零开始构思的能力之间的距离已经非常遥远了。

从另一个侧面看，专挑毛病的人或给人差评的人，更具备成为架构师的潜质，也就不足为奇了（很多建筑师不喜欢依赖于大公司而是以个人身份或者以个人名义组成团队开展工作，这更加印证了这个观点的合理性）。

3. 架构师的思维模式

架构师抽象化思考

作为"架构师思维"的核心思考模式，"抽象化思维"的内容已经在"前言"部分中有过阐述，现在我们再次展开详细讨论。

抽象化过程是从具体到抽象的过程，与全局构思的简约化紧密相连。

在日常的工作和学习中，我们更加注重"五官"带来具体感受。目之所及、耳之所闻、肌肤之所感都是我们习以为常的内容。

　　而在思维领域中，以具体领域为中心进行思考的人在现实社会中占据了绝对多数。正因如此，在一定程度上，抽象化的思维模式是反自然的行为，提醒读者不要忽视。

　　就像水往低处流一样，将具体化的过程看成一个从上游到下游的流动过程，则会相对自然，容易接受。而当看到逆向流动的水流时，我们首先会意识到这是违反重力原理的现象，这会驱使我们朝着不自然的方向去思考其原因。

　　可是，具体与抽象到底是什么呢？或许有些绕圈子，但如果要阐述架构师思维中基础中的基础，恐怕首先要从二者的区别与它们和思维相关的内容谈起了。

　　已经从其他书中了解过"具体与抽象之间的循环过程"的读者，适当泛读本书中重复的内容即可，不影响对后文的理解。

思维在具体与抽象之间循环往复

　　架构师思维的本质到底是什么，关于这个问题，本书采用图3-6的形式，将其定义为"在具体与抽象循环往复的过程中衍生出新的理性成果的过程"。

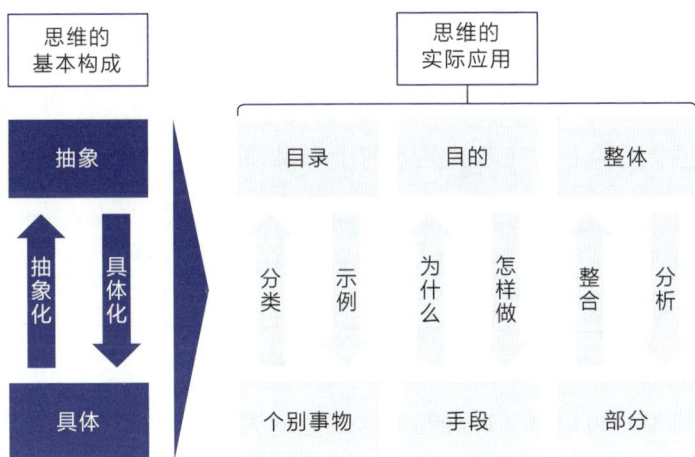

图3-6　架构师思维是在具体与抽象循环往复的
过程中衍生出新的理性成果的过程

思维的第一个构成要素可以分为两个步骤，首先是将众多的个别事物汇总后分类，即进行目录化处理，其次是基于该目录制定具体政策。

若将上述步骤与本书的主题——"构思"结合，则完成了创造高度抽象性概念的行为，而且与上述步骤中的第一步的抽象化构成了互为表里的关系。

构想的创作过程是产生高度抽象概念的过程。概念是指用简单的形式表达复杂的事物，含有使众多分散事物具有统一方向性的含义。

思维的第二个构成要素是在手段与目的之间循环往复。例如，商业领域中的商品、服务和信息系统，必定都有实现满足客户或公司内部的用户某种需求的目的。

然而，在商业实践过程中往往会出现"手段目的化"的现象（在制造商品、服务和信息系统的过程中由于失去其目的性而变成为了制造商品而制造的现象。例如，在技术主导推进开发产品的过程中，非常容易出现这种现象）。

架构师思维中常用的手段不是具体性的工具，而是要从存在的原因，也就是目的这个高度抽象的维度去眺望事物。

思维的第三个构成要素是厘清整体与部分的关系。部分对应具体事物，整体对应抽象概念，二者是思维过程中经常考虑的对象。

然而，此处所称的部分与整体之间的关系，并非是指简单的范围大小的关系。部分表示个别事物，全体表示将个别事物集合到一起的"关系"。在这个逻辑下，二者的关系与个别事物和整体目录的关系具有高度的相似性。

从建筑业的角度看，理解这种部分与整体的关系会更容易。作为"全局构思家"的架构师，不仅要考虑某个房间的存在方式，更要考虑如何将这些单个房间组成一个有机的整体，从而形成整栋建筑。

框架模型是可以将"部分与整体之间的关系"以模块化形式轻松表现出来的方法。商业领域中经常用到的SWOT分析、PEST分析等都是这种框架式的分析方法。总之，充分利用框架模型，就是为了准确定位整体与个别之间的关系。这亦是本书中推广框架模型的目的所在。

我们将在第四章以及第二部分针对框架模型的使用场合展开详细的阐述。

什么是具体与抽象

接下来，我们需要再次确认具体与抽象的概念。

关于具体与抽象的详细说明，可以参考本书结尾处的参考文献4、5的内容，而这里将对其精髓做简单概括。抽象化是架构师思维的核心，让我们先从这个概念的理解开始，再展开相应的讨论。

具体与抽象的区别

首先，通过图3-7，让我们对比一下具体与抽象的区别。

所谓"具体"是指表示实际情况，通过肉眼可以直接观察到，通过五官可以直接感受到的事物。而"抽象"则是指与实际情况相背离，只能由人的大脑中产生出来的概念性的事物。或者，我们也可以将抽象理解为将具体的个别事物总结归纳为范畴一样的形式。

具体性的事物是有形的，解释的自由度很低，而抽象性的事物是朦胧的，可以做各种形式的解释。

具体	抽象
• 来自五官的直接感知	• 五官无法直接感受
• 与"实际情况"紧密相连	• 与"实际情况"相背离
• 分别对应每个问题	• 需要按类别综合处理
• 解释的自由度很低	• 解释的自由度很高
• 不能推广使用	• 可以推广使用
• 属于"实业家"的范畴	• 属于"学者"的范畴

图3-7　具体与抽象的区别

相反，抽象化事物的优势在于如果将众多个别事物汇总后处理，可以得到"事半功倍"的效果。

根据上述区别，具体性事物与抽象性事物具有如图3-8所示的不同特点。

具体性	抽象性
● 短期性	● 长期性
● 可行性高	● 距离可行性尚需一定的过程
● 解释的自由度低	● 解释的自由度高
● 适用范围窄	● 适用范围广
● 表现形式为数值或专有名词	● 表现形式为一般名词
● 容易判断结果的正误	● 难以判断结果的正误
● 能诉诸感情	● 不能诉诸感情

图3-8　具体性与抽象性的区别

在后文中，我们将针对上述区别中的某些点展开讨论。

在处理具体事物时，需要针对每项内容分别对应，而且各不相同。而处理抽象事物时，需要将具有相似性的多数内容进行归类总结，看成是一件事物。由此，从具体的角度看，解释的自由度相对较低，而从抽象的角度看，解释的自由度则很高。换言之，抽象化是提高自由度的一种方式。

反过来说，行动和执行是降低自由度的方式，由于处理具体问题的方式具有唯一性，使得问题能够顺畅地推进，因此具体性事物具有很高的可行性。

我们在第一章中讨论从上游到下游的过程时，也将从抽象到具体的过程描述为从计划到实施的过程。这个过程也意味着从高自由度状态向低自由度状态转换的操作过程。

我们将架构师思维假设为抽象化思考，是由于架构师思维的核心是将"全局构思简单化表现"的过程，而这种表现形式恰好就是抽象化本身。至于简单化作为抽象化的一个方面，为何"抓住整体"与抽象化紧密相关，我们将在下文围绕与之相关的架构师思维方式继续展开说明。

架构师从全局的角度开始思考

一般来说，架构师从全局的角度开始思考，这形成了第一章所述上游与下游的区别。上游相当于"扇轴"，抽象化与全局思考是互为表里的有机整体。

试想一下，建筑师在规划建筑的过程就能得到一个清晰的形象示意图。规划建筑的第一步就是从选址的上空俯瞰未来的建筑物，描绘这栋建筑的蓝图。

而在商业领域，开始新的事业或开拓海外市场的第一步，即便需要评估"扇轴"，也通常都是下游的财务专家和销售专家们齐聚一堂，通过充分讨论的会议形式解决问题。

在下游，或许"众多专家们的会议""相关人员的讨论"更加重要，而相对于上游而言，这些形式上的工作都是无关紧要的。

对于此，我们首先想到的原因是实现全局构思的工作是由"一个人"完成的（当然对于构思假设的验证和实施等工作中，某些专业人士的参与都是必不可少的，但这些工作顶多算是架构师完成高度抽象的全局构思之后才开始的）。

退一步说，厨房设计方面的专家或许不能胜任全屋的蓝图构思，卫浴专家、照明专家也同样如此。所谓的专家们的献计献策，与规划整体蓝图完全是两回事，这是任何人都能明白的显而易见的道理。尽管如此，我们还是会看到这样的情景：某大型公司的系统开发动员会上，"各个部门的代表"齐聚一堂（实际上动员会这个概念本身就是下游思维）。

在构思阶段突然召集部门代表齐聚一堂，会导致整体蓝图抽象度降低，重点分散，概念不明确，方向性不统一，最终会严重制约全局构思的形成。

这是由于应该成为核心的架构师的缺失，迫不得已只能召集各领域专业人士的无奈之举。从孕育架构师的角度看，这是"鸡与蛋"的关系。能够承担全局构思工作、具有架构师资质的人，在IT界是非常稀缺的，最终导致"尽管知道作用是微乎其微的，但也要不得不召集专业人士"的窘境，而且这种情况一直持续会进一步导致无法孕育出架构师，由此陷入一个恶性循环。

架构师重视整体性

我们再以建筑业为例。由于经常从整体的角度观察，拥有架构师思维的"建筑师"更容易意识到"整体性"。

在设计细节阶段出现的各个领域的专家们，通常只考虑各自领域的优化。卫浴专家设计最佳卫浴设施，厨房专家规划最佳厨房设施。而拥有"架构师思维"的架构师，即便是在这个阶段，也必须从整体上考虑整栋建筑物的管道和线缆的布局。

同样，在IT界中，存在两种视角，即重视个别用户的部分优化视角与重视缩小整个系统冗长性的全局视角（图3-9）。在二者喋喋不休的争论过程中，需要架构师从优化整体的角度进行处理。

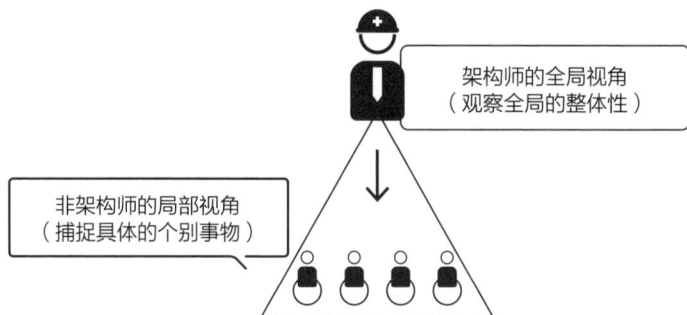

架构师的全局视角
（观察全局的整体性）

非架构师的局部视角
（捕捉具体的个别事物）

图3-9　架构师拥有全局视角

与可视度强、能够触摸的物理性建筑物相比，IT领域更多的是很难看到整体、只要满足个别用户的需求即可完成的任务。如果没有"架构师"的参与，就成了"部分优化"，很多大型IT项目的失败，据说都是这个原因导致的。

客厅采用白色调，一号儿童房采用红色调，二号儿童房采用蓝色调，洗手间采用灰色调，厨房采用……为了满足客户的需求而完全丧失了整体性，最终导致整体构成混乱，这是IT领域中司空见惯的场景。

这让我们想起了日本引入企业资源计划（ERP）系统时的场景：不考虑拥有完整"ERP设计思想"的整体蓝图和"整体架构"，为满足各部门中声音最大客户的重复性个性化需求而持续部分优化，结果在后期维护中耗费巨大工时与成本。这是典型的由于"架构师思维缺失"而导致的问题。

我们继续将此概念一般化，它不仅适用于像"建筑物"和系统等容易理解的结构物，还适用于文件等。

如企划书、提案书、项目计划书以及各种其他类型的报告文书等，统统可以作为同一个"结构物"，也同样需要高度抽象的架构，可从具体程度搭建架构，也可以充分理解"整体的统一性与冗长性"而搭建架构。

换言之，架构师在谈论个体部分的内容时通常也是从整体性的角度考虑的。在建筑领域，即使是各个单独的房间，常常也是从整体的角度考虑的。在IT领域，即使考虑个别模块的功能，也会将其置于整个系统中的作用通盘考虑。对于架构师来说，资料的第一页是整体的第一页，将其作为独立的一页内容而存在的想法是不可想象的。

架构师首先确立假说

对于架构师来说，直接抛出一个从零开始构思的课题，让他规划一张蓝图，恐怕也是有难度的一件事。如果碰到不熟悉的领域，没有相关的信息和知识，则更是难上加难了。然而，不得不提的是，"非架构师思维"型构思则完全符合适用于这种情况：

- 首要任务是收集信息。
- 向熟悉该领域的人请教。
- 汇集专业人士。

　　这种思维方式的特点，无论怎样强调都不为过。架构师缺失的情况下，假设大规模更新信息系统而需要使用全新技术，在第一次全体会议上，各部门代表与专家齐聚一堂，让我们想象一下他们讨论全局构思的情形。

　　这样的会议，从第一天开始就已经注定迷失方向了。读到这里，恐怕读者已经能够理解本书的想法了，这是重视"专家们的建议"的典型的下游思维方式造成的。

　　如第一章所述，持有下游型思维的人占压倒性的多数，如果将这个流程用于需要上游型思维（尽管机会很少）的场合，恐怕绝大多数人（这是更糟糕的局面）都不会意识到这是不一样的。正因为如此，本书的目的之一便是鸣响警钟，展示上游型构思的独特之处。

　　但是，应该如何开展下一步呢？

　　首要步骤是"确立假说"。收集信息、采访相关人员和召集专家都是重要的选项。但这些都是架构师确立高度抽象性假说，即明确了大方向之后的步骤。

　　这些统统不是需要详细说明的内容。然而，二者之间的巨大差异在于，如果没有确立假说，会导致"所有的信息收集都是无目的的"，当被要求"按部门顺序分别说一下想法"时，则会出现"首先从对方开始"的局面。

　　这也违反"架构师率先行动"的原则。在后文中我们将详细阐述，"率先行动"的含义之一，是即便高度抽象的内容是模糊不清的，也要从确立假说开始。不是"先收集信息再行动"，而是"一边行动一边收集"。可以说，这种方式是下游型思维与上游型思维之间决定性的差异。

架构师善于捕捉联系

　　比起各个事物本身，架构师更加重视事物之间的"关系"以及这些关系的集合体，并由其形成的"结构"所产生的"事物间"的"关联性"，这是抽象化过程中必不可少的视角。换言之，架构师关注的重点不是个别事物，而是个别事物之间的关系。将常见的事物间的联系表现为"质"与

"量"的关系时，这通常是指两项事物间的狭义关系，而超过三项事物的集合体则表现为"结构"。这是本书中关于"关系"与"结构"之间区别的定义。

本书中屡次提及"结构"这个建筑界的核心词语。说到结构设计，可以从两个角度分别考虑，一个是构成建筑物的柱和梁的承重能力，另一个是建筑设计中的"创意设计"，二者合称建筑界的双璧。

"结构与创意"的关系类似于本书中的"具体与抽象"的关系。

非可视化的构造与可视化的创意、（零部件之间的）相关性的构造与零部件属性（颜色或形状）的创意都属于这种关系的体现。

总之，结构是建筑设计中不可或缺的，不仅体现在形状方面，还需要对其"关联性"进行抽象表示，因此也是架构师必须从整体上考虑的对象。

架构师活用框架模型

用架构师思维进行全盘考虑时最强有力的工具之一就是框架模型。我们曾说，能够规划高度抽象整体蓝图的是架构师思维。我们也说，从什么都没有的状态开始，规划整体蓝图不是一件容易的事。而在这个过程中能够起到积极作用的就是各式各样的框架模型。

针对常常被具体经验禁锢的人来说，框架模型可以帮助他们提升视角。在一定程度上，可以将框架模型理解为将高度抽象的整体蓝图进行模块化处理的工具。

活用框架模型的优势之一是随着抽象度的提高可以自动地提高视角。同时，由于需要在一定程度上对整体蓝图进行模块化处理，因此可以避免思维的偏执从而更加平衡地规划整体蓝图。

第二章中我们介绍了利用框架模型规划整体商业结构的方式。关于是否利用框架模型仍然存在很多争议，其中一种观点认为框架式思维抑制了思维的边界，而无法产生崭新的构思。

　　从特定的角度看，这种想法的确有其合理性。在本书中，通过提高思考对象的抽象度而自动提升视角的同时，可以通过框架模型使从自圆其说的偏执思维转换成放眼整体全面思考的思维，这也是我们对框架模型这种思维方式所期待的优势所在。

　　我们再看一下框架式思维经常被攻击的缺点。框架模型与前文中的架构师思维一起使用时，才能发挥其威力。作为实践架构师思维的一个工具，只有经过使用的框架模型才是有效的。相反，如果不能与架构师思维搭配使用，只会将架构理解为僵硬化的思维模式，就无法得到乘法效果。这也是本书中使用框架模型的原因。

　　与框架模型相似的内容是模板。二者在形式上具有相似的外形，看起来都是通过边框的集合体表现整体，但在本质上是有决定性的差异的。

　　这个差异就是"结构"。框架模型有明确的结构，即代表其在整体中的位置的关联性。

　　而在模板中，尽管也按照类别进行分类，但这不一定要求具有关联性，仅仅是以边框的形式将其外形简单罗列而已（图3-10）。

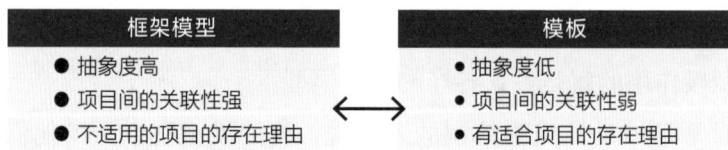

框架模型	模板
● 抽象度高	● 抽象度低
● 项目间的关联性强	● 项目间的关联性弱
● 不适用的项目的存在理由	● 有适合项目的存在理由

图3-10　框架模型与模板的区别

　　而且，单调的格式条文降低了自身的抽象度，成了要么没有分类，要么即使有分类而相互之间没有外在关联性的内容了。

　　导致这种悲剧的原因在于原封不动地按照"非架构师思维"使用框架模型。

　　总之，如图3-11所示，这些情况都是表示在模板或格式条文等具体范畴内使用框架模型。

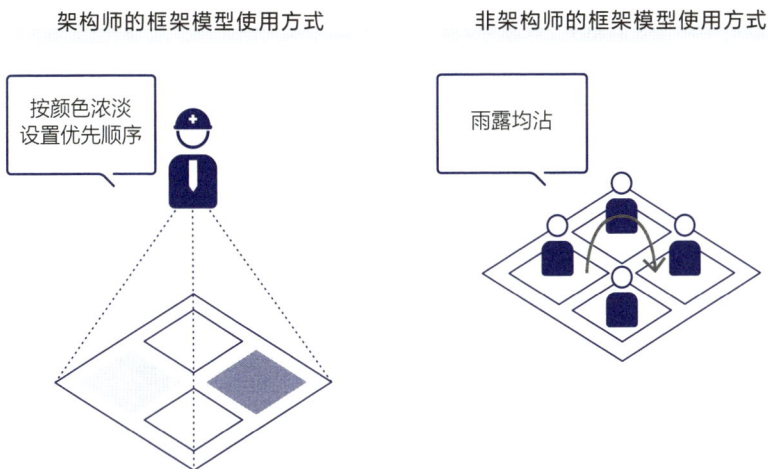

图3-11　架构师如何使用框架模型

　　在具体范畴应用框架模型，会导致框架模型变成"解决问题的模板"，将"解决问题目的化"。

　　如图3-11右侧所示，框架模型栏（分类）中的每一项内容都陷入了"因为存在而需要填补"的思维误区。

　　高度抽象的架构师思维首先观察框架模型整体，哪里需要解决，哪里不需要解决，哪里是重点，哪里可以缓一缓，将框架模型作为决定先后顺序的一项工具而使用。而非架构师思维尽管初衷是大体上抽象地概括整体，但由于将其用在具体范畴，导致整体规划的丧失，变成没有任何意义的东西了（图3-12）。

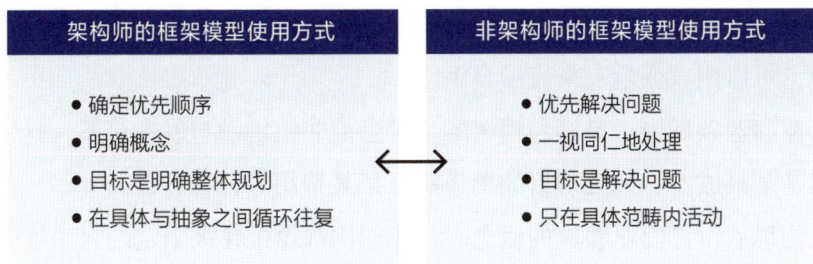

架构师的框架模型使用方式	非架构师的框架模型使用方式
● 确定优先顺序	● 优先解决问题
● 明确概念	● 一视同仁地处理
● 目标是明确整体规划	● 目标是解决问题
● 在具体与抽象之间循环往复	● 只在具体范畴内活动

图3-12　用框架模型明确整体规划

现在，我们将上述内容总结为下面的公式：

> 架构师思维+框架模型=整体规划与优先顺序
>
> 非架构师思维+框架模型=单纯的机械式解决问题

框架模型用于"提高视角从各种不同角度进行俯瞰"

框架模型还有另一个副作用，那就是"形成具有固定的条条框框式的思维方式"。这也是使用方式不当导致的问题。倘若使用固定的框架模型，出现这样的问题恐怕是在所难免的；而若充分利用不同类型的框架模型则可以将这个缺陷降低到最低程度。总之，使用框架模型的目的是"提高视角以各种不同角度去俯瞰问题"，因此我们可以期待它能够承担填补上述缺陷（不包含从零开始的构思）的作用。

由此，"框架模型是无用的"这句话只说对了一半。"用户思维方式"与"使用场景的选择"能够促进其在合适的场景得到充分的利用（顺便说一句，通常"某某想法是无用的"之类的批评都是因使用方式不当而导致的）。

架构师先提高自由度再构思

"在白纸上构思"的架构师思维是从哪里诞生的呢？答案在于提高思维的自由度，换言之，即摒弃所有的限制后再进行构思。在构思与设计领域中，可以用"变量"来表示自由度。

在商业领域中，最容易理解的变量恐怕非销售额与成本莫属，具体来说就是某某成本、某某项目的销售额、某某费用等各种名目。

构思或设计商业领域的概念时，非架构师思维在被限定的自由度中，以优化特定指标为前提展开思考，这一点与架构师思维是不同的。第一章阐述的发现问题与解决问题之间的区别，也是与自由度有关的。发现问题是在无自由度限制的条件下找出和定义可以解决问题的变量，解决问题优化被定义的变量。

因此，架构师需要各种不同的视角，或者需要改变思维的主要方向。此处所称的思维的主要方向是通过高度抽象的视野寻找常见的对立性的关系，长短、明暗、东西、南北、上下、左右等都是显而易见的例子。

后文即将阐述的架构师思维过程就是从寻找数量众多的思维方向开始的。在第四章的最后部分，我们将通过完成专项练习的方式，帮助读者理解提高自由度与全局构思之间的关系。

架构师兼顾理论性思维与非理论性思维

架构师思维与理论性思维之间是什么关系呢？从结论来看，架构师思维应该是理论性的，也是非理论性的。这是由于抽象化行为不仅具有理论性，也具有非理论性的特点。

首先我们从理论性的方面开始，前文中我们提到过抽象化有联系的含义，而从"理论有联系的含义"的角度也可以说完成理论结构的行为本身就是一项抽象化行为，那么为全局构思添加整合性恰好就是理论性的。

我们再看看非理论性的方面。这并非与刚刚说的理论性完全相反的内容，只是与抽象化拥有同样的结构性性质而已。抽象是将具体范畴的各式各样的属性按照目的随意选取，因为抽象化本身就是一个随心所欲的行为。

假设眼前放了一瓶矿泉水，如果要对其抽象化，方法是无限的，这是由抽象化的目的决定的。

一个口渴的人将其称为"饮用水"，而要得到喝完后的容器的人则将其称为"透明的水瓶"。当然，一个"管理电脑"的人（无论什么只要一接触电脑总会变得非常麻烦）看到后或许会将其成抽象化地称为"液体"。

这样的抽象化因"天时、地利、人和"的不同而千差万别，因此不能将这种现象称为理论性。理论性是指"无论在哪里由谁做什么"，结果都应该是一样的。

换言之，在架构师思维中，既有"科学"（不依赖个人的合理性）的一面，也有"艺术"（属人的非理性）的一面。让我们再次以建筑师为例来看待这个特点，科学的一面是指在柱子、梁和抗震性等构造设计方面具有优势的人，艺术的一面是指在创意与设计理念等方面具有优势（或是兼具双方优势）的人。

架构师是"万能"的

架构师从事的是抽象范畴的工作。如果需要进一步解释的话，可以理解为"架构师思维"的思考方式可以用于具体范畴内的任何事物。具体范畴的知识只能用于其所属的领域。商业领域中，特定行业及特定技术领域固有的知识，具体程度越高，效率越高，通用性越低。

从这个意义上说，架构师思维是"万能"的，无论什么领域，只要是需要"全局构思"能力时都能大显身手。反过来说，即使将各个领域的专业人士都齐聚一堂，而唯独缺少架构师的话，那就谈不上全局构思。

在保龄球球瓶模型中，专业人士相当于第7、8、9、10号球瓶。互不干扰且毫无联系，是他们的共同特征。

下游世界诞生于特定环境中并且其焦点是在该环境中应该发挥怎样的作用，因此像这样需要从全局考虑的情况是不存在的。所谓的专业人士也不过只能在其所属的"专业领域"这个业已稳定的单一性环境中才能大展拳脚。

将上述内容掌握之后，我们再次将目光集中到位于抽象⇔具体的金字塔上的架构师、专业人士以及那些"只有广度没有深度"的无所不知无所不晓的全能型专家之间的关系。我们将其总结为图3-13。

分别从抽象范畴和具体范畴解释全能型专家的概念，答案会大相径庭。拥有"只有广度没有深度"的多样性知识结构和经验的人或许可以被称为狭义的全能型专家，如果上升到抽象的高度，能够将其掌握的知识与

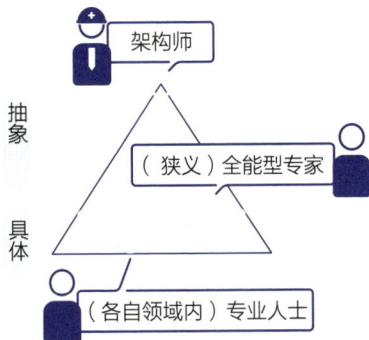

图3-13　架构师、专业人士和全能型专家之间的关系

经验抽象化处理后再面向所有人阐述出来，那么可以称为广义上的全能型专家，即架构师。

4. 架构师的行动习惯

架构师使用固有名词开展工作

高度抽象的概念通常是由"一个人独自"输出的结果，这一点在前文中我们已经反复阐述过。架构师作为上游的概念创造者，其工作具有极强的属人性。这一点只要类比建筑界的情况，即可清晰明了：最上游的建筑师大多都是以个人名义开展工作。下游中，总承包商以组织形式开展的系统性工作中极力地避免属人性的状况，与上游形成鲜明的对比。

从架构师从事个人属性工作的特点看，美术家和音乐家等艺术家们也同属于架构师范畴。

再将这个概念放在IT界进行对比就会发现，在下游非常相似的以总承包商与系统集成商（即IT总承包商）为代表的IT界与建筑界之间，最上游的部分具有根本性的差异。这或许就是决定IT界的优势与弱势的根本性因素。

在IT界，以强有力的组织能力开展工作的大企业比比皆是，相对而言，在建筑界，以"一个人名义开展工作的建筑师"则极其罕见。尽管上游的人才呈三角形分布，下游的人才则在数量上呈现出压倒性的优势，可是仍旧不能否认的是IT界中这样的人才太过于稀缺，导致日本的信息化进程大大滞后。这也是本书的主要假说。

在GAFAM等数字平台中，每个创业者都是架构师的身份，"个人名字"如雷贯耳，而日本系统集成商中几乎很难见到某个人的名字。

当然，"建筑界与IT界是截然不同的两个领域"，这种观点有一定的道理。正如我们在第二章中讨论的一样，这是由于在某一方面研究对象在"更侧重于科学，还是更侧重于艺术"上有所不同。

然而，对于IT界来说，这并不是一个坏消息。要说日本人完全不懂架构师思维的话，这也不完全正确。在具有类似结构的建筑界中，处于相同地位、承担相同职能的人才层出不穷，这也在暗示我们：只要方法得当，孕育出架构师一样的人才是完全可能的。如图3-14所示，我们将这个观点用模式化的形式表现出来。

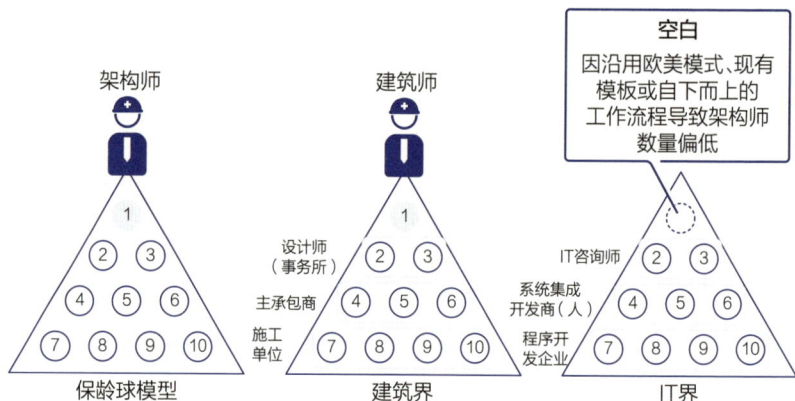

图3-14 IT界的架构师数量稀少

架构师率先行动

成为架构师必不可少的条件是具备"从零开始构思"的能力，然而想做到却不是一件容易的事。其中重要的一点体现在最初对待事物的反应上。"从零开始构思"不是针对"既有的人和物"的被动反应，而是在空白状态下自发的主动行为。

放眼现实世界中，都是针对"什么人做了什么事""什么人完成了什么任务"等已经发生的事做出的反应。

- 酒店或餐馆的经营者与新加入的现场表演人员。
- 会议或聚会的主动召集人与参会人员。
- 通过即时聊天工具在网络上更新状态的人与为其留言和转发的人。
- 政治家与评论家。
- （体育或艺术等领域）运动员、演员与评论家。

其他领域中也有很多类似的关系。在图3-15中，我们将这种关系进行了概括。

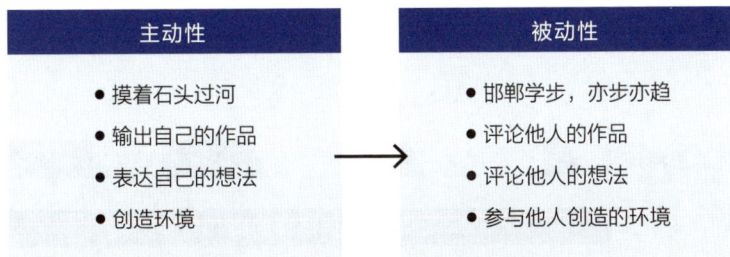

主动性	被动性
• 摸着石头过河	• 邯郸学步，亦步亦趋
• 输出自己的作品	• 评论他人的作品
• 表达自己的想法	• 评论他人的想法
• 创造环境	• 参与他人创造的环境

图3-15　架构师可以主动地行动

通过前述的事例我们能够看到（在未知领域中）"最先吃螃蟹的那个人"与"跟着其他人行动"之间，存在着巨大的差异。一言以蔽之，这是"主动"与"被动"之间的区别。

放在保龄球球瓶模型中，前者是1号球瓶，后者是从2号开始的所有球瓶，其关系模型好比是"1对9"的关系。

在学术领域中，可以理解为独自创立理论的人（牛顿、亚里士多德等人）与批判这些理论的人之间的关系，而后者通常会被认为是非常规的行为。

他们也能够在别人的理论和学说中汲取属于自己的知识，但通过与后续跟进的人们相比，我们会发现，这些人是名副其实的"1号球瓶"。

架构师不是从第一个问题开始作答

在图3-16中，我们展示了采用框架式思维方式的架构师思维与非架构师思维之间的区别，通过对比可以清晰地看到两种思维方式的思考流程之间存在的根本性差异。

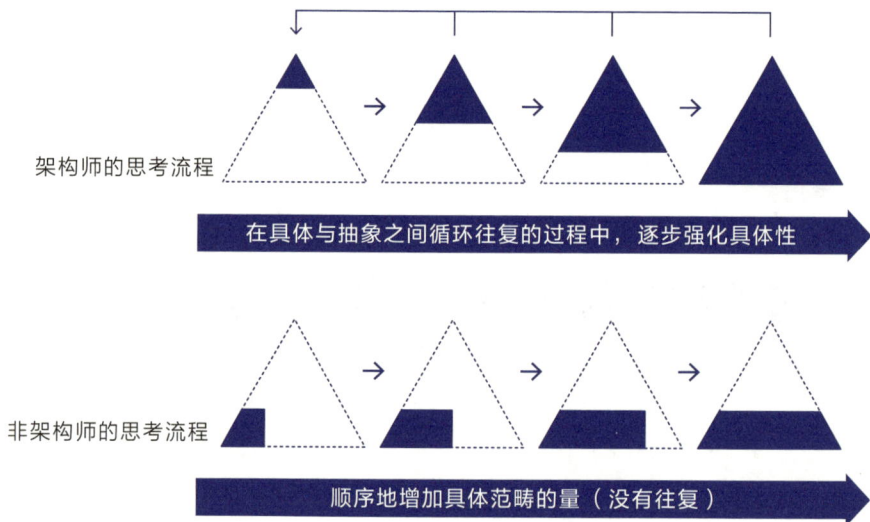

图3-16　架构师思考流程示意图

架构师思维的核心是在具体与抽象之间循环往复。根据创造的高度抽象的假说，逐步实现具体化，当由于具体化而衍生出与高度抽象之间的矛盾时，修正轨道，再回到具体化，到此为止完成抽象与具体的循环过程。

非架构师思维中，几乎从不在意抽象范畴的整合性，而只是顺序地处理具体范畴的任务，即可完成思维流程。

这方面的区别在"从零开始描绘蓝图"时开始显现。非架构师思维在

"从零开始"方面是有明显的短板的，不掌握具体范畴的详细信息，就无法在空白领域中大展身手。

架构师思维中，首先从大致性描绘高度抽象的图层着手，例如通过使用如框架模型这样的高度抽象性工具展开构思就是其具体的工作步骤。

接下来我们以制作一个具体的文件为例，进一步说明二者操作步骤的区别。这里假设的具体文件是一个普通的文件，如计划书、建议书、报告书等。如图3-17所示，两种思维方式在制作这种文件的过程中，展现出了完全不同的两种流程。

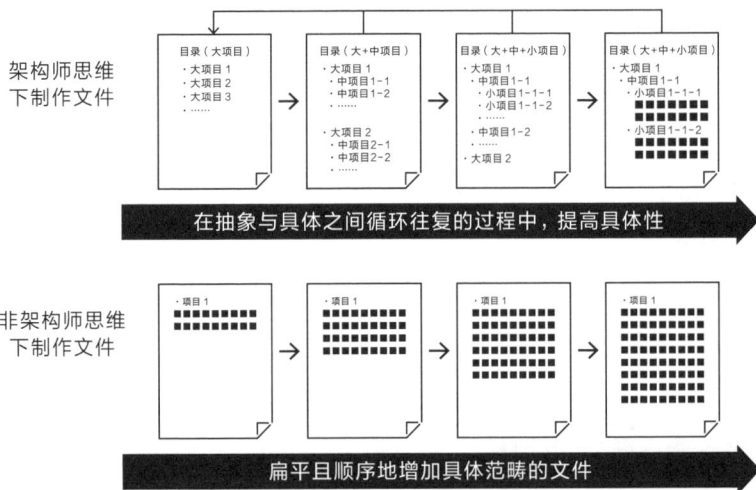

图3-17 在架构师思维下制作文件

架构师思维对于解决某个方面的试验性课题，特别是数学或物理等领域的高度抽象化问题时，也能起到积极的作用。

● 为了把控全部问题而速读全局。

● 按照问题的难易程度与预计的消耗时长确定先后顺序和解答顺序。

● 不是将所有问题一口气全部解决，随着问题的解决中途可能还会出现新的问题（如果确信能够全部搞定，那么解决这个问题的时间就是确定的，可以将精力转移到不确定性更高的问题上）。

综上，这个过程不是按照一定的顺序解决问题，而是在具体与抽象之间循环往复地发现和解决问题。

换言之，如果有N个问题，那么第一个问题首先得到解决的概率是$1/N$。

非架构师思维的原则是"从第一个问题开始顺序地一个一个地解决"，在此思路的影响下，首先解决第一个问题的可能性是非常高的。

架构师能够用一句话解释所有问题

抽象化是终极的单纯化。具体是个别以及分散事物的集合体。抽象化是将多数事物的共同点用简单的方式归纳总结。

因此，架构师通常会将复杂的具体事物，结合使用目的，通过"一句话"清晰地表达出来。

所谓一句话表达，是指概念的明确化。得益于此，通过明确各种活动的方向，即使不能完全掌握个别事物中的每一项细则，也能够统一整体活动和事物方向。拥有明确概念的商品和服务，通过详细的描述可以毫无遗漏地传递清晰且准确的信息。

与此相对，概念不明确的商品和服务，因为考虑了客户的具体要求导致了零散的对应方式，缺乏统一性，信息传递效率不高。某些品牌的商品，"看一眼就知道是哪家公司的"，虽然有时也会出现偏差，但该品牌的商品中确确实实地包含了具有高度抽象性的信息。

这也是由于在商品和服务的设计与企划过程中是否有"架构师的参与"而导致的巨大差异。

5. 架构师思维的应用——商业领域也需要"架构师"

经过前文的论述，相信读者已经明确地知道在建筑界中"建筑师"作为"掌握核心技术"的那个人，是不可或缺的存在，那么在其他的领域中是否也是如此呢？相比之下，在结构上与建筑界相似的IT界，其存在感的确要低很多。

然而，在商业领域中的情况是怎样呢？创业者相当于企业的架构师，其工作大致如下所示：

- 从零开始构思蓝图。
- 将公司整体纳入视野范围。
- 经常孤独地一个人思考。
- 不受既有的常识与规则的限制，展开自由度极高的构思。
- 作为公司的名片，彰显个人魅力。

这是商业架构师的整体形象。因此，创业者大多也是"架构师思维"的实践者。那么，是不是只要这样就足够了呢？答案显然是否定的。

本书大力倡导"架构师思维"的原因是，包括创业在内，希望在更多的商业场合中使用这种构思方式。第一章中我们已经阐述了在乌卡时代的当下社会，企业需要适应多种角度和场景下的变革与新式思维。

如果将全部的企业架构师看作创业者，那么以部门为单位或者以项目为单位展开构思，站在上游的角度，理所当然地需要架构师思维。

如图3-18所示，在具体抽象金字塔中的从上游到下游的演化过程中，任何阶段的存在都是相对性的。例如，即使制作一份方案所需的上游构思，也是需要架构师思维的。

反过来说，即使处于组织金字塔顶端位置的"社长"，也不意味着具备架构师思维能力。从企业的角度看，"从零开始构思"的只能是创业者，经过漫长的发展历程以及拥有一定规模的下游企业或组织，特别是当

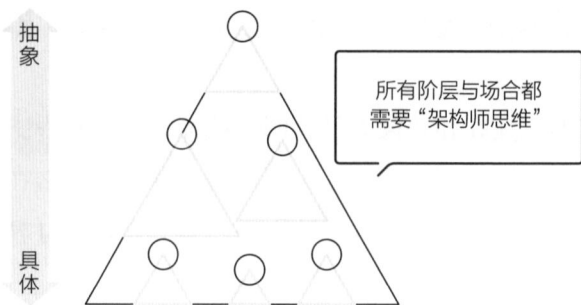

图3-18　所有阶层都需要架构师思维

企业的业务进入稳定期后，更需要"调整型"人才担任社长。

而这样的人才恐怕并不擅长于架构师思维。正如本章前半部分所示，这种类型的人才拥有最适合下游工作的业务技能。换言之，他们不适应上游工作的可能性会更高。

第一章中我们阐述了关于"鸡口牛后"时代的变化特征。在"牛后减少而鸡口逐渐增加"的环境下，鸡口方面所要求的思维模式更多是架构师思维，因此可以说架构师就是为了"不断增加的鸡口"而准备的思维模式。

6. 为何很难培养架构师

当今日本社会，为何架构师如此稀缺呢？

本书的目的也正是希望为解决架构师的需求与供给之间形成的缺口提供一些思路。将架构师思维应用于个人领域并将其看作一项"个人技能"是完全没问题的。但如前文所述，从上游的角度看，架构师思维可以应用于组织等场合，而不必拘泥于个人性活动。

所以，现在有必要熟悉一下难以孕育架构师的机制到底是怎么回事，接下来我们将针对这个背景进行简单叙述。

"组织"中难以诞生架构师

"可以适用于任何场合"的架构师思维，居然无法孕育在特定的组织中，的确会让很多人感到不可思议（正因如此，组织内的架构师更显弥足珍贵）。这是由于组织本身是由创业者或其他位于上游的人用架构师思维创造出来的产物。

在组织中难以孕育出架构师思维，是由于组织中具有架构师思维能力的人很难得到展示能力的机会。与其在环境变化时培养新的架构师，莫不如让那些具有这种能力的人才不被抹杀（不被具有浓厚的下游的构思和价值观所侵蚀），这种做法或许更加明智。

7. 日本社会"下游度"非常高

进一步看一下宏观方面的问题，即日本社会的相对特征：

- 单一民族，缺乏多样性。
- 盛行打击个性的平等主义。
- （从岛国观点出发）具有闭塞性。
- "村社会"盛行。

上述这些特点都是与上游的要求背道而驰的。

当然，并不是整个日本社会都是这样的环境，但是与其他国家相比，日本还是具有很明显的下游倾向的。

这一点既是优势，也是劣势。在经济高速增长期，"下游"型环境占主导地位，"制造业思维"使日本展示出独一无二的优势，这是全世界有目共睹的。

当下，环境出现了明显的变化，这种思维导致日本"难以诞生架构师"。

到此为止，我们阐述了关于"架构师思维"及实践这种思维的"架构师"的定义、具体内容和实践事例。

在接下来的第四章中，我们将结合全局构思的实践，围绕在商业事例中如何更好地应用架构师思维而展开讨论。

为架构师思维而准备的全局构思流程

第四章

1. 面向"商业架构师"的全局构思流程

本章中，我们将针对前一章中介绍的架构师思维在实践中的具体步骤展开讨论。在经营战略和市场销售领域中，架构师思维对于制定经营战略和市场营销计划以及统合两者的商业计划具有重要意义。

本书为了展示从零基础开始的构思方式，从最上游开始，大致阐述了以抽象化为核心的思维方式和方法论。同时，所谓的全局构思，预计会涉及庞大的适用范围和复杂多样的领域。尽管如此，我们依然尝试寻找能够将从零开始构思的着眼点（从具体场景中提炼出的"高度抽象的坐标系"）普遍应用于流程的途径（图4-1）。

图4-1　全局构思的流程

特别聚焦于实践全局构思——这一最具架构师思维特征的场景时，我们试图将还没有形成具体方法论的内容可视化。

当然，这也是下游思维与上游思维之间的区别所在，将工作流程程序化，让所有员工毫无例外地执行，是在下游中为了提高生产效率而采用的常用方法。而上游工作流程具有下游所不具备的高度的属人性。因此，本书阐述的具体步骤绝不是按照特定顺序机械化推进执行的工作方式，这一点请读者留意。

"因地制宜，随机应变"才是上游工作流程最佳的使用方式。

接下来，我们将阐述面向商业领域实践"商业架构师"的全局构思的具体步骤。简单来说，还是那句话：以零为基础通过抽象化构思全局的架构师思维模式。

从根本上说，在描绘整体蓝图时，依然要在"具体与抽象之间循环往复"，在规划蓝图的同时，将构思落到实处，这个一般性的思维流程是不会改变的。

为了便于读者理解上述步骤，我们在本章中设置了练习题，希望读者能够通过互动的方式更好地掌握实践技巧。

用步骤论流程化的方式谈论抽象化的过程相对比较困难，但是可以通过可视化和思考身边的问题掌握实践中的窍门。

我们希望借此帮助读者了解"全局构思"的庐山真面目。

2. 全局构思的步骤

我们将逐一说明从Step 1（加上作为提前步骤的Step 0）到Step 4的过程，以期读者能够在脑海中对全局构思的步骤有个大概印象。

实践上游思维的过程虽然没有确定的操作顺序，但从思维要素的角度考虑，在循环往复的过程中凝练构思蓝图，不失为一个好办法。

本章阐述的各个步骤不意味着只能执行一次，必要时可以适当重复选择，反复操作。也可将这些步骤看作凝练构思蓝图过程的抽象化要素。

无论是商业领域，还是各种类型的主题活动，甚至是全新领域的计划书等形式的文件，对于一个没有经验的人来说，在白纸上勾勒整体蓝图或许是一件毫无头绪且门槛很高的工作。为此，本书准备了相应的开端与工具。图4-2展示了思维如何在具体与抽象之间循环往复。根本来说，是在抽象化与具体化基础上的"具体与抽象之间循环往复"。

图4-2左侧表示从具体性事务开始，到最终得到表面性解决方案，这

思维停止　　　　　　　　　　　　思维的基本操作

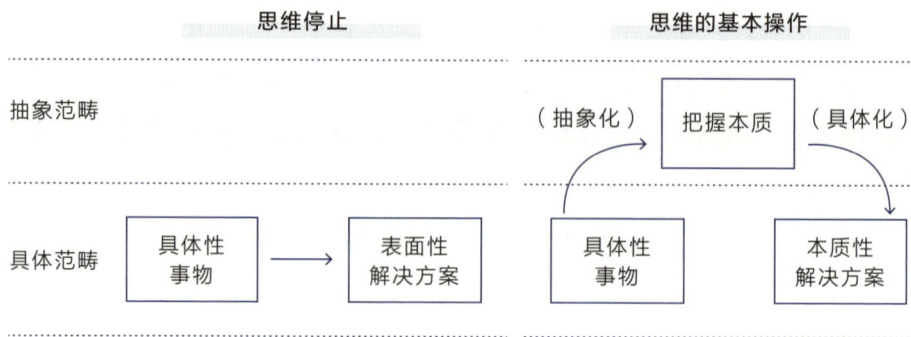

图4-2　思维在"具体与抽象之间"循环往复

个从具体到具体的"思维停止"的过程与即将介绍的架构师思维的使用方法是完全相反的。说得极端点，这个过程相当于"完全照搬同行业竞争对手的做法和模仿各种既有事例"。

　　图4-2的右侧基于架构师思维，不是直接将客户需求或调查结果等具体性事物拿来直接使用，而是首先做抽象化处理，探寻本质性课题和成功因素，并在这个过程中导出全局构思的具体方案。

　　在使用架构师思维的全局构思中，图4-2右侧的抽象化流程是必不可少的。

　　图4-3展示了在"具体与抽象之间"循环往复的全局构思流程。

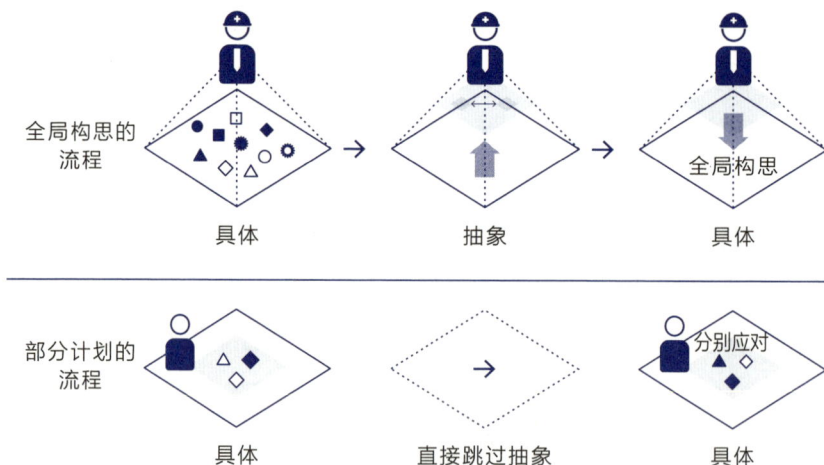

图4-3　在"具体与抽象"之间循环往复的全局构思流程

图4-3的上半部分是架构师思维中"具体→抽象→具体"俯瞰全局的流程。下半部分表示只见树木不见森林，仅针对部分内容做决策的流程。

俯瞰全局是抽象化的必经流程。

图4-4展示了如何利用"具体→抽象→具体"的流程，按照全局构思的步骤得出一张"在空地上规划城市"的整体蓝图的过程。

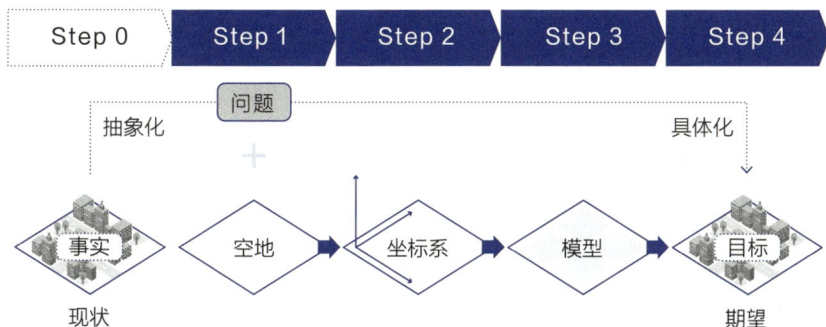

图4-4　全局构思的五个步骤

将上述过程与商业领域中的实际计划相联系，即可进入从Step 0到Step 4的步骤。在四个步骤之前，我们单独加上了Step 0，以此作为开始的前提，所以共计五个步骤。

下面我们针对每一个具体步骤展开详细的阐述。

Step 0　重置参数

如图4-4所示，我们设定了Step 0这个步骤，表示在开始正式操作之前需要做的准备事项，或者说是前提条件。

实际上，这个Step 0的步骤或许是整个操作中难度最大的一步。因为需要在这一步清除掉自己已经习以为常的偏见和误解，准备用全新的视角去看待眼前的一切。这是从零构思必不可少的一步。

Step 1　观察具体事物

建立构想之前，需要观察市场环境、客户和政治经济的动向，收集相关信息。需要特别提醒读者不要误解的是，这个过程不是从最开始就设定问题，"为了答案而寻找"，而是单纯地直接观察。

例如，在收集客户动向的相关信息时，最忌讳的是问客户"想要什么呢?"关于理由，第三章中已经阐释了，这里不再赘述。接着从相关信息中提取亟待解决的课题，设定相应的题目。将这个问题置于全局构思的坐标系上，作为衡量"哪些问题必须解决"的判断标准。

Step 2 设定坐标系

针对前一步骤中设定的问题，拓展视角是为了全局构思而迈出的重要一步。这是发挥想象力的初期阶段，不具备扎实的经验和知识的人更能做出突出的成绩。经验与知识过多的话，反而会受到拖累，致使视野狭窄。总之，这是从具体范畴观察事物导致的。

提高抽象度，与以俯瞰的视角观察事物，是互为表里的两件事。由于俯瞰，比起个别事物我们更能将目光聚集到它们之间的关系上。

为提高抽象度以俯瞰事物而准备的工具就是框架模型。波特五力模型、安索夫矩阵、3C分析、4P分析、SWOT分析和PEST分析等都是在商业领域中常用的分析工具。关于这些框架模型用法的重要性我们已经在第三章中做了详细说明。

比起向平台输入相关信息，框架模型更重要的作用在于明确重点与先后顺序，确定"不做什么"。在战略层面，经常被关注的是确定做不到的那些事，而在确定的过程中，高度抽象的视角是必不可少的。只有经过抽象范畴的筛查，才能确定在全局中哪些事更重要。

Step 3 提炼结构·模型化（归纳CSF）

这个步骤的主要任务是，从整体上考虑亟待解决的问题以及瓶颈在哪里，确定应该从何处着手，明确商业领域的要义。

这个步骤的目的是修剪商业领域的枝叶，确定其主干，寻找商业领域的关键成功因素（Critical Success Factor，CSF）。

Step 4　构思具体化

这个步骤基于Step 3中得出的业务构造和关系，以及该业务简单的CSF，规划具体的构思蓝图。此时，参考具有相似高度抽象水准的其他领域的经验，可以起到非常积极的作用。

他山之石，可以攻玉。借鉴不相关领域的经验，对于构思尚未丰满的商业领域，在一定程度上可以促进蓝图的绘制。

这不是简单而详细的具体知识和信息的堆积，经过抽象化而得到的具体范畴的灵感更有效力。

3. Step 0 ～ 4的解释

本节中，我们将针对各个步骤展开详细的解释，首先请参照图4-5，理解流程的详细内容。

Step 0　重置参数

在白纸上构思全局的第一步是重置我们大脑中无意识的主观性参数。

我们只能根据过往的经验与知识判断眼前的事物，但这些先天获得的大多都是已经填满文字的使用过的白纸了。这就是陷入了所谓的"常识陷阱"之中。

严格地说，即便白纸上什么都没有写，但观察者是戴着有色眼镜，从一开始就会将眼镜自带的颜色直接映射到白纸上。

当进入具体范畴时，每一种颜色都会变成各种各样的界线。即使我们面对的是一张真正的白纸，但由于头脑中设置了一个滤镜（偏见），因而看到的不是一张白纸。

例如，当乘坐飞机时向地面眺望时，所有的国界、省界，甚至是日期变更线等界限都是完全看不到的。然而，当我们考虑了所有情况后，规划

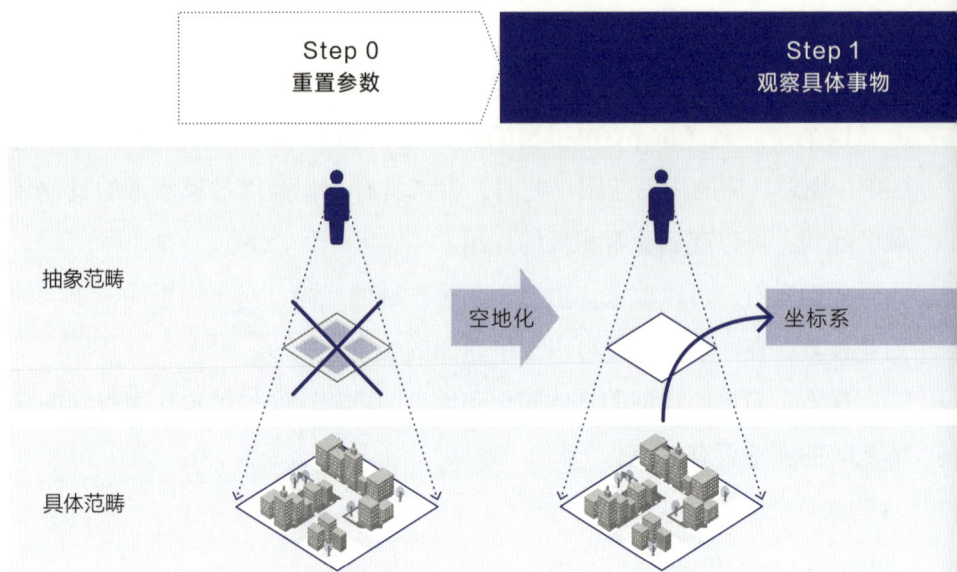

图4-5　全局构思五个步骤的详细解释

边界时脑子里会首先冒出"那个人是谁""再往前走是哪个省"等想法。这是典型的下游思维。为什么会有这样的边界存在呢，因为界限是大多数人和平共存所必需的规则。

在很多大企业和组织机构中，这种构思是阻止发明创造的主要原因。这种在下游不可或缺的思维方式，对于在白纸上构思全局有消极作用。

位于下游的人从事商务领域的活动时，常常从以下的话题开始入手："这是谁负责的""这是哪个部门的责任？""这是由国家预算承担还是地方预算承担？""法律的授权许可范围是什么？"……这些都是阻碍从零开始思考的最大障碍。

拥有客观的视角

这种非事实性的、难以避免混入一定偏见的人为解释被称为认知偏差，心理学已经发现了很多不同种类的认知偏差。

作为人类，认知偏差无法避免，但从高处俯瞰自己的偏差，是从零开

Step 2	Step 3	Step 4
设定坐标系	提炼结构·模型化	构思具体化

坐标系　　模型　　模型　　构思具体化　　构思方案

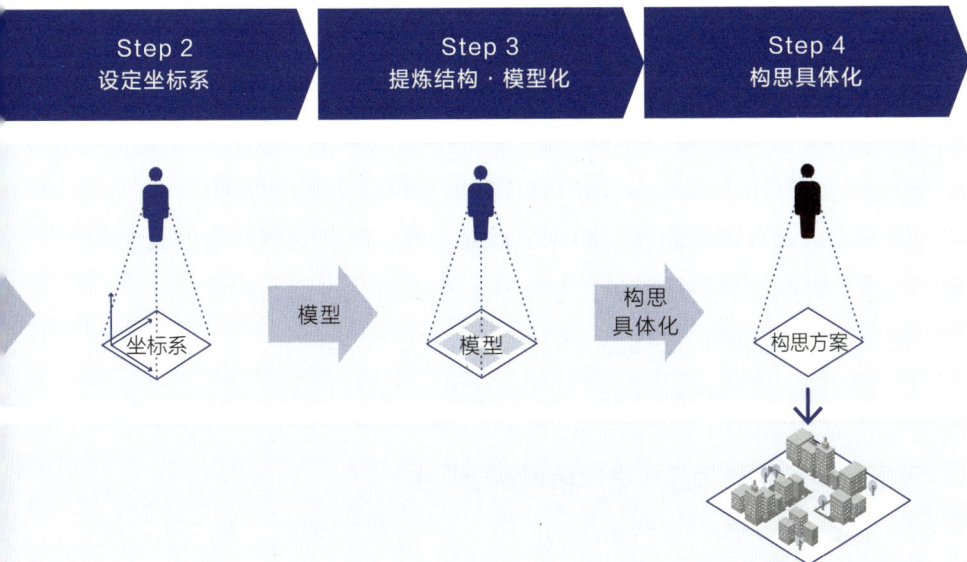

始构思必不可少的能力。

我们看一个曾经风靡一时的热门话题（问题1是前奏，问题2是正题）：

问题1　将大象放到冰箱里需要几步？

答：三步。第一步：打开冰箱门；第二步：把大象放进去；第三步：关上冰箱门。

问题2　继续将长颈鹿放进冰箱里需要几步？

答：四步。第一步：打开冰箱门；第二步：把大象请出来；第三步：把长颈鹿放进去；第四步：关上冰箱门。

问题1与问题2之间的区别才是重点。问题2不是从全新状态着手，而是沿着既有步骤继续处理问题，而这些放在现实社会中，就是"过去的桎梏"和"认知偏差"。

"将大象请出来"的第二步相当于本书中所述的"Step 0",在现实世界中,这一步是极其困难的。

在从事全新事业时,首先要做的就是抛弃经过去的成功经验、清退现有的既得利益群体(大象),而这种操作的难度是不言而喻的。

换言之,这头体形庞大、动作笨拙的大象,离开灼热的印度或非洲大陆,走进了舒服凉爽的冰箱后,想要让它出来恐怕没那么简单。

因此,这个问题可以从另一角度寻找新的"答案"。

> 问题2　继续将长颈鹿放进冰箱里需要几步?
>
> 答:四步。第一步:买台新冰箱;第二步:打开冰箱门;第三步:放进长颈鹿;第四步:关上冰箱门。

很多人会因为冰箱价格昂贵而首先考虑将大象挪走再放进长颈鹿,可是实际上真正从事过挪走大象作业的人,都会赞同买新冰箱吧:"即使是借钱也要购买冰箱,这样的方法要轻松100倍。"

因此,Step 0的新答案,就是"无论价格多高都要买新的"。

从这种观点看,阻碍架构师思维的现实存在(大象)及其干扰程度是完全可以预计的。可是,这头大象的真实身份是什么呢?关于这个问题,我们将在本章末尾的练习题中为读者提供解释。

买新冰箱意味着"去掉现有边框重新思考",言外之意就是清除掉现有边框才是抽象化的意义所在。

举例来说,"行业"划分可以看成是最直接的"边框"。在设定好的行业内开展的思考,是典型的低视角非架构师思维。

特别是信息时代的到来使得以往按照行业类别进行分别思考的商业思维模式变得毫无意义。商业活动的基础已经不停留在物理性层面,而是已经变成了信息化层面,为了与之相匹配而需要跨行业的构思模式。

图4-6说明了这种两种思维方式之间的差异。

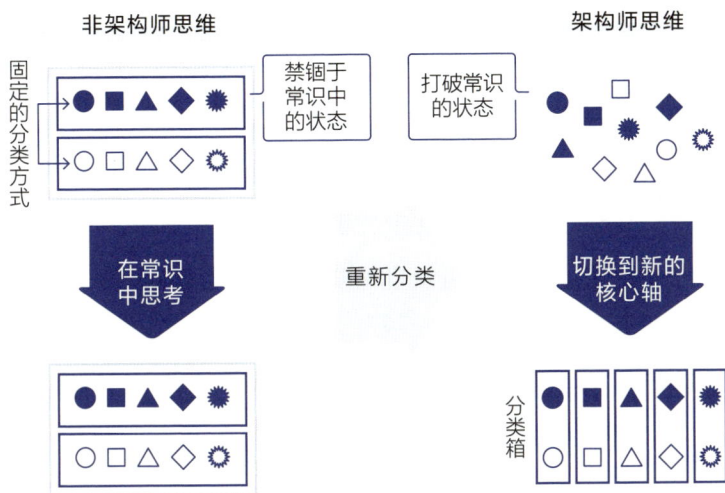

图4-6 架构师在思考时会打破常识

架构师思维的"从零开始的构思"或者"在白纸上描绘蓝图"等方式，与前文中所称的"不被常识所禁锢"是同义词。从相反的角度看，受常识禁锢的具有非架构师思维的人是从已经有基础的地方才开始描绘蓝图的。

然而，恐怕有读者要问："已经有基础的地方"意味着什么呢？

这个答案就是图4-6右侧展示的"分类箱"。分类意味着抽象化，而这里则表示架构师思维与非架构师思维之间的差异。非架构师思维"对业已完成的分类毫不疑虑地直接使用"，即不是重新开始分类而是使用已经完成的分类概念（图4-6左侧）。

我们再将这个概念放在商业领域中新产品的发售中进行理解。在零售店中，将新产品"放在哪个展柜中销售"的构思的具体含义是对现有展柜的顺序毫不怀疑，拿过来直接使用，即将现有店铺的布局图当成地图一样，在固定的位置继续销售固定种类的商品。

而架构师思维会将店铺的布局图当成一张白纸，对其重新规划、重新设计。如图4-6所示，这种思维用全新的视角对展柜的布局重新设计。像这种"展柜地图"一样的构思方式，如同业界常识一样普遍存在，不得不承认这是一种"禁锢于常识"的状态。

大企业中的宗派主义与"负责人思维"是非架构师思维的典型例子，面对需要考虑重置复杂系统的基础性全局构思时，在召集部门负责人的一瞬间，就意味着该项目已经变成了一个只能从表面进行整改，而无法从根本上进行重置。从立项的首日就注定失败了。

大企业或业已形成规模的组织机构要想"从零开始规划"几乎是不可能的，这是很多人心知肚明的事。

面对这种局面，从其他的组织机构重新开始不失为一个明智的选择。这个道理，再回到"大象"的话题，相信读者能有更清晰的认识。

本章结尾处附上了消除认知偏差的练习题，欢迎体验头脑风暴。

用第一性原理构思

关于从零开始构思的方法论，我们介绍一下由埃隆·马斯克推崇的"第一性原理"（First principle thinking）。

在斯蒂文·乔布斯之后，具有代表性的现象级创业者，能够得到大家普遍认可的人物除了亚马逊的杰夫·贝佐斯，就应该是埃隆·马斯克了。马斯克是前所未见的先锋级人物，与朋友合伙创立了贝宝（PayPal），旗下拥有时下总市值居汽车行业之冠的特斯拉公司、太空探索公司Space X，以及具有划时代意义的超级高铁（HyperLoop）项目，充分展示了商业架构师的卓越才华。

马斯克倡导用"第一性原理"进行构思。他认为类比也是抽象度低的思维方式，他以没有偏差的零散性具体事物为基础，全部按照高度抽象的基本原理进行构思。这种思维方式成了商业领域中构思的源头，与本书中阐述的将没有偏差的具体性事物抽象化处理的思维步骤是一致的。

具体请参照图4-7。

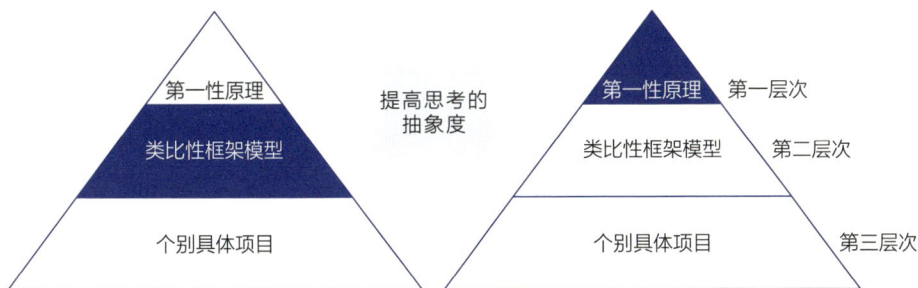

图4-7　用第一性原理构思

　　尽管这也是利用框架模型的思维模式，但并非"使用现有的框架模型"，而是将独自开发新式框架模型作为第一性原理思维的表现形式。开发新的框架模型的确是商业架构师所必需的能力，现实中能够做到这一点的人屈指可数。当然，这是抽象金字塔的顶端，在这个水平上只需寥寥数人也就足够了（即达到"鼻祖"程度）。

　　首先提倡第一性原理的人是古希腊时代的著名哲人亚里士多德。和他提出的具有重大影响的逻辑学等主要学说的根本原理一样，他提倡思考的出发点不应该是抽象度较低的事例和经验法则，而是具有高度抽象的普遍基本原理。

　　在数学和哲学领域，因独自开创众多根本性理论而被广为人知的法国哲学家笛卡尔所推崇的"怀疑一切"的怀疑主义，出发点也是不模仿任何人，而从零基础的基本原理出发。这也是源自第一性原理的构思方式。

从物理学的组成开始探究事物

　　《像火箭科学家一样思考》（奥赞·瓦罗尔）一书中详细地描述了马斯克对第一性原理思维方式的运用。他认为，发射火箭时，不应该模仿曾经用过的方法，而应该沿着火箭的基本原理追问"向宇宙发射火箭所必需的条件是什么"。从这种简单的问题出发，马斯克打破了当时航空航天领域中常用的外部委托的惯用方式，改为自己独立开发并回收火箭的模式。这一创新不仅大幅地降低了火箭的发射成本，而且还改变了火箭发射的概念。马斯克通过实践证明了这种思维模式所体现出来的巨大能量。

马斯克在后期接受采访时，对这一构思方式有过如下的阐述："我有从物理学的组成开始探究事物的倾向。"

作为这个思维的源头，他归结于自己在学生时代所学习的专业——物理学。他表示："物理学教会我的不是依据相似性（完全模仿别人的做法，甚至是类比），而是从第一性原理进行判断的思维方式。"（他的原话中使用了"类比"一词，在本书中其含义可以理解为非高度抽象度，而是在较低抽象度的模仿。）

同时，该书还引用了与第一性原理思维有关联的、世界性的、卓越而又古怪的建筑师——安东尼奥·高迪的名言：独创性就是回归本源。书中针对这位创造了划时代意义想法的建筑师的独创性的源头的解释是：从不模仿任何事物的根本性原理开始。

多数架构师（与建筑师相似）的构思方式所依托的背景大多是高度抽象化的模型。本书的目标也是尽可能地培养读者从较高的抽象范畴展开构思的能力。

该书也列举了一些能够阻碍从第一性原理展开构思的具体事例。以下摘录自该书：

> 知识可贵，可能也会导致恶果。知识造就思维模式。知识提供信息。通过知识，我们可以得到结构、外观、目录以及观察世界的镜头。知识是相机的紫外线滤镜，是照片墙（Instagram）的滤镜，如同诗的作用一样，是人生的依靠与慰藉。然而，还有更重的原因，让它成为我们生活中密不可分的部分：有用。它是我们理解世界的理性捷径，使我们能够更有效率地从事生产。

可是，稍不注意，我们的视野就会出现偏移。例如，火箭的市场价格现在已经高得非常离谱，若非具有独自筹措巨额资金的超级大国和企业，不可能保有火箭。不知不觉之中，知识俨然已经将我们奴隶化。掉进知识陷阱的思维只能得到司空见惯的结果。

读到这里，读者朋友们可能会从一个更高的抽象维度产生疑问：我们面对的一切并不是单纯的现象，那么这种现象到底是由"什么原因"导致的呢？

三人行，必有我师

如图4-7所示，理解问题的抽象维度被分成了三个层次，即第一层次、第二层次和第三层次。

架构师是从第一层次的第一性原理出发展开构思。但结合实际情况，也允许利用第二层次中既有的框架模型或根据其他领域的知识展开类比等方式提高抽象度。因此，能够到达抽象层次的哪个高度，是由知识量的不同决定的。

但无论怎样，从位于第三层次的具体范畴展开的构思，是架构师思维实践过程中最不靠谱的。

关于上述构思的实际操作的练习题，我们在本章后半段中展开讨论。为了更好地理解利用第三层次尝试构思的做法，请读者试着想象一下以"理所当然地规划了一条司空见惯的常识性边界"为基础，展开从零基础开始重新构思的场景。越是该领域的专业人士，心目中的"大象"的体型就会越大，就越难从零出发开始构思。

接下来我们针对五个步骤中的Step 1展开讨论。

Step 1　观察具体事物

接下来利用Step 0中准备的"白纸"，从观察商业领域中全局构思的对象——市场、客户和社会开始展开论述。为了更好地把握客户的动向与需求，我们将利用包括PEST分析在内的各种工具，收集如行为模式、经济活动、政治环境，以及现如今正在肆虐的新冠疫情等各种与商业环境有关的信息。

这个步骤中，信息只能来自事实，不能是他人或社会的常识。

不要询问客户"哪种类型更好"

典型的非架构师思维下信息收集的方法是直接询问客户"需要哪种商品或服务"。类似的还有如下的问题：

想要一个什么样的家呢？

想要一台什么样的电脑呢？

想要一张什么样的桌子呢？

这样的询问方式是绝不会出现在从零开始构思全局的思维方式中的。我们引用两句名言来解释其中的原因。

"当询问需要什么的时候，客户的回答是要一匹更快的马。"（亨利·福特）

"在没有看到具体形状之前，人们是不知道自己想要什么的。"（史蒂文·乔布斯）

大多数人没有从零开始构思的习惯，因此回答都是改善现有的产品和服务。

第二章中我们通过对建筑界与IT界的比较得知二者之间存在巨大的差异，而在这个步骤中，我们依然能够看到两个领域之间的区别（假设对象为大规模的建筑物或系统导入等项目）。

系统集成商也大多因无法摆脱这种思维模式而无法展开架构师式的构思，完全依照"唯命是从"式工作方式，面对来自客户的"需要这样的系统、需要那样的网络"等需求时，从不会将需求抽象化，只会"忠实"地执行。这是典型的系统集成商的工作风格，是日本式的"下游型客户第一主义"的完美体现。

"具体范畴的客户第一主义"是导致IT领域中无法孕育出具有高度抽

象性思维的架构师的主要原因之一。

架构师思维中必不可少的"从零基础开始构思"并非从一开始就在设定好的范围内展开构思，更需要从客户传递的困惑中捕捉残缺不全的解释与尚未展开抽象化的状态。这种做法对于构思才是至关重要的。

Step 2　设定坐标系

作为从零开始构思商业整体蓝图的准备工作，Step 2将针对具体范畴事物进行观察，这是为抽象化构思而设定的"坐标系"。这也是为了俯瞰全局展开构思的主要视角。

第三章中我们简单地阐述了提高抽象度后再构思的方式可以有效提高思维的自由度。这个过程中重要的视角是拥有高度抽象的坐标系。提高自由度不是一个单独行为，而是置于某种相互关联之中展开的构思，如图4-8所示，这个构思的角度不是某个"点"，而是一条"线"（维度=自由度=从0到1）。

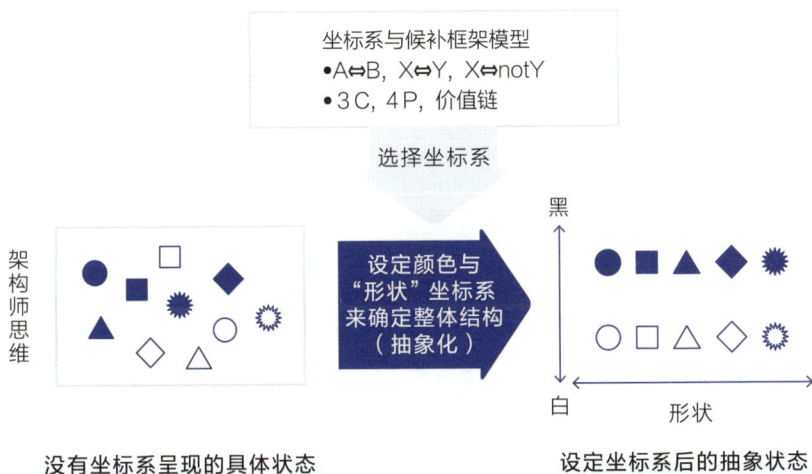

图4-8　设置坐标系，使抽象化变得简单容易

拿地图来说，每张地图都不是盲目地罗列道路或建筑物，而是通过"东西""南北"等坐标系、"1厘米：100米"等比例尺组成的有机结合体。

进一步利用这个坐标系，我们就能实现在Step 1中所阐述的抽象化。

这就是图4-5中Step 1的后半部分（坐标系），以及Step 2中执行内容的形象示意图。

接下来，我们对商业领域如何使用和选择坐标系和框架模型等抽象化工具展开讨论。

活用商业构思的框架模型

各种不用视角的坐标系可以在一定程度上有效地将商业环境定型化。某种程度的结构化成果就是商业中的框架模型，其中比较著名的有决策工具如SWOT分析、环境分析工具如PEST分析、市场分析工具如4P分析、产品与服务分析工具如QCD①分析等。

当然，除此之外还有很多值得推荐的框架模型，具体内容如图4-9所示。

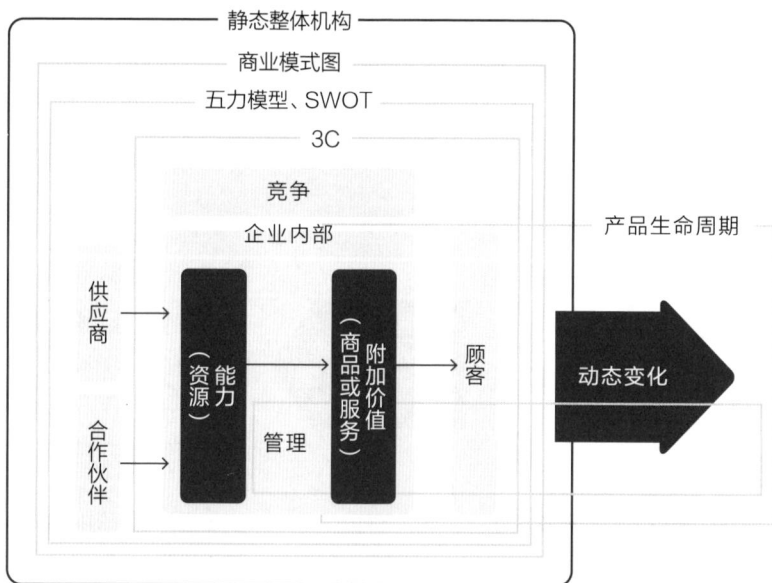

图4-9　商业中使用的各种类型的框架模型

---

① QCD，即Quality（质量）、Cost（成本）和Delivery（交货期）的首字母缩写。——译者注

在全局构思的第二步骤中需要注意的是，要设置一个保持在一定抽象高度的、总览整个商业的视角，通过各种不同的视角，立体地俯瞰商业全貌。

更重要的是利用框架模型，使用不同"浓淡"的色彩标注相关商业领域，可以确定其在整体中的重要性的高与低。

这里所谓的重要性的高低，是指例如与其他产品做对比，导致差异的原因在哪里，或者与其他领域相比，能够产生根本性影响的因素在哪个领域中能够发挥巨大的作用。至于确定浓淡的相关论述，请参考第三章图3-11在论述框架模型时所提及的内容。

举例来说，商业中的成功因素到底是与客户建立固定的合作关系，还是获取新用户的成功率，抑或是与供应商达成的合作、获得专利数量的多少，等等情况。

成功因素是"在这里按一下，后面全自动完成"，结构性解锁商业中的核心部分，与利用框架模型俯瞰全局的意义不谋而合。相关内容的实际案例将在第二部分展开论述。

或许聪明的读者已经发现，框架模型还有"分类箱"的含义，与前文"去掉边界重新思考"的阐述似乎相互矛盾。在一定程度上的确如此，但需要指出的是，分类箱是可能会导致认知偏差的经验归纳，而框架模型则是多数的经验法则的一般化，即演绎推理，这是二者之间最大的不同之处。

Step 3　提炼结构·模型化（归纳CSF）

我们在Step 1完成观察，在Step 2定义全局的环境，把握商业目标的主干，接下来的任务是抽象化商业领域，归纳CSF。在考虑CSF时，需要从波及整个市场的因素、特定玩家之间的关系、功能的不同或动态时间轴上的变化等多种不同的视角展开，必要时甚至可以直接将CSF理解成提高抽象度的操作。

通过抽象化把握CSF

我们需要从抽象化把握的各种商业领域中有很多不同方面CSF。

● 行业结构特征

CSF的第一项内容是行业结构。这里的行业结构的含义是客户与供应商，或是与同业竞合企业之间的关系。

理解和分析行业结构的经典框架模型中，最著名的就是五力模型。这个模型的原理是通过总览特定领域，分析市场中主要的竞争者之间的关系。

无论哪个行业，当客户与供应商的力量对比保持平衡时，供应与营销的成功因素是相类的，因此从整体上把握行业结构（供应商之间的关系）是非常重要的。由此，可以从其他的行业学习到本行业以及商业上的核心经验（从具体范畴）。

除此之外，商业的各种不同职能也是重要的成功因素，接下来我们看一下具体事例。

架构师思维很少留意个别产品或制造流程等具体方面的内容，更多的是持续不停地追问"哪些点能够促进商业上的成功"这一高度抽象性的问题。

实际上，抽象范畴的成功因素并不多，越是提高抽象度，思维越是朝着简单且高度通用性的方向发展。

分析行业结构的两个常用坐标系是"垂直整合"与"水平分工"（图4-10）。

垂直整合是指，我们以制造业为例，按照"零部件→模块→成品"的产业链，以最终产品制造商为顶点的层级组织结构形成的集团化整合的构造。最具代表性的是汽车产业，首先是原始设备制造商作为塔尖生产主要模块（第一层级/一级零部件制造商），之后是细化的零部件制造商（第二层级/二级零部件制造商），以及第三层级（三级零部件制造商）。这就是

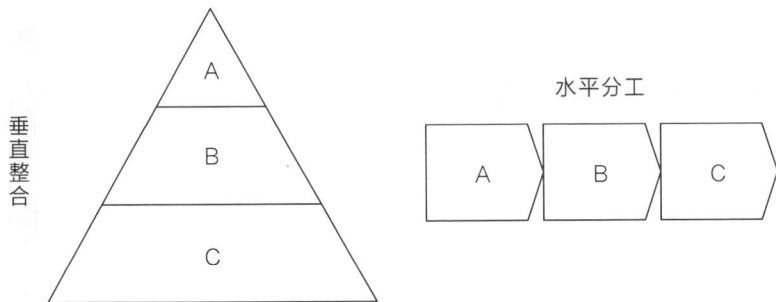

图4-10 行业内的"垂直整合"与"水平分工"坐标系

汽车产业的层级组织结构图。

在垂直整合中，存在着由发包商与承包商构成的"上下关系"。处于上位的企业拥有工作的发包权，保证定期派发工作的同时，在一定程度上掌握着对处于下位的企业的支配权。

类似的组织结构在通信和电力等基础设施领域中也十分常见。

水平分工是指，在同样"零部件→模块→成品"的产业链中，由数家企业分工完成的行业结构。这种结构在以个人电脑和家电为首的电子电气产业比较常见。

与垂直整合相比，水平分工的封闭性更小，参与其中的各家公司之间的关系相对缓和，结成了一种没有形成集团化的自由竞争关系。因此，相互之间不是上位与下位的关系。正因如此，例如在个人电脑行业中，最终成品制造商在整个产业链中并没有居于主体的支配性地位。即使是零部件的制造商，只要能提供最具竞争力的产品，也能掌握比最终成品制造商更有分量的话语权。最具代表性的就是"Wintel[①]"，它们作为处理器和操作系统供应商，却拥有无可比拟的话语权。

---

① Wintel：Windows 与 Intel 的合成词，即微软与英特尔。——译者注

随着汽车产业自动化进程的推进，行业内部的坐标系也在发生着变化。

例如电动汽车的行业结构已经不再是传统汽车行业中常见的垂直整合，而是更加贴近电气设备行业的水平分工组织结构，这种"坐标系"的变化已经明显显现出来。

● 产品特性

CSF的第二项内容是产品特性。产品具有各种各样的性质与属性，可以说是跨越行业的抽象化。

如果单单关注产品的具体特性，则脑海中只能浮现出与该产品相关的属性，与汽车相关的如最高车速、油耗，与电脑相关的如中央处理器的运算速度、内存容量、电池续航时间等概念。而当稍稍进行抽象化，则可以将完全不同的行业的完全不同的产品放在同一个坐标系中进行比较分析。

比如，"产品生命周期"就是一个通用性的概念。周期的长短也是CSF的一部分。

如图4-11所示，产品的生命周期被分为导入期、成长期、成熟期和衰退期等四个阶段。如果将其比作人的一生更容易理解，幼儿与成年人，或者年轻人与老年人之间关于价值观或金钱的使用方法方面存在着理所当然的差异。表4-1中展示了在商业领域中的不同时期，关于销售额和利润的看法的不同。

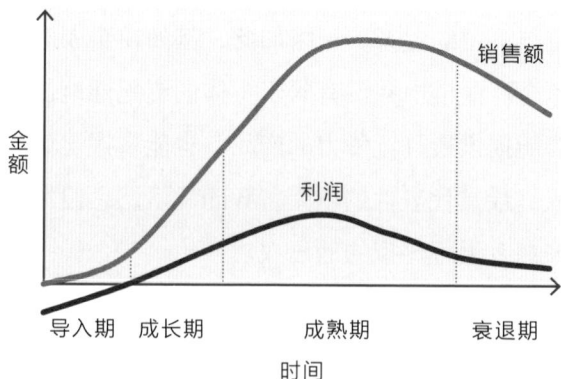

图4-11　产品生命周期

表4-1　销售额与利润的产品生命周期

项目		导入期	成长期	成熟期	衰退期
销售额	销售额	小	大	大	中
	增长率	小	大	中	负值
利润		赤字	中	大→中	小

图4-11简直与人的一生的发展轨迹如出一辙。孩童时，由于没有收入，伙食费和教育费等自然是"单向流出"。但这些单向流出不能仅仅认为是流出，还能将其看成是对"未来的投资"。成年后，费用流出增加的同时收入也在增加，而当从壮年进入老年期间，"未来的投资"逐渐减少，相应地开始有意识地向增加储蓄、控制费用的流出等方向转变。

在商业领域中，竞争者的数量也在生命周期中发生变化。导入期竞争者数量有限，一旦进入成长期后，会迅速增加，而从成熟期过渡到衰退期后，竞争者数量因市场淘汰而再次呈现出减少的趋势，这是由于并购或合并导致最终仅保留有限的数家公司。这种现象普遍存在于每个行业中。

● **客户特性**

CSF的第三项内容是客户特性。客户细分是各个企业观察客户特性时所用的坐标系。

多数企业在对客户细分时经常采用的清晰易懂的坐标系是个人客户与企业客户，即经常被提及的企业对消费者（Business to Consumer，B2C）模式与B2B模式。产品的不同会使CSF出现巨大差异。反过来说，即使是生产同一种产品，面对个人客户或企业客户，也应该采取不同的销售策略。

简单来说，个人采购决定因素中感情与冲动是占有更大比例的。

相对而言，对于企业来说，单纯地以"负责人的心情或冲动"而做出的决定是非常少见的，通常为了说服公司内部众多的相关责任人，需要更多合理的解释。

由于不可能单独面对每个客户，因此必须以大众营销为核心，将目标设定为集团化的客户群。当然，随着近年来数字化的发展，可以无限制捕捉个人单位的购买信息。可是，想要分别研究每一条个人信息几乎是不可能的，顶多是从宏观层面进行相应的分析。

但是面对企业客户，决策的成本是高昂的，因此决策过程的复杂性将远远超过个人客户。

不过，企业客户有些是"一言堂"型的企业，决策是由一个人完成的。因此，与逻辑相比，依赖直觉和情感的时候更多，导致面对企业客户也有B2C的性质。

另外，尽管"一言堂"型企业由一人做出最终决定，但是面对这种客户毕竟还是含有B2B的性质。

除此之外，其他的客户细分坐标系中，B2C方面还有如年龄、性别、居住地等个人属性的信息，而B2B方面则是如行业、企业规模、上市或非上市等企业属性的信息。

• 采购特征

CSF的第四项内容是采购特征。采购特征中最应该关注的是前面阐述的客户与供应商的关联性。它不是单纯地关注彼此之间的强弱关系，而是从关系产生的原因入手，寻找蕴含其中的各种特征。

例如，供应商市场的寡占度与零部件的稀缺性等特征。

根据这个原则，例如当考虑采购战略时，并不是单从零部件的使用属性入手，而是要从采购价格、订单周期、与供应商的谈判能力等与产品种类无关的特征（抽象性特征）出发，找到跨越零部件或竞争对手行业的采购战略坐标系。

• 经营管理特征

CSF的第五项是经营管理特征。其要点是从高度抽象角度列举可控变量的数量。成本方面的变量只有成本，利润方面的变量有销售额和成本等两项变量，投资方面的变量包含利润变量再加入时间变量后共计三项变量。

其他方面，如成本结构（可变成本与固定成本的比率）、事业内容的多元性等体现超越行业或企业的经营管理方面支配能力的坐标系，能够导出与当前完全不同的经营管理思维。

● 人事管理特征

CSF的第六项是认识管理特征。这个特征着眼于"能动性"，公司在发展过程中，下游的色彩会逐渐增强，随着人才质量的变化，管理和培养人才的方式也必然随之而变化。

例如在培训内容方面，上游企业侧重于发挥人才自主性而由员工自主决定的个性化内容，下游企业倾向于"全员被动接受相同教育"的统一性内容。

日本人事领域中常见的"坐标系"是体现"年功序列制"的"入职时间"。长久以来，日本企业将年功序列制与校园招聘作为人才策略组合使用，从而使"入职时间"成为支持众多人事管理和人事评价的坐标系。值得一提的是，进入21世纪以来，随着社会招聘的增加和能力主义的渗透，日本的人事管理正在朝着新的坐标系转变。

Step 4　构思具体化

在全局构思的五个步骤中的最后一个步骤中，我们将基于归纳的结构和CSF完成具体构思。框架模型，顾名思义就是"组织结构"的意思，在其范围内描绘整体蓝图，并进一步确定"主干"。之后，根据总结出来的高度抽象的成功因素与商业架构，参照具体案例将全新的构思具体化。

在这个步骤中，依然不是详细讨论个别的具体案例，而是围绕商业主干的构成来讨论各种抽象及具体的事例。

例如，从其他行业寻找高度抽象的相似点，借鉴毫无关系的事例进行类比的思维方式是非常重要的。具体层面单纯具体案例的确有参考价值，但局限于参考同一行业内相似业态的事例，这称不上是实践架构师思维。

要从完全不同行业进行构思，进一步说就是在商业领域之外的构思中获得全新观点或全新思维，将这种思维作为新的坐标系，通过研究其中的具体案例，打开一个全新的世界。

在本书第一章，特别是前半部分，主要围绕"以零为基础描绘新坐标系"而展开讨论，如果读者想了解更多关于类比思维的内容可以参考其他的图书。同时，第二部分的案例中提供的类比型观点，也能对读者的学习提供一些帮助。

从零开始规划蓝图练习题

到此为止，我们介绍了关于如何"摆脱现有羁绊从零开始抽象化构思全局"的架构师思维的五个步骤。在介绍的后半部分中，我们围绕适用于商业领域中的操作步骤和经营战略等展开了多种多样的讨论，列举了一些学者和咨询师常用的框架模型。

Step 0~2可以看成是整个流程的前半段，在这个过程中，原本针对零基础的构思就很难成型，更何况几乎还没有可以参考的方法论。

对此，为了让读者能够实践前文阐述的具体步骤，我们设置了能够切身体会到的练习题，希望对读者能有帮助。

接下来的问题中，请带着从零开始重新思考的态度理解这些我们已经习以为常的内容。越是对各个领域的"常识性内容"早已耳濡目染的人面对重新思考，越是难以给出答案。

请将所有的场景都设定为"30年后"（为了摆脱常识和习惯的限制）。这样做的目的是"不将常识与习惯带入"到新环境，当然假设在明年，或者5年后也是完全可以的。重要的是，不要忘记我们是从零开始，在全新的领域中构思全新的东西。

对每一个问题，我们都不设标准答案（当然，原本也不存在标准答案）。为了让读者更好地体会从Step 0~2的步骤流程中阐述的零基础思维，解答部分仅展示"思维方式"。

这样做的目的是让读者不把司空见惯的事物想成理所当然，锻炼想象力的自由发挥。

与此同时，为了能够观察读者对每个问题表现出的反应，请首先去思考一下前文中"大象"的本质是什么。

首先，当各位读者看到这些问题时，脑海中会浮现出怎样的场景？结合感觉中的印象，去思考"大象"的本质吧。

练习题

从零开始在白纸上画一条直线。

- 请重新思考如何零基础设置书店的书架。
- 请重新思考如何零基础设置商场的柜台。
- 请重新思考如何零基础设置学校的教学科目（英数国社理等科目）。
- 请重新思考如何零基础以患者视角设置医疗健康体系（如当前的门诊科室、医保和自由诊疗、病床数量等）。
- 请重新思考如何零基础设置行政区划（省、自治区、直辖市，以及市、区、乡镇等①）。
- 请重新思考如何零基础设置当前所属的组织结构（公司、学校、医院等）。

越是熟悉的领域，越是难以从零开始构思

常年在书店和商场中工作的读者，对于展柜的布局和楼层的分配早已耳濡目染，恐怕难以从零开始构思吧？

同样，从事教育行业的人面对学校的问题，医疗行业的人面对医疗的问题，航空领域的人面对飞机的客舱等级，从事政府工作的人对于行政区划，在当前企业中连续工作数十年的人即使是"大致的思考"恐怕也会倍

---

① 此处原文为日本的行政规划，即都道府县等，为了便于读者理解，更换为中国的行政区划。——译者注

感压力。想必，上述几种情形中，大家都能找到同感吧。

或许，将此当成是自己经历的唯一领域（至少是没有换过工作）的人，表现出来的困难程度恐怕会更加明显吧。

几乎很少有大家没直接接触过的行业，哪怕是作为体验者，对于教育、医疗、书店或商场，都在很长的一段时间里有过切身的体会。

当提及有关学校的问题时，例如突然说要规划新的教学科目，恐怕读者的构思很难从"英数国社理"等传统学科中挣脱出来。特别是除了日本没有在其他任何国家生活过的人，面对这种情况会更加困难。

面对自己常年接触的世界，当被要求从零开始重新思考时，有相同背景的人恐怕要强忍住厌恶感与怒气，大声呵斥道："竟说什么傻话！这样的事怎么能做得到？！考虑这种问题本身就是不谨慎的！"就这样，斩钉截铁地与架构师思维一刀两断了。

接下来，我们将讨论这种状况产生的原因。

别让知识成为负担，抛弃前进的阻碍

这是一个将某个领域做到极致化的人要求改变时的典型反应。创造性思考全新做法之前，面对为何改变现有想法是如此之难的问题时，可以说出很多"无法做到"的理由，而实际上，却无法说明造成这种局面的原因。

然而，如果要问为什么会出现"无法做到"的理由的话，完全就是由于该领域的专业知识造成的阻碍。最基本的具体知识就是"法律法规"。"熟悉现状"的另一种含义是精通支配该领域的规则和标准。对于"根据某某法的规定"或"不能违反某某规定"等约束条件的熟练掌握，就是准确了解当前业务知识的典型范例（最明显的例子是很多职业资格考试中都会考察对相关领域的法律知识的掌握程度）。"曾经的经验"也是阻碍的一种，例如"那个曾经弄过，但没成功"（当前的环境已经发生了变化，可能会成功，将来也可能成功，但谁知道呢！）。

从执行位于现状延长线上的工作看，曾经的经验的确是不可或缺的信

息，但对于从零开始构思的角度看，却是有百害而无一利的（在考虑执行阶段的阻碍因素时也是如此）。

另外，还有一点需要说明的是，对实际执行过程中的限制条件的熟悉程度。规划理想时，将现实中的人卷入进来是非常危险的，这是由于受到现实的耳濡目染，人们的思维会不由自主地倾向于"现实性思维"。也就是说，这些人会无意识地将执行的基础设定为现有的资源，即使"脑海中想着要摒除资源性限制"，而事实上这些想法早已无法实现了。

由此可见，该领域中的既有知识在"大象"的整体中占据了很大的部分。

拘泥于具体范畴的细节则无法进行彻底的抽象化

前文中我们反复强调：从零开始构思需要将俯瞰全局与抽象化组合使用才能实现。大象代表着拘泥于具体范畴和视野狭窄，阻碍抽象化和俯瞰全局。那么，这些拘泥于具体范畴与视野狭窄的表现从何而来呢，请思考下面的问题。

问题

请使用"相同"与"不同"回答下面的问题：

（1）红葡萄酒与松树是相同，还是不同？

（2）红葡萄酒与汽车是相同，还是不同？

（3）红葡萄酒与汽油是相同，还是不同？

（4）红葡萄酒与色拉油是相同，还是不同？

（5）红葡萄酒与乌龙茶是相同，还是不同？

（6）红葡萄酒与啤酒是相同，还是不同？

（7）红葡萄酒与白葡萄酒是相同，还是不同？

大家的回答结果是怎样的呢？

在第一问中，关于红葡萄酒与松树的问题上，恐怕不会有人回答"相同"吧。后面的第二个关于汽车、第三个关于汽油、第四个关于色拉油的问题，应该也不会有人回答"相同"吧。

然而从第五问开始，情况稍稍有些变化了。

如果将乌龙茶看作"饮料"，那么可以认为它是与红葡萄酒相同的。同理，第六问的啤酒是"酒精饮料"，与红葡萄酒当然是相同的。第七问中双方都是葡萄酒，理所当然也是相同的。

让我们再回到前四个问题重新思考。如果把第四问中色拉油看作"可食用液体"，从这个角度考虑，大致可以认为它与红葡萄酒是"相同"的。那么，如果从都是液体的角度考虑，那么汽油与红葡萄酒也是相同的。

而汽车作为"人造产品"也可以与红葡萄酒是相同的，松树从"物质"的角度看，与红葡萄酒似乎别无二致，因此也是相同的。

看到这里读者相信读者已经找到答案了，上述所有的问题都可以理解成"既是相同的也是不同的"。而如果要说二者之间的区别到底在哪里的话，回答是只有抽象度的区别。

请看图4-12。

如果提高抽象度，每个概念都属于同一个范畴（将圆扩大）；而提高具体性，每个概念又分别属于不同的范畴（将圆缩小）。

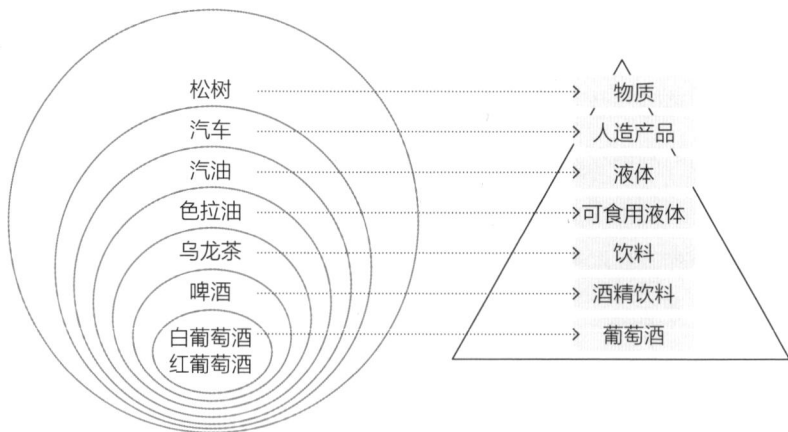

图4-12　按照抽象度改变判断标准

越是从更高的抽象度观察事物，看到相同事物的范围越广。越是从具体的角度观察事物，观察的角度越窄。从抽象的角度看，之所以会导致"会看成是不同的事物"，是因为观察的视角低、视野窄。

专业人士们的视野更有限。如果置身于某个特殊角度，知识的有无也意味着观察清晰度上的差异。

如果将前面"红葡萄酒"的例子说给葡萄酒专家听，恐怕要被说成"简直是胡说八道"。这就好比是在对于红酒一窍不通的人看来，"肉标配是红葡萄酒"这样的固定搭配完全是合理的，而专业人士恐怕很难接受这样的说法（图4-13）。

	抽象			所见			具体	
	A	B	C	D	E	F	G	H
红葡萄酒与松树	相同	不同	不同	不同	不同	不同	不同	不同
红葡萄酒与汽车	相同	相同	不同	不同	不同	不同	不同	不同
红葡萄酒与汽油	相同	相同	相同	不同	不同	不同	不同	不同
红葡萄酒与色拉油	相同	相同	相同	相同	不同	不同	不同	不同
红葡萄酒与乌龙茶	相同	相同	相同	相同	不同	不同	不同	不同
红葡萄酒与啤酒	相同	相同	相同	相同	相同	相同	不同	不同
红葡萄酒与白葡萄酒	相同	相同	相同	相同	相同	相同	相同	不同

图4-13　感觉改变判断标准

即使达不到专业人士的程度，只要是对葡萄酒稍稍懂一些的人，也应该知道在葡萄酒领域中，"黑皮诺（Pinot Noir）"与"赤霞珠（Cabernet Sauvignon）"是完全不同的葡萄酒。

即使黑皮诺也会有产自法国和产自智利的区别，而同样产自法国也会有勃艮第（Bourgogne）与卢瓦尔（Loire）的区别。最终，沿着这个逻辑，将诞生"真正懂葡萄酒"的专业人士交口称赞的每一瓶都是"独一无二"

的葡萄酒（图4-14）。

对于专业人士来说，必须拥有能够鉴别每项不同之处的专业知识，才能被称为专业人士。由此可见，知识丰富的专家们，得益于能够近距离观察而将其视为"完全不同"，而外行人更易从高度抽象的角度思考问题。知识大象的体重越大，越会成为更高视角观察的障碍。

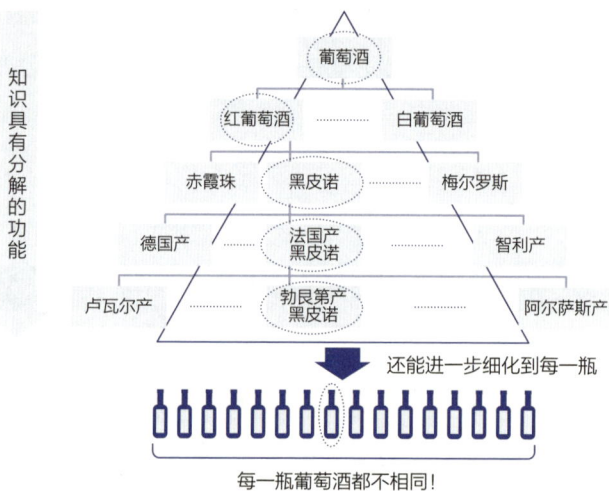

图4-14 知识可以细化判断标准

阻碍抽象化的真正原因

接下来我们通过地理知识说明这个问题。人们的地理知识反映了他们的"视野宽阔程度"。例如，关东地区的人经常会有"关西人"之类的表达方式，而在关西人看来，"大阪、兵库与京都的人是完全不同的"，甚至对于大阪人还有"不要把大阪和别的地方混在一起"的情形。这就是"专业人士""专业知识"阻碍抽象化的表现。

还有一个阻碍因素，即视野狭窄的人容易陷入的陷阱：当陷入视野狭窄的循环后，"看什么都是不一样的"，而自己却浑然不知，这时如果受到来自俯瞰全局视角的批评，会感到极度不快，将自己独自封闭在属于自己的世界里。

专业人士都有一个通病，常常由于"与外行人在一起连相处都很难"而陷入自己的思维模式中。前文已经叙述过，这是因为他们视野狭窄，而这正是这种思维的缺点。

专业人士的视野狭窄与具体病尤其体现在他们不喜欢别人讨论自己。他们总是不管自己是否真正地从具体程度了解对方，随意将他人的事当成自己的谈资，却非常抗拒自己成为别人的谈资。

根据上面的论述，专业人士完全符合阻碍要素的所有条件。

- 自己是自己的专业人士。
- 因为一直从超近距离观察自己，对自己的全部细节一清二楚，对他人则一无所知。
- 与他人相比，自己更了解自己。

因此在实践架构师思维而必不可少的提高抽象度俯瞰全局的步骤中，专业人士作为阻碍因素而出现的现象是屡见不鲜的。

图4-15总结了专业人士与架构师在思维上的不同之处。

为什么说创新需要"外行人、没经验的人和像笨蛋一样的人"呢？相信读到此处，读者已经找到答案了。

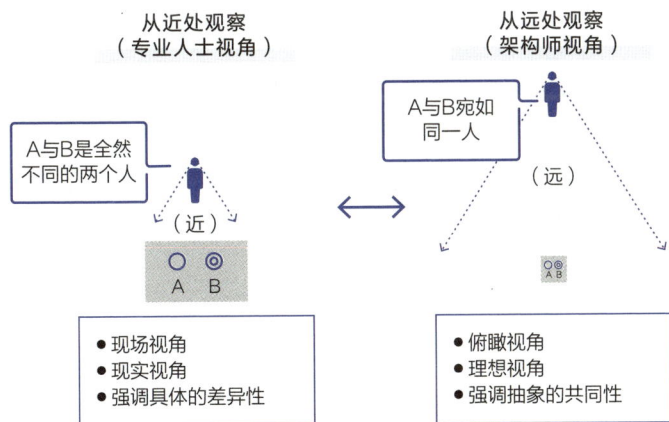

图4-15 专业人士与架构师思维方式的不同

"高深的专业知识"绝对不是架构师思维的必要条件，甚至可以说，在创新领域中能够开拓新的领域的人就是被称为"外行人、没经验的人和像笨蛋一样的人"。

所谓的外行人，是指行业外或组织之外的人，所谓没经验的人，是指经验尚浅或经验不足的人，所谓像笨蛋一样的人，是指对相关的常识缺乏悟性，不能很好地融入周围环境的人。这与第三章中我们讨论的架构师所具备的资质，几乎是完全一致的。

为了抽象化思维，需要摆脱沉重的束缚，而这正需要"外行人、没经验的人和像笨蛋一样的人"。

当然，抽象化还需要有一定的知识积累，且又要保持在一定的限度内，否则会适得其反。

同时，在专业知识方面，如果仅在某一方面拥有深厚的知识，而其他领域相对薄弱，就会陷入前文所述的专业人士特有的陷阱中。对不同的领域拥有同等程度的知识，缩小跨行业的知识空白，同时从广度和深度两个层面掌握知识，将对抽象化产生积极的作用。

反过来说，仅仅熟悉一个行业、一家公司或一项业务的人，尽管可以确立自己的专业领域，但却容易陷入因"自己的领域很特殊"所引起的思维陷阱中，而这是与架构师思维模式最抵牾的思维模式。

到此为止，阻碍抽象化思维的真正原因我们已经逐渐清晰，让我们再次回到练习题中，请读者按照本书阐述的步骤挑选适合自己的题目再次练习一下。

Step 0　清除障碍

有下游思维的人常常陷入从现实出发的状况，在不知不觉中误以为"自己的领域很特殊"。当听到有人提出新的想法时，他们会条件反射般地质疑"但是这个与某某相抵触，恐怕不行吧"。在这种情况下，我们可以将场景设定为30年后，乃至100年后，发生在一个完全不同的国家或者完全虚拟的世界里，来思考这个问题，这种方式能够帮助读者清除思维障碍。

Step 1　设置从零开始重新思考的目的、应该解决的问题

从零开始全局构思的目的，至少应该是解决当前状态下无法解决的课题。

所谓"无法解决"，指的是需要根据亟待解决的问题或课题而变换解决办法的方向性，重新审视问题本身，假设一个自己想要的目标。

例如，设定一个最大化年轻人顾客群体数量的目标，或是最大化利润的目标，或是最小化经济差距的目标等。

上述的目标和问题都是假设的，不过即使没有这些假设也不妨碍展开构思。当然，在实际解决问题的过程中，必须设定实际的目标与问题，而本文仅仅是将此作为"脑力体操"让读者熟悉如何实践从零开始构思的思维模式。我们列举了在不事先决定目标与课题的前提下有什么可能性，再反过来思考解决方案能够解决哪些问题。

通常，在开发一般性的产品或服务时，经常使用这种思维方式。例如当某种新材料的研发工作完成后，再思考"这有什么用途呢"，类似的情景相信读者都不会感到陌生。

Step 2　在自上而下的坐标系中思考

实现这种分类后，不再是分别考虑每个范畴，而是从高度抽象的角度考虑如何"一次性地完成数个分类"。这是自下而上式的思维方式。

例如，在组织机构改革的课题中，想要设立一个"数字化部门"，首先并不是创建一个"数字化部门"，而是沿着一条从数字到模拟的坐标系入手展开构思。这种思维就是我们所称的"全局构思"。

接下来，我们通过一些练习题，讲述如何实现这个坐标系的抽象化。

请先看归纳坐标系的示意图，再结合具体案例展开说明。

图4-16显示了从个别事物到归纳整条坐标系的操作方法。这种方法大致分为三个步骤：①归纳属性；②从属性中归纳坐标轴；③根据完成的抽象化设定坐标系。

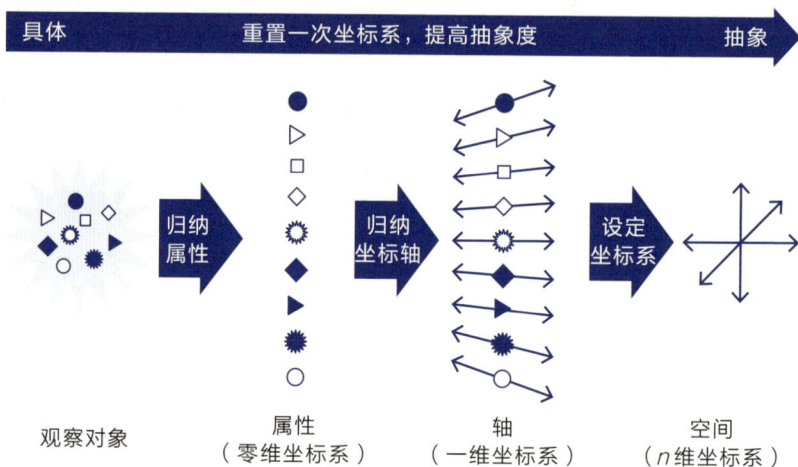

图4-16　归纳和选择坐标系

接下来我们将结合例题继续说明。

例题

请思考球类运动。

不可否认的是，即使不借助本文中介绍的思考流程也能得到各种优秀的想法，也有人不借助任何其他的思维步骤也能得到很多优秀的想法。

而在本文中，为了让读者掌握架构师思维中使用的"从零开始的各种坐标系"，需要基于前文阐述的思维步骤展开构思。

首先，在第一步中，我们将样本设置为现有的某种球类运动。

此处，我们也采用各位喜闻乐见且信息充足的足球，这一体育界的代表性运动作为讨论的对象。

其次，在第二步中，归纳足球作为体育运动的各种属性。

如：

- 11名球员。
- 不能用手（守门员除外）。
- 两支球队展开较量并决出胜负。
- 上下半场的比赛时长各45分钟。
- 以得分的多寡判定比赛的胜负。
- 在专门球场举行比赛。

当然还有更多的属性，让我们沿着这些属性归纳足球的坐标轴。

11人→球员人数。

不能用手→是否可以用手进行比赛。

两支球队决定胜负→球队数量、有胜负之分（可以得到两条坐标轴）。

上下半场的比赛时长各45分钟→每个单元的时长与单元数量（上下半场的总和是2）。

在专门球场举行比赛→这里进一步可以归纳出球场的属性，如大小等。

至此，我们归纳出上述坐标轴（接下来的Step 3和Step 4中也可以针对其他类型的球类运动展开讨论）。

将各种事物的各种属性打乱（点属于0维坐标系），将其扩充为坐标轴（点→线，0→1维坐标系），再将坐标轴组合到一起搭建成平面或立体的坐标系（1→2，3维坐标系），由此，实现了根据抽象化定义新领域的操作步骤。

/ 应用题 /

按照同样的步骤，请思考如何根据便利店出售的商品归纳坐标轴。

提示：

（1）将瓶装的乌龙茶作为分析的样本。

（2）各种事物的属性及其对应的坐标轴是什么（例如，5元→价格、20厘米→大小、10摄氏度→温度、每天饮用→使用频率……）。

上述过程就是提高自由度的抽象化过程。

下面让我们再回到前面的练习题，基于前述的步骤与方法，针对思维方式展开讨论。

/ 练习题 /

从零开始在白纸上画一条直线。

（1）请重新思考如何零基础设置书店的书架。

（2）请重新思考如何零基础设置商场的柜台。

（3）请重新思考如何零基础设置学校的教学科目（英数国社理等科目）。

（4）请重新思考如何零基础以患者视角设置医疗健康体系（如当前的门诊科室、医保和自由诊疗、病床数量等）。

（5）请重新思考如何零基础设置行政区划（省、自治区、直辖市，以及市、区、乡镇等）。

（6）请重新思考如何零基础设置当前所属的组织结构（公司、学校、医院等）。

（1）（2）关于实体店的布局，受新冠疫情的影响，电子商务迅速在日本普通家庭中普及开来，使得越来越多的人可以从网上购买"能想到的几乎所有的东西"。

实体店与网店最重要的区别之一是"店铺的布局"。实体店基本上只能采用"限定的固定坐标系"，而电子商务领域有价格排序、发售日期排序、智能排序等多种排序方式，可灵活转换坐标系。

那么有没有值得从实体店中借鉴的内容呢？

在实体店领域，仍有很多以"行业性常识"的方式存在的固有壁垒与各种形式的限制。或许，将来有人从屋顶操纵无人机送货，虚拟百货商场大规模普及等。因此，如果能够清除掉这些限制条件，站在顾客的角度，各位读者朋友希望怎样规划实体店的布局呢？

（3）关于教育领域的规划问题，如果从零开始思考，似乎看不到其他的辅助方法。疫情下在线教育的普及有可能从根本上改变现有的教育格局。在传统的学校教育中就有在线授课和班级授课的方式，各自承担着各自的职能与责任，科目设置方面也是保持了数十年不变。

特别是，新冠疫情再一次触及了教育的根本性问题。到底是应该找个教室集中授课，还是根据需求灵活调整到在线教育？"留学"的本质到底是什么？有必要将所有的课程都放在同一所学校进行吗？对于这些迫切需要解决的根本性教育观念的问题，已经没有任何回旋的余地了。是否可以参考本书主题所示，从具体→抽象或知识→思考等坐标系入手，重新构思一下呢？

（4）关于企业组织的规划问题，处于技术的黎明期，为了支撑技术这条坐标轴，需要从技术的层面延伸出新的组织结构（如数字化小组、人工智能小组等）。后期，随着技术的成熟，这条坐标轴将从"提供方的技术"过渡到"受益方的实惠"，与此同时，企业组织的主要目的也将不会再是沿着寻找"地区差异"或"行业差异"的方向开展业务。

参照这种类比方式，不论是否具有悠久的历史渊源，医疗领域的核心几乎一直停留在"提供方的技术"的坐标轴上。按照前文中我们提到过"常识"的逻辑，恐怕会有人会说"关于医疗的历史，你什么都不懂，简直是胡说八道"，因此我们尽可能地从"患者视角"出发，在白纸上重新规划和设计诊所和医院。

近年来，在普通阶层中扩展广泛的"私人医生"和"家庭医生"等观念，就是从患者出发形成的适应患者需求的新式诊疗方式。除此之外，还有很多以"患者视角为切入点"的观念值得探讨。

另外，药品领域也可以用全新的视角进行观察。以亚马逊收购在线药房PillPack为例，他们构建了一个全新的协助患者服药的体系：将药品以"时间"为单位，按照早、中、晚的形式进行分装，将每一次需要的剂量单独装进一个独立包装。这是完全从方便患者服用的角度出发而提供的全新服务。

现如今已经被完全接受的航空座椅分级制度，如果从零开始构思的话会发现这个领域中存在三条分类坐标轴，第一条坐标轴是数字轴，即头等舱、二等舱和三等舱，第二条坐标轴是用途轴，包括商务舱、观光舱和非商务舱，第三条坐标轴是消费取向轴，包括经济舱和豪华舱。

我们把这种情况作为练习题，请读者从零开始重新思考这三条坐标轴的意义所在。

（5）关于行政区划，绝对的核心一定是地域轴。这与"国家"概念是一样的，都是根植于人们心目中的地域性特征，是"常识中的常识"。可是在全球化的经济浪潮与数字化时代的推进发展过程中，也越来越虚拟化了。

沿着（1）（2）问题的解决思路，当线上购物成为可能后可以随心所欲地设置销售柜台，按照同样的逻辑进行类比，行政区划乃至选举区域的坐标轴，可以从年龄、性别、民族等方面进行多种多样的设置。那么，在这种情况下，税收机关也可以灵活地转换成"虚拟故乡税收"的形式，即不受行政机关的限制，按照个人的喜好而"自由选择缴纳某某税"。

（6）请读者将前文中叙述的问题作为实践型问题，试着能否将各种思考方式组合到一起来使用。例如尽管可以分别从供给方（产品、服务、技术等）和用户方（区域等客户细分）的视角进行考虑，但每个具体的角度能否再进一步细化呢，请在不同的思维坐标轴中综合考虑。

- 不要"出羽守"①，用自己的头脑思考。

日本人遇到问题后，立刻会想到"在美国是这样做的""在中国是这样做的""在硅谷是这样做的"等海外的事例，或者"江户时代曾经这样的"等历史事例，这些做法都是"拿来主义"或"墨守成规"的人的构思方式。本书设置的练习题的出发点都是"从零开始构思"，而这些传统的想法不仅不合适，更是最应该规避的。

这种"出羽守"思维方式（引经据典的都是希望通过知识量取胜的人）与本书提倡的"用自己的头脑思考"的宗旨相距最远。

本书的第二部分将要围绕"在东南亚"的相关话题展开讨论，但是介绍东南亚事例的意图并不是为了直接参考，即寻求具体→具体的目标。

倘若读到打破发生在东南亚的既有事例的文章，拥有具体→具体式思维模式的人或许会有如下的感想：这些都是发生在外国的事例，不适合日本的情况（图4-17）。

同理，如果直接表示"这是发生在国外的事情当然不适合日本"，却不仔细研究高度抽象的成功因素而直接将其否定的做法，也是只能看到具

---

① 出羽守是日语俚语，指喜欢通过引用其他国家或行业的例子进行批评的人。——编者注

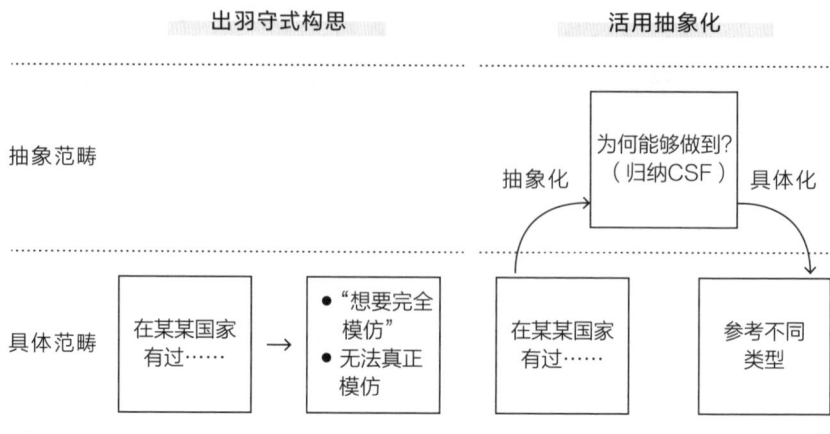

图4-17 将抽象化应用到其他领域

体范畴的人的思维方式。正是因为处于不同的世界，才能获得构思的灵感，这才是拥有高度抽象视角的人的思维方式。

需要强调的一点是，本书介绍这些事例的目的不是证明上述问题。不管是列举东南亚的事例，还是马斯克的事例，目的都是通过将案例抽象化探究成功的要因，为构思高度抽象化的解决方案提供线索。

试想一下，刚刚讨论过的"在这个行业中"，或"在这个区域"等特殊化自我世界，例外化其他世界的想法，与其说是"海外出羽守"，更像是"自己出羽守"。他们之间的共同点是仅仅停留在具体范畴观察所有的事物，而这些都是与本书中阐述的架构师思维相悖的思维方式。

拥有具体→具体思维方式的人寻求"立即能使用的""具有实践性的""具有相似性的"案例，而这也是与自发构思的架构师思维差别最大的思维方式。

架构师从不向周围的世界寻求答案，即使借鉴也是要从通过抽象化的类比向其他领域学习。

到此为止，我们阐述了从零开始抽象化展开全局构思的架构师思维的具体步骤，同时也带领读者通过练习题的方式，从位于最上游的零基础状态下如何到处全新视角的操作方式，以具体的形式展现在读者面前。

到目前为止"全局构思"这一暧昧的属人概念尚未有流程化的处理方式，希望读者通过阅读本书能够或多或少得到一些启发。

在接下来的第二部分中，我们将着眼于障碍相对较少的东南亚地区，通过谈论与日本完全不同的经营战略与实施计划的具体事例，进一步帮助读者理具体化构思的示意图。

训练架构师思维

经过训练，任何人都可以掌握架构师思维

在本书的第一部分中我们解释了"什么是架构师思维"。在接下来的第二部分中，我们将围绕制定策略和实施计划的过程中，如何将架构师思维运用到商业领域的具体案例展开说明。

我们希望结合身边的商业案例和新兴国家的案例，以及框架模型和抽象化思维方式等构思工具，帮助读者掌握架构师思维能力。

各位读者，如果说到21世纪的"商业架构师"，大家的脑海中会浮现出哪些人呢？是否是发明直接改变我们生活的iPhone的苹果公司的乔布斯，或是脸书的创始人马克·扎克伯格？除此之外，还有很多著名的商业架构师，接下来我们首先从特斯拉公司和太空探索公司首席执行官马斯克开始讨论。

作为电动汽车，特斯拉已经登陆日本市场，读者朋友觉得它属于哪个行业呢？如果当初马斯克准备加入汽车行业，与丰田汽车竞争市场份额的话，恐怕今天我们不会看到特斯拉这个品牌了。

在传统的汽车行业中，新车的设计往往需要数年的时间，在集合一系列供应商的基础上，制造一台没有任何瑕疵的整车，随后进入销售市场，开始保险与售后等诸多单元，最终产生利润。对于上述的常识性内容，想必读者都已经司空见惯了。

世界各国展开激烈的竞争的电动汽车行业正在使用电池（动力是电动机）替换传统汽车的核心，即内燃机。

对此，马斯克的特斯拉为我们描绘了一幅以中央处理器为核心的世界观——假如现在有一个程序出现了运行故障，那么通过重新下载和安装新的软件即可解决这个问题。

现在全世界有超过200万的特斯拉用户正在实时测试特斯拉，一旦发现故障，可以启动修复程序并上传更新后的软件。

传统的汽车行业的做法是，制造商首先将完成品销售给客户，如果发现故障，再将所销售的汽车一起召回，对有故障的汽车一台一台地进行维修。

对于特斯拉而言，只需要像定期更新智能手机上的软件一样定期发布新版本的软件，产品的性能即可不断得到优化。第四章中我们阐述的全局构思步骤中，"Step 0：重置参数"尤为重要。长期处于汽车行业的人们，绝不会想出这种超越常识的构思。

清除掉原有的参数，把握从Step 1到Step 3的抽象化结构，在Step 4中通过类比电气产业与IT产业的经验，可以完成具体性的构思。

传统的汽车制造业是典型的从整车制造商到零部件供应商垂直整合的产业，而像iPhone制造则是属于推进水平分工的产业，与特斯拉一样，通过定期提供可下载的更新软件来推动产品进化，才是业界的常识。

有人会说这种天才型的创意是埃隆·马斯克灵感爆发，但事实并非如此。

架构师思维不是与生俱来的天才型能力，是需要通过后天的训练而培养出来的技能。本书反复提及掌握架构师思维的方法，经过日常的实践，相信各位读者一定能够切实地感受到身边的变化。

另外，作为发达国家的日本经过长时间的发展，在很多领域中业已形成了根深蒂固的界限，很多人觉得打破这些界限已经没有可能。没有可能的说法或许太过于保守，然而，即将在本书中登场的蛙跳效应[1]（Leapfrog）等超越时代的大变革，在新兴国家更易出现确实是一个不争的事实。

从这个意义上说，本书是在将具有丰富架构师思维题材的新兴市场国家与发达国家的比较过程中展开论述的。

现在笔者工作的东南亚与印度地区，并不具备与日本同等水平的基础设施。不仅有很多人没有银行账户，甚至很多地方性城市还没有普及基础的医疗服务。围绕这些问题，需要更多的架构师孜孜以求地不断地从零出

---

[1] 蛙跳效应指后发国利用后发优势，实现非均衡、超常规发展，在较短的时间内接近，甚至赶超先发国的现象。——编者注

发提供新的服务型解决方案。

希望读者能够通过本书中提供的新兴国家的案例，得到一些能够为其他国家的变革提供参考的线索。

从更大的结构上捕捉机会

近年来，日本的贫富差距问题不断地引起争论，但与东南亚各国相比，日本仍旧属于经济增长处于平均水平的国家。日本的公立教育和医疗体系覆盖全国范围，即使在地方城市生活也不会感觉到明显不便。

然而，在东南亚地区，中心城市与地方城市、富裕阶层与中间阶层之间的两极分化正在加剧。尽管国家间的文化与宗教差异甚远，但是整个东南亚地区还是存在着共同的需求。

虽然东南亚国家有着与日本完全不同的国家构造，然而在追求某项个别机会时，很难看到结构上的差异。我们需要利用架构师思维从更大的结构层面持续捕捉新的机会。

我们将在第五章中从结构层面阐述东南亚的特征，同时介绍东南亚知名的独角兽企业——GoJek。之后的第六章、第七章中将对支持架构师思维的框架模型展开讨论，在第八章中围绕使用框架模型的实际事例做进一步说明。

学习新兴国家

第五章

1. 东南亚的现状

在第五章，我们首先围绕东南亚的现状展开讨论，之后介绍具有代表性的创业型独角兽企业——GoJek的案例，最后我们将阐述如何解读本书中介绍的案例。

GoJek创立于2009年，历时10年的时间，成为横跨7个国家、总市值超过1万亿日元的独角兽企业。但这家企业的前身仅仅是一家从事摩托车共享出行服务的公司。GoJek首先着眼于解决长年困扰东南亚的物流与支付问题，逐渐发展成为人们日常生活中必不可少的应用程序，现在在整个东南亚地区，总下载次数已经超过2亿次。

目前，GoJek的业务从呼叫摩托车扩大为电子支付和就近餐馆的外卖服务等内容。

同时，GoJek的应用程序中还包括具有储蓄功能的电子钱包，其俨然已经成长为东南亚地区规模最大的互联网金融公司。

GoJek的创始人纳迪姆·马卡里姆（Nadiem Makarim）通过精细化人才培养与服务质量的提高等基础性策略，收集了消费者和加盟店的数据，之后结合数字平台和人工智能等，在此基础上描绘出一张跨越性事业的宏伟蓝图。这就是符合本书中所定义的架构师（全局构思家）的人。

我们将探讨纳迪姆·马卡里姆是如何利用抽象化解决问题和构思具体事业的过程。

城市化如火如荼的东南亚

急剧的城市化进程是东南亚的一个显著特征。城市化也可以理解为通过人口聚集而促进经济发展的一种方式。

随着城市化的推进，东南亚的中产阶层（每年的可支配收入在5000～35000美元）迅速增加。然而，面向中产阶级的服务呈现明显的不足，为很多新的事业的出现提供了机遇。我们如果仅仅将视角停留在全体国民的人均国内生产总值等表面性的平均数据的话，就将错失结构性的变化。

如图5-1所示，与全国相比，东南亚国家的首都的人口密度和人均生产总值都维持在非常高的水准。在印度尼西亚，首都人均生产总值与人均国内生产总值之间的差距尤为明显，达到了4.6倍。

而作为整体经济增长相对平均的日本，经济发展与社会问题在结构上是有区别的。尽管日本也在推进城市化进程，与两极分化愈演愈烈的东南亚相比，呈现出几何级的差异。

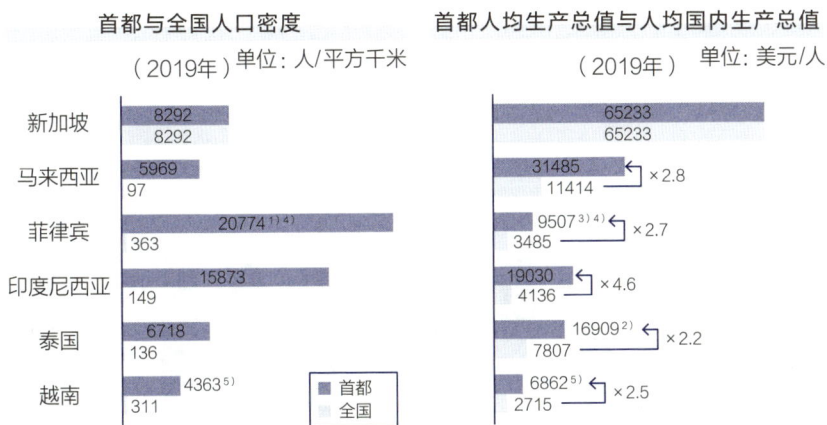

首都与全国人口密度
（2019年）单位：人/平方千米

首都人均生产总值与人均国内生产总值
（2019年）单位：美元/人

国家	首都人口密度	全国人口密度	首都人均生产总值	全国人均生产总值	倍数
新加坡	8292	8292	65233	65233	
马来西亚	5969	97	31485	11414	×2.8
菲律宾	20774 [1][4]	363	9507 [3][4]	3485	×2.7
印度尼西亚	15873	149	19030	4136	×4.6
泰国	6718	136	16909 [2]	7807	×2.2
越南	4363 [5]	311	6862 [5]	2715	×2.5

■ 首都　□ 全国

图5-1　东南亚国家的城市化进程

注：1）表示2015年数据　2）表示2017年数据　3）表示2018年数据　4）表示包括马尼拉在内的整个马尼拉首都圈的数据　5）表示越南的经济中心——胡志明市的数据，而不是行政首都河内的数据

资源来源：JETRO，World Population Review、Demographia、总务省统计局、Worldometer、CITIE、C-GIDD，以及其他各国政府的统计资料。

如果到印度尼西亚雅加达以外的地区，还能看到很多摩托车，而在雅加达的购物中心的停车场中随处可见诸如法拉利等豪车的身影。

而回看日本，似乎找不到一个汽车的普及率不高、大街上满是摩托车的地方城市。

在泰国，曼谷面向富人的高级医院比比皆是，而在地方，诊所和医生的数量不足正在变成一个社会化问题。

在越南，现代商业（超市、便利店等现代零售方式）的比例还很低，传统的小卖店式的商铺有将近130万家。这些小卖店供应商品的供应链的多样性程度，却远远高于日本。

面向中产阶级的服务呈现明显不足

随着城市化的发展，东南亚社会的经济核心已经转移到了中产阶级。如图5-2所示，在近20年的时间里，除新加坡之外，其余国家的中产阶级呈现出迅速增加的趋势。中产阶级增长带来的巨大消费量也进一步促进了经济的发展。

东南亚中产阶级的急剧增加，也促进了面向中产阶级的服务需求的增长。

各国家庭收入分布推移

（2000—2018年）　　单位：%

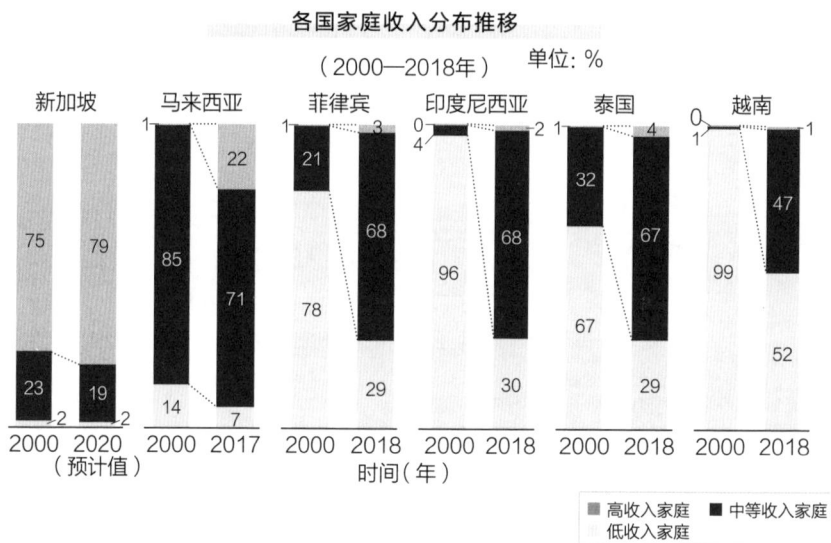

图5-2　中产阶级是东南亚的经济核心

注：1. 高收入家庭年收入超过35000美元　2. 中等收入家庭年收入为5000～34999美元　3. 低收入家庭年收入低于4999美元
资源来源：经济产业省。

例如，上班族的午餐由通常的街边小吃转变成外卖，海外旅行也变得不再陌生和遥不可及。

面对这些变化，服务的供给却没有及时跟上，导致面向中产阶级的服务品质参差不齐。在图5-3中，我们以图表的形式展示了东南亚的价格与服务质量的分布。

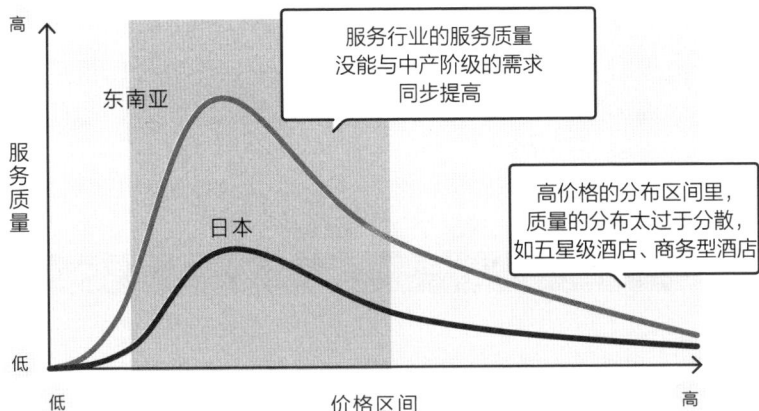

图5-3　东南亚的价格与质量分布图

例如，在马尼拉的香格里拉大酒店与东京的香格里拉大酒店所享受到的服务，没有明显的差距。然而，入住马尼拉的三星级酒店时，有的房间没打扫，有的忘记放置洗漱用品，有的却又能提供非常美味可口的早餐，这些现象屡见不鲜。整体来说，不能像日本的快捷酒店一样提供标准化的统一服务。

主要原因是从业人员能力不足和不具备相应的基础设施，而这些问题不是仅仅通过开发一个智能手机的应用程序就能解决的。

就像后文中将要讨论的GoJek的案例一样，要想解决新兴市场国家的问题，不能仅依赖数字技术等空中战，更重要的是通过基础性的地面战来解决根本性的问题（如培养人才和提高服务质量等）。

2. 东南亚的代表性独角兽企业——印度尼西亚的GoJek

表5-1中展示了GoJek的概况。作为东南亚地区具有代表性的独角兽企业，GoJek从印度尼西亚的摩托车出行服务应用程序起家，如今发展为超级应用程序，以超过100亿美元的市值，成长为规模庞大的互联网金融公司。

2021年5月，GoJek宣布与印度尼西亚的另一家独角兽企业——Tokopedia合并。软银也投资了Tokopedia。预计合并完成后将成为印度尼西亚具有影响力的超大型企业。

表5-1　GoJek概要

项目	内容
企业名称	PT Aplikasi Karya Anak Bangsa
主要业务	共享出行、电子商务、在线支付等
公司所在地	雅加达（印度尼西亚）
业务范围	印度尼西亚、越南、泰国、新加坡、菲律宾
创始人	纳迪姆·马卡里姆（Nadiem Makarim） 凯文·阿鲁维（Mevin Aluwi） 米开朗基罗·罗兰（Michaelangelo Moran）
创立时间	2009年
员工数量	3000人（截至2019年）
市值	超过100亿美元
主要股东	腾讯、谷歌、红杉、三菱商事、Cool Japan Fund

GoJek所解决的社会性问题包括摩托车服务的质量差、银行账户的普及率低、终端物流配送的不足等多方面问题。为了更好地掌握架构师思维，需要从高度抽象的"结构视角"观察商业活动，并与发达国家的企业进行对比，而GoJek正在东南亚等国开展海外业务，为我们提供了完美的研究对象。

本章将GoJek的发展分为三个阶段展开叙述。每个阶段所面临的环境（价值链、时间）有所不同，所需的资源也要相应地发生变化。我们将详细观察每个阶段中，CSF是如何变化的。

第一阶段：在印度尼西亚创立共享出行业务。

第二阶段：创立电子商务，实现电子支付，成为超级应用程序。

第三阶段：将业务扩展到其他国家，成长为东南亚屈指可数的独角兽企业。

3. 印度尼西亚与美国的差异

本章将通过对比印度尼西亚的GoJek与美国的优步，阐述框架模型的概念。首先，让我们看一下这两个国家的基本信息。

尽管印度尼西亚与美国的人口规模相当，但从人均国内生产总值来看，二者明显处于两个不同的经济发展阶段。在印度尼西亚，相比企业，摩托车的保留量更大，而且人口半数以上都没有银行账户（表5-2）。

表5-2　印度尼西亚与美国的基本信息

项目	印度尼西亚	美国
人口（2019年）	2.71亿	3.28亿
人均国内生产总值（2019年）	4136美元	65279美元
每100人汽车保留量（2019年）	6台	33台
每100人摩托车保留量（2019年）	42台	3台
平均年龄（2019年）	28.8岁	37.7岁
大学毕业生占总人口比率	11%（2017年）	48%（2019年）
银行账户保有率	49%（2019年）	94%（2017年）
拥堵排名	第10名（雅加达）	第31名（洛杉矶）第52名（纽约）

资料来源：世界银行，印度尼西亚统计局，联邦公路管理局，世界统计，经合组织，汤姆汽车导航公司。

4. 第一阶段　基础战构筑在印度尼西亚独一无二的竞争优势

首先，我们从第一阶段开始说明，即GoJek如何在印度尼西亚首都雅加达创立共享出行业务。共享出行在日本是一个相对陌生的概念，它是由美国的优步创立的将汽车司机与消费者互相匹配的新式出租车业务。GoJek在印度尼西亚将这项业务的内容变成了摩的司机与消费者之间的相互匹配。这项业务的核心是有效地提高司机（人）的服务质量。

雅加达的交通拥堵

在东南亚的大城市中，交通拥堵已经成为社会性问题，而雅加达的拥堵状况在整个东南亚地区也是数一数二的。如果将雅加达的所有汽车排成一排，其长度据说可以达到雅加达所有道路长度的两倍，而汽车的平均时速是7千米。

摩托车可以在汽车之间穿行，摆脱拥堵问题，因此这里存在一个在日本不常见的业态：摩的。

但是，由于摩的通常是由中小企业或个人经营，价格、便利性及安全性都存在很大的问题。

作为GoJek的创始人，纳迪姆·马卡里姆拥有哈佛大学的工商管理硕士学位。为了解决前文所述的社会问题，他试图将在发达国家日臻成熟的优步的商业模式引入印度尼西亚。

与发达国家迥然不同的司机服务质量

纳迪姆·马卡里姆最先面对的是优步不会遇到的搭乘体验问题（驾驶技术与车辆性能）。这个问题是由发达国家与发展中国家的中产阶级的差异导致的。在发展中国家，贫富差距与教育差距很大，在发达国家，被称为社会基础的中产阶级的生活水平与文化程度呈现出非常集中的状态。

对于优步来说，在美国创业几乎不需要考虑用户搭乘体验的问题，而需要解决的是为确保用户的稳定而不断投入的资金流。为此，优步不得不反复调动数以亿计的现金流，以保证用户数量的不断增加。

优步开展业务的主要几个发达国家中，车辆与司机的服务水平差距较小，优步只需充分利用回访即可实现服务质量的管理和提升。

将司机的服务水平利用数值实现可视化，是一项前所未有的业务，对于行业来说这是创造新的附加价值的有效途径。

然而，在服务水平存在巨大差异的印度尼西亚，仅仅利用数字技术还远远不够，还要通过开发司机的资格审查流程和培训程序等业务内容，使司机的服务水平从根本上得到提高。

尽管从表面上看都是相同的问题，可是每家公司由于面对的环境不同而需要采取不同的解决方案。以架构师类比的方式总结上述问题的核心，寻找相似点的同时把握相异点，才是问题解决的方向。

锁定特定区域的本地化战略

面对经过严格培训的司机和消费者向其他平台流失的问题，GoJek的应对策略是必须从根本上增加自身平台的使用人数。这是由于间接网络的外部性决定的。

间接网络的外部性是指通过增加平台的使用人数，在平台上添加附加商品与服务，从而提高平台的价值。如微软提供的操作系统和家用游戏机等就是这个概念的典型代表。

需要注意的是，提高匹配效率的重要途径是增加特定区域内的司机和消费者数量，而如果在整个印度尼西亚范围内增加数量是不可能提高匹配效率的。因此GoJek最开始的战略是集中于人口密度高的雅加达地区，增加司机和消费者的数量。

GoJek通过免费提供制服和头盔的策略有效地提高了品牌的忠诚度。这个策略不仅有效地降低了司机的流失率，还提高了用户对GoJek品牌的忠诚度，起到了一举两得的效果。

与此同时，服务内容的本地化也在推进，服务内容从摩托车扩大到私家车以及原本属于竞争对手蓝鸟集团（Blue Bird）①旗下的出租车。

当然，这些业务内容与优步在全世界其他国家实施的共享出行服务内容是一致的。优步的本地化策略非常精细化，就连标志与应用程序界面都会根据城市的不同而有所变化。优步的服务内容也完全本地化，在印度可以使用UberAuto呼叫人力车，在土耳其可以使用UberBOAT呼叫船。在酒

---

① 蓝鸟集团：印度尼西亚的大型本地化服务运营公司，业务涵盖从出租车、摩托车、大型公交车、海陆空物流供应链管理等业务。——译者注

后驾驶现象已经成为社会性问题的哥伦比亚，UberAngle还开设了与日本相类似的代驾服务。

5. 第二阶段　拓展电子支付，开发具有支付功能的超级应用程序

当在共享出行领域确立了一定的地位后，GoJek将目光转到了电子商务。当能够配送商品的司机已经被系统化整合后，充分发挥这项优势，进一步接触消费者，将业务延伸到电子商务就顺理成章了。要想开拓电子商务领域，构建支付系统（物）是关键。

在雅加达，不仅人的移动费劲，物的移动也费劲

在第一阶段，GoJek通过开拓摩的共享出行业务，解决了雅加达居民的出行难题，而在这个拥堵严重的城市里，物的移动面临着更大的挑战。

尽管在雅加达中分布着很多的便利店和超市，但受到物流问题的限制，店铺网点的推进并不顺畅。如果在开店时不能及时解决物流问题，也会造成经营上的困境，最终将导致每间店铺都产生大量的库存积压。

GoJek为了解决这个问题，将目光投向了电子商务。如果能让第一阶段中形成规模的摩托车司机从事配送业务，人们就不再需要为了购物而移动到店铺，同时店铺也有人能够帮助解决配送问题。

发达国家缺少完备的支付系统

在当时的印度尼西亚，银行账户的普及率不及一成，能够通过电子商务购买商品的人限制在有限的阶层。如果没有银行账户，想要通过电子商务购买商品需要在便利店购买专用的购物卡，手续比较烦琐。

而如果采用与日本一贯使用的代收货款的方式，对于平均收入仅有2万～3万日元的摩的司机来说，如果保管大额现金，会对GoJek的资金回

收造成巨大的风险。因此代收的方式很难实施。

为了解决支付问题，GoJek也做了一些尝试。首先将商品出售给摩的司机（司机买下商品），之后司机再从消费者身上回收价款。这种模式保证摩的司机会从消费者身上回收价款，又能有效降低司机携款潜逃的风险。通过这种方式，GoJek可以直接触摸到印度尼西亚全体国民的钱包。

另外，GoJek还提供一种被称为GoPay的电子钱包服务，消费者可以不通过开设银行账户即可实现存款。

如果将设想仅停留在改善现状的程度，为了提高银行账户保有率，可以与政府合作普及国民身份证或者与银行联手协助国民开设银行账户等，这些具有很高可行性的解决方案都要比GoJek重新确立代收款方式的时间成本更低。

GoJek看中的是，建立一个向同一个消费者提供包括食品、图书、电子产品甚至是按摩师等多种服务的数字平台，降低销售成本的同时突出"规模效应"。

另外，GoPay作为一种全新的在数字平台上使用的通货，提高了间接网络的外部性。使用GoPay的消费者越多，加盟GoJek的店铺就越多，在互增便利性的基础上形成了一种良性循环机制。

优步的事业起点美国有很高的银行账户普及率，其中亚马逊所代表的电子商务平台已经存在很久，因此消费者对全新的支付手段和电子商务的需求并不高。

但是，GoJek的事业起点印度尼西亚则是一副完全不同的景象。GoJek从一个将上述服务整合到一个超级应用程序上，成为东南亚地区屈指可数的互联网金融巨头。

压倒性的技术蛙跳效应

跨越式地超越发达国家历经漫长时间实现的技术进步的现象，即技术蛙跳效应（图5-4）。在基础设施尚未齐全的东南亚地区的B2B领域中，蛙跳效应屡见不鲜。

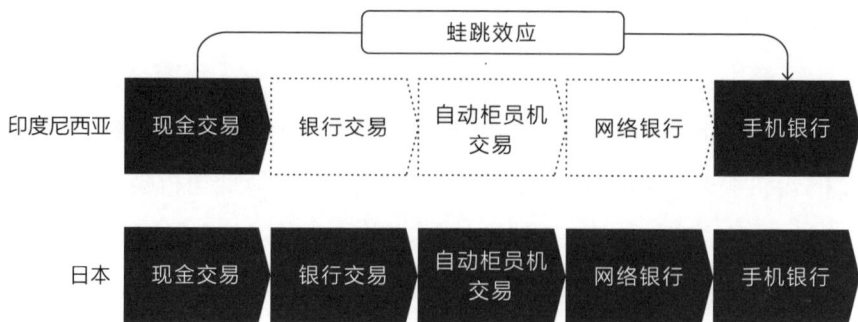

图5-4　基础设置不完善地区的蛙跳效应

发达国家的企业在发展中国家开展业务时，需要探索晚于发达国家的业务领域，容易陷入延续本国发展形态的思维惯性。而新兴市场国家呈现出压倒性的跨越性技术进步。

后文中将要介绍的印度国家身份识别系统阿德哈尔（Aadhaar）曾经一口气普及了数亿人。但是，日本旨在将包括驾照在内的一系列个人信息一体化的个人番号制度（MyNumber），尽管拥有可以通过手机商店即可申请的便捷性，仍旧停留在向国民推广的道路上。

这是因为想要替换现有的使用工具，不仅会引起用户心理上的反感，更会触动既得利益者而招致抵抗势力的反弹。

GoJek在本地化的道路上也在不断地尝试。在雅加达，存在着数量可观的外来务工人员，主要为雅加达的中产阶级提供家政类服务。GoJek开发了一项被称为GoClean的项目，旨在根据客户的时间适时地呼叫清扫员提供家政服务。

除此之外，GoJek开发了可以到客户家中提供按摩服务的GoMassage项目；2019年推出的GoPlay项目开始向客户提供数字节目，而且结合当地的欣赏需求制作本地化的电视节目。

6．第三阶段　开拓多国业务，致力于成长为东南亚屈指可数的独角兽企业

当在印度尼西亚建立了完全的绝对性优势后，GoJek开始将目光投向整个东南亚地区。总人口规模庞大的东南亚，为准备开展多国业务的独角兽提供了迈出第一步的广阔舞台。GoJek利用规模庞大的资金，加速实施开展多国业务的步伐。

撬动东南亚市场的杠杆——节能系统

与解决印度尼西亚的社会性问题一样，GoJek将撬动东南亚市场的起点，放在了解决集中于特定区域的本地化问题上。因为即使迅速实现在其他国家的扩张，也未必能带来良好的经济效益。

究其原因，是由于很多服务对于某些特定的城市或国家是不开放的。例如，无论雅加达的摩的司机多么有组织、多么成体系，对于菲律宾马尼拉的用户来说，都是毫不相关的。

另外，由于东南亚国家的国内生产总值规模相对较小，在其扩大规模成长为独角兽企业过程中，开发海外市场是一种非常有效的积极手段。

为扩大规模而准备充足的资金

从消费者视角看，像GoJek这样的B2C平台，并不需要多家。能够满足生活中所需的全部服务内容的超级应用程序，只要有2～3家就足够了。

但是，从平台角度看的话，留住消费者是关键所在。以GoJek为首的平台在扩张阶段，花费在其他国家的确保消费者数量的市场成本就变成了CSF。

即将在第六章展开讨论的人、物、钱、信息等经营资源是可以替代的。例如，当优秀的人才（人）出现空缺的时候，可以使用机器人（物）进行替代。然而，在所有的经营资源中，资金具有其他的资源无法替代的特征，因此当资金一旦成为重要的成功因素时，很多情况中资金的投入就

会成为唯一的解决方案。或者，转换到不需要大规模资金的商业模式，也是值得思考的解决方案。

在其他国家推进本地化服务时，将资金的管理权归属于母公司

为了实现CSF，GoJek从腾讯、谷歌等投资人处筹集资金，母公司承担着将资金分配到各个国家的分公司的职能。

除此之外，企划和技术也都由母公司统一管理，各个国家合作伙伴的开拓和业务内容的开发都因本地化的推进而迅速发展。

7．小结：基础战中苦苦挣扎的GoJek在竞争中取得优势

到此为止，我们对GoJek在地面战方面中所做的努力进行了介绍。GoJek为提高司机的服务质量而实施了切实的培训，在电子商务方面为预收货款的安全而采取了将商品出售给司机的模式。基于这些在地面战中取得的数据，GoJek的空中战也取得了很大的进展（图5-5）。

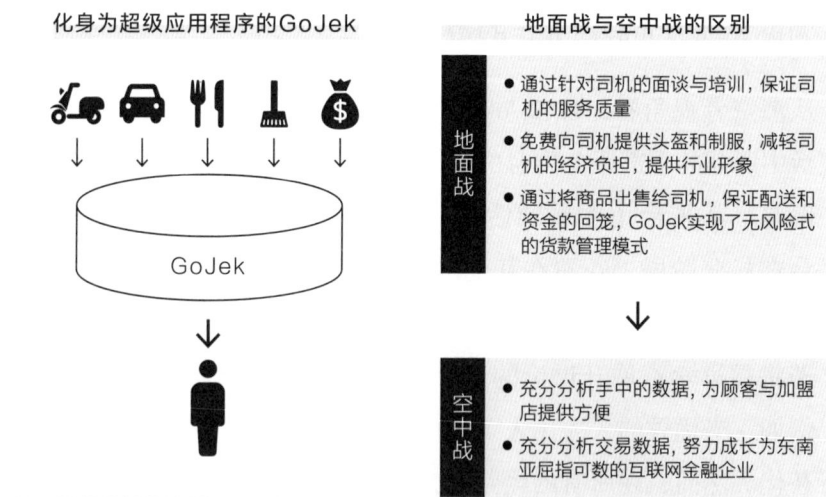

图5-5　化身为超级应用程序的GoJek的经营战略

在印度尼西亚，也曾有其他的很多家企业尝试开展GoJek所从事的共享出行和电子商务等业务，而他们大多过于重视通过信息技术培养空中战能力，而忽视了通过地面战提高服务水平。结果导致在竞争中因无法提供消费者和加盟店所要求的服务品质而被无情地抛弃，最终以失败告终。

日本企业在投资东南亚的过程中，关注点大多停留在初创企业的空中优势，即信息技术及其所背后蕴含着的大数据。可是在东南亚，像GoJek这样搭建针对司机的培训与代收货款的模式等地面战才是更加重要的。

商业环境（价值链、时间）与公司可投入的经营性资源时刻在发生变化。纳迪姆·马卡里姆运用抽象化视角，一边把握结构性课题，一边利用构思网络的外部性与规模效应反复锤炼自己的构想，最终成就了GoJek的辉煌事业。希望各位读者通过上述案例能够掌握和运用本书中阐述的架构师思维能力。

8. 本书中的案例的解读要点

本书除了GoJek还将继续介绍另外四个案例，来帮助读者从三个方面学习架构师思维所需的能力。它们分别是：

（1）不是某个天才提出的发明，而是对现有产品或服务进行重构。

（2）不仅要有谋划，更要身体力行。

（3）阐述四个全局构思的步骤与两个框架模型的使用方法。

（1）不是某个天才提出的发明，而是对现有产品或服务进行重构。

案例分析经常受到批评的一个原因，是案例过度依赖于某个天才而难以复制，例如前文所述的苹果公司的乔布斯和特斯拉的马斯克等。

本书所涉及的案例，其创始者也是架构师。我们希望通过客观地分析他们如何思考和构思各自的事业，帮助读者掌握架构师思维。

（2）不仅要有谋划，更要身体力行。

另一个批评案例分析的原因是认为这仅仅是坐而论道，而不身体力行，付诸实践。商业不仅仅是创意和构思，要通过实践才能获得成功。

优秀的架构师不仅贡献卓越的创意，更要擅长执行。

可是，所谓的执行力，到底是什么概念呢？

执行力是指充分理解商业特征后，设定明确的付诸实践的方针与政策的能力。如果没有方针与政策，仅仅依靠干劲和毅力，会令组织疲惫不堪。

与GoJek的纳迪姆·马卡里姆一样，计划将优步模式复制到雅加达的人大有人在，而真正结合当地情况努力贯彻执行的人几乎没有。

本书还讲述了执行的方法，也是为了方便读者在商业中的应用。

（3）阐述四个全局构思的步骤与两个框架模型的使用方法。

本书在说明案例时，将以第四章中阐述的全局构思的四个步骤为基础（Step 1~4）。

同时，为了更好地帮助读者理解"Step 3：提炼结构·模型化"，我们将针对"价值链·经营性资源矩阵"和"多样性矩阵"两种框架模型展开讨论。

"价值链·经营性资源矩阵"是指以俯瞰全局的视角从抽象的范畴寻找制约发展的瓶颈和思考解决方案而采用的框架模型。

"多样性矩阵"是指为了准确把握抽象化事物和价值链的功能性特点，思考战略性方向和管理方法而采用的框架模型。

或许有读者希望只利用自身独创的构思步骤或框架模型就能掌握架构师思维，对此我们表示理解，但是如果这样做的话，即使读完本书也并非可以立即转化到实践中。

在追求独创性之前，我们建议首先掌握本书介绍的全局构思的四个步骤和两种框架模型。

在此基础上，稍稍应用到实践中，或者增加新的框架模型，都会引起与其他人的显著性差异。

寻找抽象化瓶颈的框架模型

第六章

1. 不能准确把握抽象化瓶颈的解决方案是无意义的

架构师思维在解决问题时，首先要俯瞰全局发现问题，再制订解决方案。在企业中，从现场到管理，存在着数不清的问题。然而，实际上真正需要解决的问题只有寥寥几个而已。本章中，我们将通过抽象地把握全局的方式，介绍能够发现CSF瓶颈的框架模式。

如果不能准确地把握瓶颈而直接制订解决个别问题的方案，不仅不能彻底解决问题，还将导致其他的问题。请看如下的经验展示：

• 为了提高工作效率而引入IT系统，反而因为数据录入而增加工作，不仅没有提高效率，反而因为与原有系统和范围重叠而导致工作现场更加混乱。

• 为了解决离职率偏高而引入成果主义的人事制度，反而危害了团队协作，进一步加剧了离职率。

• 因人员不足而导致项目延迟，项目经理得知后大规模增加新员工，结果适得其反，更加拖延项目的进度。

这些都是没有从抽象角度理解问题本质而直接面对问题，以及优先考虑组织和个人的利益而出现的现象。

2. 万事皆有瓶颈

瓶颈的概念是由经典畅销书《目标》（艾利·高德拉特）提出来而被广为人知的。《目标》一书使用瓶颈解释生产流程，而在现实世界中，万事万物都有瓶颈。

瓶颈就是过程中最脆弱的那个点。我们通过下面的事例，或许能够得到一些启发：考入东京大学的来自地方的学生人数偏低，不是因为他们学习能力不够，而是因为备考时获得的考试信息有限；源自地方性大学的创业型企业迫切需要的不是优秀的商业模式，而是面向海外市场所必需的充足的资金。

理解瓶颈有助于发现问题

前文所述的企业，因为执行了错误的解决方案，将企业带入了错误的方向。这就是由没有彻底掌握瓶颈而直接制订解决方案而导致的。

这个世界中，有很多企业是以为别人解决问题为生计的，如果没有坚强的意志、不能充分理解瓶颈，就无法彻底解决问题，这样的企业将失去工作。接下来请仔细阅读下面的内容：

（1）受中美经贸摩擦的影响，从中国进口零部件出现困难，而转向从越南进口。

（2）受新冠疫情的影响，预计地方城市的价值将上升，在地价上涨之前将办公室从首都核心区搬迁到地方城市。

（3）由于竞争对手A公司引入了人工智能技术后业绩大幅提高，认为自己的公司也应该引入人工智能技术。

所有这些都是政府或企业的宣传语言，发言的内容都是没有任何问题的。他们使用他们独有的表达方式和特殊立场，站在为用户增加选项的角度看，这些发言都是没有任何过错的。问题在于这是囫囵吞枣式的决策方式。之所以这样说，是因为企业的经营性资源是有限的，不能浪费。为了更有效利用有限的经营性资源、提高企业价值，不能盲从服务提供商的说法，而要在正确理解瓶颈的基础上解决问题。

请读者再次思考我们为何将上述三个例子称为典型的反例。

（1）为何从中国进口零部件会成为制造的瓶颈，关于这个问题尚不明确。日本主要的二级供应商正在为替代产品而陷入困境，而且随着时间的推移，零部件的进口会更加困难，在这种情况下，出现瓶颈是完全可以理解的。另外，假如从中国进口零部件遇到瓶颈，那么从越南进口是否更加合适，这个问题也没有明确的答案。

（2）将办公室设置在首都核心区，今后是否会成为发展的瓶颈，这个问题也不甚明确。对于某些行业来说，如果办公室远离首都，可能会导致业务的减少。

（3）引入人工智能系统是为了解决哪种瓶颈问题，尚未有明确的答案。或许竞争对手是为了解决人手不足的问题，而本公司的瓶颈是生产设备年久老化。

3. 价值链·经营资源矩阵构成的三条坐标轴

我们在第四章中曾阐述过，世间存在着数不胜数的思维坐标轴。本章中将要介绍为了发现和解决问题而经常使用的三条坐标轴，分别是价值链、经营性资源和时间。这三条坐标轴都是在经营管理过程中备受重视的分析工具。开展商业活动的环境通常是由价值链（空间）与时间构成的。为了开展商业活动而需要将经营性资源投入这个环境（时空），因此可以称这三条轴是具有很高的普遍性和通用性的坐标轴。

在第八章的案例分析中，我们将使用由价值链和经营性资源构成的"价值链·经营资源矩阵"与由成本结构和附加价值结构组成的"多样性矩阵"两个坐标系，这种方式更易发现CSF中的瓶颈，也更易理解解决瓶颈的过程。

4. 价值链

首先，让我们看一下第一条坐标轴——价值链。价值链的概念是由哈佛大学的迈克尔·波特教授在20世纪80年代首先提出来的，现在是众多企业广泛使用的分析工具。

价值链等于价值的锁链，不等于供应链

价值链，顾名思义，即表示"价值的锁链"，是用于分析在什么位置设置怎样的附加价值的框架模型。类似的概念还有供应链，它表示从原材料到制造、销售等一系列的物的流动过程（物流）。

除了分析企业活动如何增加附加价值外，价值链还可用于分析整个行业的附加价值结构。当用于分析整个行业时，通常将其称为产业价值链（Industry Value Chain）。

价值链的基本内容是企划、生产和销售

价值链的基本内容是企划、生产和销售。如图6-1所示，价值链包含很多流程，而且每个流程还能被细化为更精细的工序。

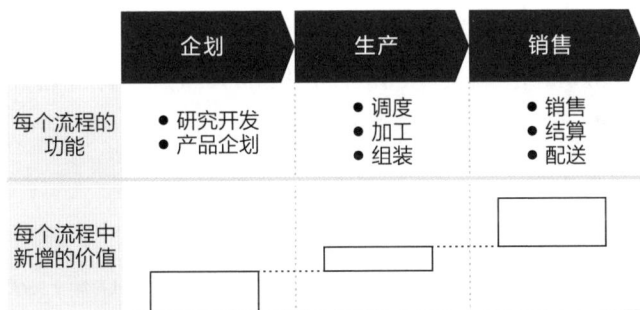

图6-1　价值链的基本内容是企划、生产和销售

例如，可以将生产制造流程分解成调度、加工和组装等工序。每道工序都能增加新的附加价值，因此企业可以通过调度原材料的流动，向客户提供附加值更高的产品。

同时，即使使用相同的原材料，生产企业不同也会导致销售价格不一，这是由于各个企业在产品上附加的价值不同而决定的。

价格不只取决于成本和利润

为什么新加坡寿司店的寿司价格是日本的2～3倍？恐怕很多人会说：新加坡的房价和人工成本都很高，况且生鲜产品还需从日本空运，价格高是理所当然的。

然而，从市场的角度考虑这个问题的话，上述回答是完全错误的。之所以新加坡寿司的价格高，是因为"顾客完全能够接受"。

无论成本多高，如果顾客不认可该商品的价值，是不会支付相应价格的。笔者经常会听到这样的话：我们在产品上投入了非常高的成本，一分钱一分货，我们的产品物有所值。这个理论完全忽略了顾客的观点。

公认的成本率低的高级化妆品和减肥饮料，之所以顾客愿意购买，是因为顾客认可它们的价值。

商品的价值由三部分组成，即功能价值、情绪价值和服务价值。像高级化妆品中，情绪价值占据了整个商品价值的大部分。

如果对比企业的净利润，这个区别更加显著。丰田汽车的销售利润率是8.2%（2020年度），脸书的销售利润率是38.0%（2020年度）。丰田汽车的市值总额为320000亿日元（2021年7月2日），脸书的市值总额为1117000亿日元（2021年7月2日）（资料来源：彭博新闻社）。

丰田汽车拥有近40万名员工和遍布世界各地的工厂。相对而言，脸书仅仅拥有约5万名员工，但全球用户规模超过30亿，为庞大的企业客户群体和私人客户群体提供高附加值的服务产品。

以丰田汽车为首的日本制造商，可以称得上是日本经济高速增长的引擎。我们迫切期待着这些以低廉的成本制造出世界最高水平产品的优秀企业，能够从客户的视角改革价值链，再次席卷世界。

在自己的价值链上寻找优势

分析价值链时最重要的一点是充分理解自己公司在价值链上的优势所在。

例如，通过在线方式将包括书籍在内的众多商品销售给众多消费者的亚马逊，在销售方面有着非常突出的优势。

另外，每个月通过支付一定金额的费用即可将全世界的绘本寄到儿童家里的服务提供商——世界图书馆有限公司（World Library），与同样从事电子商务的其他公司相比，拥有超强的产品企划优势。

行业第二以下的企业在追赶行业第一的企业时，会将行业第一的企业设定为追赶的标准。然而，单纯模仿行业第一企业的所有策略，通常是得不到同样结果的。这是由于每家企业对于自身在价值链上的优势的理解都不同。

在同一个行业内存在的数家企业，每一家在价值链上的优势都是各不相同的。

同样，即使是同一行业内依照相同的标准展开竞争，对于日本企业来说，可以促进最为擅长的QCD领域的改善，但不会引起本书所阐述的在抽象范畴的战略性变革。

相比之下，其他行业中的成功案例和失败案例往往隐藏着变革的启示。因此，有必要从抽象范畴重新把握在价值链上的自身优势。

自身价值链上的瓶颈是什么

其次，为了充分发挥自身优势、提高附加价值，必须重新确定自己价值链上的瓶颈。因为瓶颈是整个价值链上最脆弱的地方。

假设，某家在商品企划方面具有公认优势的家电制造商遇到了制造能力的瓶颈，出现了质量问题，而导致产品不能如期交货。或者，某家拥有生产低价格、高品质商品的能力的企业因为销售渠道的变化而出现了销售的瓶颈。眼前出现的所有问题不需要全部一股脑地着手解决，要在充分理解自身优势的前提下，准确把握瓶颈后再去寻找解决问题的答案。请读者在遇到问题时带着这种思路去寻找答案。

不需要从价值链上直接解决瓶颈问题

通常来说，企划方面的瓶颈则在企划的范围解决，生产方面的瓶颈则在生产的范围解决。

但是，除上述思路之外，还可以从改变价值链上的其他功能的角度解决瓶颈问题。

例如，当生产方面出现瓶颈时，从上游的企划阶段更改产品规格的角度入手解决瓶颈。假设生产过程中需要面对超过1000种的零部件、没有十年的经验无法胜任安装工作等苛刻要求时，大规模增加熟练的操作人员是非常困难的。然而，如果在企划阶段将制造过程中已经固定的组装工序进行相应调整，完全可以消除制造瓶颈。

同理，向不同的客户推销复杂的保险产品时，如果只有精通本地市场的销售员才能胜任的话，那么销售员的培养就会成为瓶颈。在这种情况下，变更商品企划步骤将产品设计成模块化的形式，那么即使不是熟练的销售员也能轻松胜任销售工作。

--- **商业案例** ---

销售业绩停滞不前的销售二部，在价值链上遇到了哪些瓶颈呢？

负责面向企业用户的大荣复印机销售二部，迎来一位新员工——田中。销售二部负责的范围是东京郊区的中小企业，拥有10名销售员和1名事务员。销售二部的业绩与销售一部相比停滞不前，负责人一筹莫展。

大学时代学习市场营销专业的田中，想到了曾经学过的价值链的概念，试图运用价值链模型寻找问题所在。他隐约记得上课时教授曾经说过这样的话："尽可能地简化价值链，不要从业务流程的角度，而是从客户的角度考虑附加价值。"由此形成的价值链就是图6-2所示的内容。

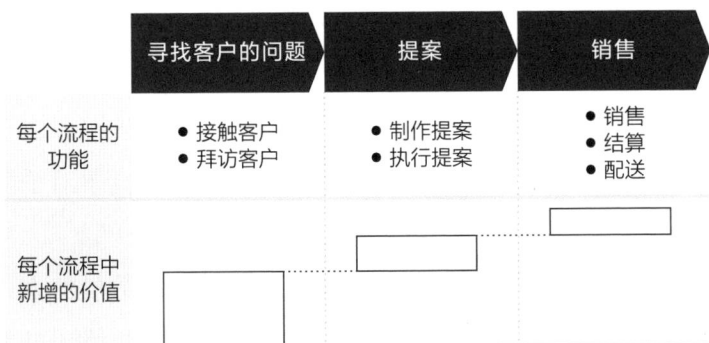

图6-2　田中考虑的价值链

在制作价值链示意图的过程中，田中分别请教了销售二部负责销售的同事、负责事务的同事以及自己对接的客户，总之，尽可能多地倾听来自各个方面的声音。在这个过程中，他发现了这样的一个事实：销售人员与客户之间存在着巨大的认知上的差异。

销售人员认为销售的产品数量有限，比竞争对手的定价高。客户认为比起价格和产品数量，更加注重适合自身使用情况的产品方案。

竞争对手的销售人员定期与客户接触，可以实时地掌握客户的需求。而大荣复印机销售二部几乎从不主动联系客户。到此为止，田中似乎已经找到了当前工作中的瓶颈，即不能准确及时地发现客户的需求。

田中依照教授说过的内容发现瓶颈后，又继续分析瓶颈产生的原因。结果令人大吃一惊，负责销售的同事不是不够努力，甚至加班时长比业绩更好的销售一部的同事更多。而且这些时间大多用于制作产品方案。

田中与负责事务的同事携手完成了改进建议书的雏形，大幅缩短销售人员用于制作产品方案的工作时间。结果，销售人员不仅可以定期拜访客户，业绩方面也得到明显的提高，取得了与销售一部比肩的销售成果。

如果田中没有按照上述方式发现瓶颈而直接试图解决问题的话，会出现怎样的情况呢？我们能够想到这样的剧情：

田中对公司同事关于产品数量少、价格高的说法坚信不疑，考虑通过降价的方式短期内提高销售业绩。毋庸置疑，降价是提高销售业绩最简单、最直接的方式。

可是，解决方案没有触及真正的瓶颈，短期内的确可以实现业绩的增长，但同样的策略是不能复制的，况且一旦降价，竞争对手随之也会降价。

当降低策略失效后，田中还会准备采取增加产品数量的方式与对手展开竞争。但是，这个想法偏离了根本性解决方案，最终还是无法解决问题。

因此，发现瓶颈所在，就意味着找到了着手点。可以说，从发现瓶颈开始解决问题是架构师不可或缺的能力。

练习题　单位中的瓶颈

无论你处于哪种类型的单位，应该都遇到过被交办的工作延期交付的情况。你是否考虑过造成这个问题的瓶颈是什么呢？

同时，为了消除瓶颈，你可以采取的措施有哪些？

（提示：在纸上勾勒一下当前工作的价值链，试着分析你可以增加附加价值的步骤有哪些，以及价值链的瓶颈是什么。）

---

5. 经营资源（人、物、钱、信息）

本节中我们看第二条坐标轴——经营性资源。学界关于经营性资源的定义有很多种，本书中采用日本常用的人、物、钱、信息的模式展开讨论。

上一节中，我们从价值链的角度分析了瓶颈问题，接下来我们再沿着人、物、钱、信息的角度继续分析产生瓶颈的原因。在展开论述之前，让我们首先看一下本书对于人、物、钱、信息的定义：

- 人：企业控制的人才。
- 物：企业控制的工厂、设施、库存以及IT系统。
- 钱：企业控制的资金。
- 信息：企业控制的信息、技术与专业知识。

经营性资源驱动商业活动的运转

一切商业活动的运转都依赖经营性资源的投入。资源枯竭时事业将无法维系。正如劳动密集型、资本密集型等概念表述，事业类型不同，经营性资源的重要程度也各有差异。

例如，笔者参与共同经营的IGPI公司通过咨询师（人）与其积累的专业知识（信息）创造价值。此外，IGPI为了创造更多的价值而进行投资，因此"钱"也是重要的经营性资源。另外，由于IGPI不生产也不销售任何商品，因此不用有任何"物"。

同时，即使提供类似服务的企业，所拥有的经营性资源也不尽相同。同样都是深耕于电子商务领域，亚马逊拥有众多物流中心和世界范围内数量超过100万人的庞大员工群体，"物"和"人"的重要度显而易见，而相对而言，以向加盟店提供市场交易平台为中心的乐天则与之大不相同。

经营性资源的可替代性

经常被忽略的一点是，经营性资源相互之间可以代替。即便是人员不足时，也未必需要努力招聘，补充人手。如果将原来由10人完成的业务进行规范化处理，提高工作效率，压缩成由5人即可完成的话，也意味着实现了用信息替代人的过程。

同样，在劳动密集型的制造工厂，实施自动化降低人的参与度，等于实现了用物替代人的过程。

另外，经营性资源可以在世界范围内实现共享，自己公司缺少的资源可以从资源过剩的公司获得。

自己公司的经营性资源的优势有哪些

不同企业的经营性资源的重要性也不同。历史悠久业务增长稳定的大企业中，最丰富的资源莫过于"钱"和获得的专利许可（信息）。

由三名合伙人刚刚创立的新企业没有上述两种资源，但作为崭新的企业，他们在商业创意（信息）方面或许会远远超过大企业。

分析自有经营性资源的优劣势可以帮助企业强化优势，补齐短板。

例如，资金雄厚的大企业收购创业型企业的目的，通常的是利用钱购买专业知识（信息）。而创业型企业则利用自己的优势，即专业知识，换来自己的短板——资金。

自有经营性资源的瓶颈是什么

经营性资源也是有限的资源。而稀缺性资源由于暴露在竞争对手面前而难以获得。因此，想要获得是需要下点功夫的。

然而，需要下什么样的功夫呢？那就是结合价值链上的瓶颈进行综合而全面的考虑。

在价值链上产品开发能力（企划）方面拥有优势的企业，如果想强化对消费者直接销售的渠道，既可以通过招聘或培养本公司人才，也可以通过支付费用收购掌握相应渠道企业的方式。

曾几何时，很多日本企业都以拥有包括员工疗养设施在内的众多资产而感到自豪。

随着泡沫经济的崩溃，在紧随而来的平成衰退中，出现了一波资产抛售潮。可是，这并不意味着应该随便出售一项资产。

这种情况下，即便是价值链上依然保持优势但不再需要的资产是完全有必要出售的。致力于强化销售能力而将销售工作全部交给外包公司，恐怕会有失去已经培养起来的优势的风险。

── 商业案例 ──────────────────────────────

在日本东北地区经营连锁餐饮店佐藤食堂的佐藤社长，面对人手严重不足的状况，应该如何应对呢？

──

作为佐藤食堂的第二代经营者，佐藤社长在东北地区掌管着50家分店。基于上任社长树立的重视家常菜的经营理念，所有员工为家庭主妇，并在各个分店中负责全部菜肴的烹饪工作。

但在进入2010年后，由于劳动力不足，分店中人手紧张的状况日益加剧。通过增加工资可以暂时留住员工，可是随着前期劳务成本的压力，出现赤字的店铺不断增多，佐藤社长迫不得已决定到年度末关闭10家店铺。

佐藤社长在梳理脑海中的思绪时，对现有的经营资源进行了整理（图6-3）。由于遵循上任社长在泡沫经济时代积累的经验，公司除了本公司的核心业务之外没有进行任何其他方面的投资，因此在资金方面尚保持一定的周转能力。

另外，无法控制的赤字正在不断侵蚀整体业务，使得业务的维持举步维艰。

接下来，佐藤社长针对回头客进行了相应的信息采集。光顾佐藤食堂的顾客以单身人士居多，"佐藤食堂的菜肴能让我感受到家的感觉""相比其他快餐店，佐藤食堂的位置非常便利"。

其中的一条意见令佐藤社长颇感意外："菜肴的味道与是否是手工制作的关系不大。"

人	因劳动力不足，以家庭主妇为主的员工结构也开始难以维持稳定状态
物	● 拥有50家分店 ● 分店没有特殊设备
钱	尽管分店的赤字化现象日益严重，但得益于过去的积累，在资金方面还有一定的周转能力
信息	在店铺经营与菜单更新方面采取简约化方式，没有积累特殊的专业技能

图6-3　从四个经营资源开始思考

上任社长坚持在店内手工烹饪菜肴的遗训是佐藤食堂引以为傲的优势，但现任的佐藤社长开始思考：这个优势是否要继续坚持。

佐藤社长与财务部长测算得知，如果设置中央厨房，每家分店的员工数量可以平均减少5人。由此，不仅可以改变店铺的赤字状况，中央厨房的成本优越性还可以大幅提高整个公司的利润率。

佐藤社长迅速行动，在引入中央厨房后的第一个会计周期内，实现了赤字分店的清零。而且，通过中央厨房的功能，还可以在偏远地区开设小规模分店。

倘若佐藤没有从以物（引入中央厨房）换人（员工人手不足）的思路入手考虑解决问题的方案，将是什么样的结果呢？

如果仅仅为了确保员工不流失，最简单的方法就是不断地增加工资。当然，员工的构成也可以从家庭主妇转换成留学生，未尝不是一个好办法。

然而，提高工资会侵蚀利润，不能一直执行。如果雇用留学生导致菜肴的味道和服务的质量出现变化，恐怕会有回头客流失的危险，这是得不偿失的。

> **实习问题 | 与竞争对手做比较**
>
> 　　请分析你所在公司的竞争对手，与之相比，你的企业在经营性资源方面的弱势在哪里？为了弥补这些弱势，可以采取哪些措施？
>
> 　　（提示：首先将手里的经营性资源列为清单，再从弱势和优势的角度分别考虑。）

6. 时间轴

　　在本章的最后一节中，我们讨论一下时间轴的概念。在开展业务时，尽管时间轴是与价值链（空间）同等重要的构成商业环境的核心概念，但还是会有人忽视这个问题。

　　与人一样，企业也会发生变化。曾经面向消费者开发出划时代产品的企业如今不再具有研发崭新产品的能力，或者不能再承受原有的风险等现象，都表明随着时间的流逝，企业衰老了。

　　同时，企业周围的环境也随着时间的推移而发生变化。笔者2010年开始在东南亚开展业务时，东南亚智能手机的普及率还非常低，不通英语的国家还很多。然而，经过短短10年的变化，现在满大街都是手持智能手机的人，商务英语也达到脱口而出的程度了。不仅出现了很多日本没有的超级应用程序，甚至在很多行业中，数字化转型的程度已经远在日本之上（图6-4）。

将过去、现在、未来的概念挂在心头

　　考虑时间轴的概念时，不光要考虑现在与未来，更要从过去、现在、未来的角度通盘考虑。世间的变化与事物的发展都是连续的，不熟悉过去，则无法预测未来。当既有的基础与习惯已经形成稳定的环境时，变化是需要时间的，如果没有前时代的遗留物（与当前时代不相称的遗产），

	过去	现在	未来
自身的变化	首次在东南亚拓展业务	为了适应突如其来的竞争对手，积极转换商业模式	公司内部制定各种规章制度，内向型业务增加
环境的变化	• 随着东南亚地区城市化的推进，中产阶级开始增加	• 随着智能手机的普及，网络活动呈现爆炸式增加 • 同业统治竞争加剧	• 受新冠疫情影响而加速数字化转型 • 参与跨行业竞争

图6-4　随时间变化的示例

就容易出现蛙跳效应。

在日本，Suica①等非现金支付方式诞生已久，时至今日仍旧以现金交易为中心。相对而言，没有银行账户的东南亚消费者却把钱存到电子钱包中，频繁实施数字交易。

在雅加达，由于严重的交通拥堵，连锁型商业模式普及率非常高，但随着GoJek的崛起，消费者可以不去便利店，通过网络购物即可买到想要的商品。

另外，在东南亚各国普遍存在家庭式杂货店和支撑其运营的多重化供应链已经成了前一时代的遗留物，在新的物流系统面前，成了绊脚石。

此时，对于家庭式杂货店来说，如果未经整合或数字化改造，即使采用最先进的冷链物流网络或由物联网搭建的大型仓库，对其来说也毫无意义。这是家庭式杂货店所面临的瓶颈。

企业需与时俱进

企业也应该与时俱进地向前发展，因为发展的趋势是不可逆的。这一点我们已经在《企业的衰老是不可逆转》一书中详细阐述（细谷功，亚纪书房）。

① Suica，JR东日本铁道公司发行的支付品牌，类似公交地铁一卡通。在日本，每家铁路公司均拥有属于自己的一卡通品牌，但没有一家能够达到垄断性地位。——译者注

初创期的创业者会将注意力更多地放在解决客户的问题上，而当企业发展到一定规模后，精力将逐渐转移到竞争上面。为了在竞争中取得优势，企业会采取各种措施录用优秀员工，并且为了留着这些人才而引入更多的制度。这些措施会导致企业加速成熟，企业今后的思考对象也将以内部事宜为中心。

大公司出身的人跳槽到创业型公司后，会引入各式各样的人事制度，搭建新的管理架构，从而导致企业失去活力。这也是为何一旦被大公司并购，创业型公司的决策机制会比并购自己的大公司还要迟缓的原因。

值得关注的一点是，与人一样，企业也会衰老，伴随着成长的过程中，每个阶段使用的管理方式与需要解决的问题也是各不相同的。

同时，这个趋势是不可逆的，只能推迟老龄化的速度，永远也回不到朝气蓬勃充满活力的年轻时期了。

考虑产品生命周期

企业创造的产品从进入市场开始到退出市场为止的过程被称为产品生命周期。

即使通过各种手段不断提高自家产品的价值，随着竞争对手不断推出新产品，或者客户自身需求消失，产品一旦跨过成熟期后，迟早会步入衰退期。

在经济高速增长期，产品生命周期比较长，日本企业利用新兴市场的成本优势生产在日本市场销售的产品的方式，实现了在世界范围内的市场扩张。

然而，随着信息化和全球化浪潮的推进，产品生命周期正在逐渐缩短。

如前文所述，没有遗留物的新兴市场国家，比发达国家更可能实现飞跃式的技术进步。

不随时间改变的价值是否存在呢

读到此处，或许读者会想：老化对大企业有没有影响呢？答案当然是否定的。随着制度的增加、经验的积累，大企业可从事的范围会缩小，执行速度也可能不如创业型公司。

据统计显示，新创立的企业，超过九成在十年后都会倒闭，因此要想在生存竞争中存活下来，首先要在激烈的市场竞争中脱颖而出。

笔者曾参与多家创业型公司的经营，而今也正在东南亚地区从零开始发展新的事业。组织结构简单，没有复杂的制度，决策速度快，透明度高。

但是，与竞争对手相比，我们没有雇用太多的东南亚本地的员工。这是不是意味着我们已经输了呢？答案当然是否定的。正因为没有各种稀奇古怪的干扰因素，我们可以更加灵活地与其他创业型公司和专业农场建立合作关系。

总之，大企业有大企业的优势，创业型公司有创业型公司的优势。

大企业能够在残酷的生存竞争中存活下来的优势，不可能随着时间的推移立即退化，同时来自客户的信赖与品牌力也不是像生产技术一样通过一朝一夕的努力就能模仿的。如果在思考应对方案时常将这些问题置于脑海之中，即便是新手，也能在市场竞争中取胜。

—— 商业案例 ————————————————————

请思考智能手机的出现对汽车产业造成了哪些影响。面对五年后的市场，今天该做哪些准备？

————————————————————————————————

在日本，共享出行并不普及，读者可能很难理解其深远意义，但在国外，像前文所述的GoJek和优步等已经大规模普及，让我们对汽车的所有权这一概念有了全新的看法。

打开共享出行应用程序，输入所在地、目的地、车型（特惠/专车、普通司机/优质司机）和支付方式等条件后，立即能看到服务车辆。

乘客收到车辆到达的时间后，可以按照对应的时间走到与车辆汇合的地点，坐上车后到达目的地。如果选择信用卡支付，乘客最后需要做的仅仅是下车。

这让乘客摆脱了驾驶汽车的所有麻烦，如购买保险、进行年检、找停车场、洗车等。

当然，也不是说不需要买车，但的确，除了使用汽车频率极高或者喜欢开车的消费者之外，其他消费者的汽车购买率会降低。

与智能手机出现的5年前或10年前相比，汽车生产厂商面临的环境已经发生了巨大的变化。

接下来我们再想象一下5年后的情形。共享出行的规模和服务水平都会进一步扩大，自动驾驶也会对共享出行产生重要影响。

自动驾驶的实现将颠覆现有的所有汽车概念。未来，自动驾驶汽车只需要座椅和外壳等，至于方向盘、离合器、刹车、倒车镜等传统汽车必不可少的设备将全都变成历史。

在共享出行的发展上可以预测的是，共享出行将改变传统的出行工具的形态，驾驶员也会消失。

总之，从消费者的视角看，自动驾驶技术将彻底解决司机服务水平的不均衡。

同时，自动驾驶技术的进步还将大幅降低因路况不熟而导致的绕路和激烈驾驶等现象。

那么，这些变化将对汽车生产厂商造成怎样的影响呢？汽车的形状与功能将大幅改变，使得他们不得不重新考虑价值链上的企划、生产、销售等每个环节的作用。公司内部的职能自不必说，对其背后庞大的供应商群体的要求也将发生巨大变化，因此需要从根本上重新规划，即结合未来的方向性，将价值链与投入的经营性资源重新整合。

架构师根据整个社会的动向构思未来

接下来，我们再看看架构师思维对汽车之外的产业将产生怎样的影响。在以配送服务为主的餐饮外卖行业，因配送人员的不足而导致的高成本造成了从结构上很难创造利润的弊端。

但是，如果实现自动驾驶，配送人员的问题将不复存在。我们曾经说过，GoJek还提供上门按摩服务，不需要特别运输技术辅助的商品和服务，可以不在店铺里销售，而是直接送到消费者的家中完成消费过程。

倘若能够自由设计汽车的形状，可以更加灵活地分配移动时间的话，现有的服务内容如卡拉OK、在线培训、工商管理硕士、红酒教室等服务，可以有效地提高利用率。

不须乘坐观光大巴即可在家门口体验全国各地的温泉服务也是值得期待的。将温泉装进大巴，根据用户的声音自动判断用户的位置，用户足不出户即可体验地道的温泉服务。

当然，停车场也将不再需要，所谓的人口过疏现象也将消失不见。高龄人群因驾车困难引起的独居生活等相关问题将显著减少。日本的人口过疏现象，虽然不能与人口密度同样低的澳大利亚相提并论，但与之相关的社会问题都能得到解决。

从这个角度看，汽车制造商当下除了将自有工厂和旗下制造商进行整合和兼并之外，还有很多值得尝试的工作。例如将已有的项目继续推进、与共享出行公司合作、开发面向高龄人群的服务、收购过疏地区的土地、开发在线教育的内容、与旅行社合作等，有各种值得尝试的机会。

换个角度，如果不使用架构师思维，在原有的延长线上，思考五年后的情形应该是怎样的呢？如果从提高现有车辆性能的角度出发，为了提高驾驶的安全性应该开发怎样的传感器和算法、随着设计的更改需要调整零部件而导致应该怎样平衡供应商等问题，恐怕还将是讨论的主要方向。

架构师的视角不能仅仅局限于本公司的价值链上，还需放眼整个行业，甚至可以超越行业界限，从整个生态系统的价值链构思未来。

关于架构师需要跳出并且抛弃行业界限的论述前文已有说明，请读者参考。

练习题 | **新冠疫情过后的事业模型**

　　新冠疫情对外卖店、干洗店、学校、健身中心等行业的影响怎样？如果为了三年后能够继续延续事业，需要当前做怎样的业态转换？

　　（提示：受新冠疫情的影响，人们无法直接去实体店消费，取而代之的是商品和信息的移动。新冠疫情常态化的世界，新的瓶颈是什么？）

---

7. 整合解决方案

　　事物的解决方案从来都不是只有一个，通常都是有很多个的。而如何从众多的解决方案中挑选出一个最合适的关联方案才是最重要的。寻找关联方案需要最大限度地利用价值链和经营资源矩阵，整合所有的解决方案。

随心所欲地使用价值链和经营资源矩阵

　　在由价值链与经营资源矩阵所组成的坐标系中，必要时可以加上第三条坐标轴——时间。

　　寻找关联解决方案过程中，可以按照图6-5所示的As-Is（现状分析）与To-Be（解决方案）的关系图，分析每个问题，寻找相应的解决方案。

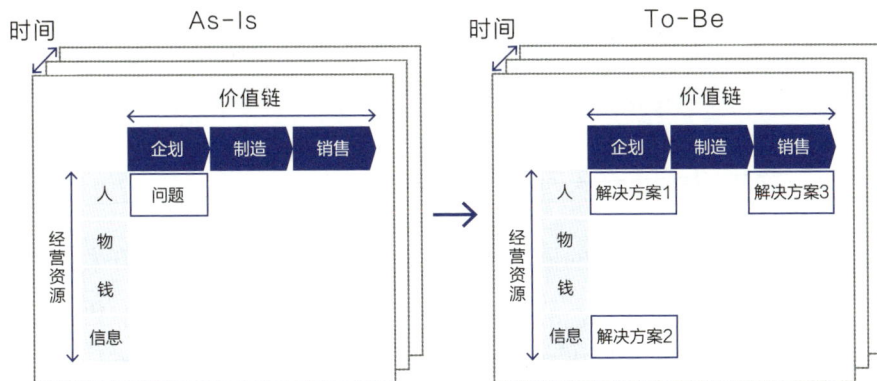

图6-5　价值链与经营资源矩阵

下面，我们将针对每个图中的每个部分分别展开说明。

假设家电制造商的企划人员的开放能力比其他竞争对手弱，销售额低。

直接解决现有的瓶颈

图6-5中的解决方案1是直接解决现有瓶颈的有效措施。例如，通过竞争对手直接挖人的方式解决企划人员的不足，通常是最有效的解决方案。从其他部门调动人手进行补充也是可以考虑的。甚至还可以与大学合作，从学生中挑选符合公司需求的企划人员，这也是值得尝试的方案。

变更经营性资源的组合

如图6-5所示，解决方案2是变更经营性资源组合。在这个案例中，通过补充信息弥补企划人员的不足是可行性方案。

例如，从咨询公司购买技术就是一个有效的途径。除此之外，利用大数据分析用户的特点等方式也值得思考。

重构价值链

解决方案3是超越价值链功能的解决方案。如果最终想解决的是销售低迷的问题，那么在保持产品不变的基础上，从竞争对手直接挖走优秀的销售人员可以作为一种解决方案。

另外，如果自身价值链上的优势在于销售的话，则放开公司内部的企划和生产，单独强化销售一项即可。

考虑跨越时间的解决方案

寻找解决方案，时间的概念非常重要。从强化企划人员、开发优秀产品，到实现销售额的增长，消耗超过一年的时间是司空见惯的。因此，短期内增加销售人员，增加代理点，刷新广告内容等方式，效果更加直接和有效。

因此，通过伸缩时间轴可以控制解决方案的辐射范围。在提高销售额上，采取收购竞争对手的方式，结果是显而易见的。

如果已经发现了收购对象，可以结合实际情况在半年之内将其纳入自己麾下。根据产品规格每三年更改一次的商业习惯，舍弃既有产品、开发合适的新产品可以实现经营性资源的有效分配。

评估解决方案

将众多的解决方案整理之后，需要将其按照优先顺序进行排序。

放在最优先位置解决方案应该具有如下两个特点：有效、可行性高。

（1）有效意味着在哪个时间轴，可以得到哪些结果。具体来说，在本案例中，预计一年之内销售额增加10亿日元。

（2）可行性高意味着实现第一个特点的概率是多少。即使采取从竞争对手处挖人的策略，在相对封闭的行业环境中，有限的竞争对手数量也将使策略的可行性大大降低。

同理，收购也是一样，没有收购对象企业的股东的同意，收购将无法完成。

从抽象角度把握行业特性的框架模型

第七章

1. 从抽象角度把握行业特性

本章将介绍从抽象角度把握行业和价值链功能的特点，规划战略性方向和管理方式的框架模型。

如果不从抽象角度把握行业特征直接开展业务，恐怕最终将以公司上下努力奋斗却看不到任何回报的结果收场。想必，读者朋友会有如下的经历：

- 菜品尚佳、服务一流的人气连锁美食店分店遍布全国各地，却因经营不善而一夜之间闭店停业。
- 看到其他公司多元化做得风生水起，也命令自己公司的超一流员工拓展全新业务，结果几年时间里毫无起色，黯然收场。
- 按照人事咨询公司提供的经营本地化的建议，给予全国各处的工厂厂长非常高的管理权限，结果却是库存大大高于往年，生产成本也不断攀升。据此得出工厂厂长的能力不足的结论，工厂厂长的管理权限被再次剥夺。

上述案例，都是由于没有从抽象角度把握行业特征，直接考虑战略方向和经营方法而导致的。

2. 经营的目的不是仅仅追求销售额的提高与市场份额的扩大

衡量管理业绩的指标已经进化成包括销售额、市场占有率、营业利润以及现金流和经济附加价值（EVA）等数据在内的复杂概念，为了便于理解事业的特点，需要上述概念分开使用。

销售额和市场占有率的扩大可以提高利润率，提高企业价值。除此之外，除了规模，还有通过提高运转率增加利润率的行业。

同时，经营者不仅要分析成本，更要从顾客角度分析附加价值。因为生产大量而单一的同一种商品，与按照区域划分实施本地化销售策略，其背后的战略性方向是大相径庭的。

本章将按四种分类方式，分别介绍战略性方向与管理方式。

优秀的领导者实施自上而下的决策方式，有效但不简单

类似优衣库的制造零售业（SPA）和外卖连锁等业态，有一位优秀的战略领袖和一位能够在现场坚决执行领袖思想的优秀店长，即可让事业在全球范围获得成功。

在这种业态中，在现场可以做出战略性决定和分析复杂的数据，但现场会非常混乱。

另外，也有一些需要限制领袖与总部的职能、甚至需要在现场进行战略决策的业态。对于这种业态，如果总部过度干涉，就会导致现场失控。

在本章中，关于经营方法也将沿着四种类型展开讨论。重要的是与自身行业相结合，将其分为战略性决策和行动性决策，明确组织的功能。

3. 构成多样性矩阵的两条坐标轴

本章将利用图7-1所示的多样性矩阵作为框架模型面向全体行业，介绍如何定义价值链上的每项功能的方向性与经营方法。

本书中使用的多样性矩阵是在C. K. 普哈拉（C. K. Prahalad）与伊夫·卢西恩·杜茨（Yves Lucien Doz）提出的一体化-本地化框架模型的基础上制作而成的。

多样性矩阵用于通过分析行业分成成本（纵轴）与附加价值（横轴）

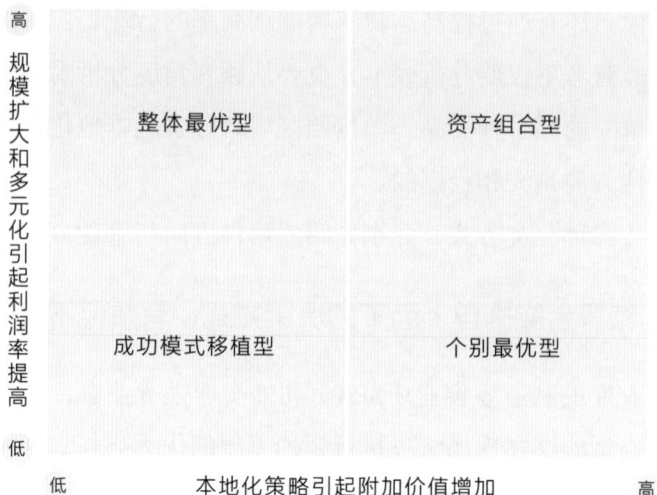

图7-1　多样性矩阵

两条坐标轴，最终将行业或功能的特性类型化。

这个框架模型可以根据行业或功能的特性，在执行战略性方向时从抽象角度把握经营方法。由于可以从抽象角度把握特性，这个框架模型是架构师思维从竞争对手，甚至是从其他行业引进成功案例时都不可或缺的工具。

4. 扩大规模和推进多元化提高利润率

多元化矩阵的纵轴表示因规模扩大和多元化而提高利润率的可能性。纵轴的高度代表因事业规模的扩大或多元化而引起的成本降低的范围。

成本构造因行业不同而不同。通过集团整体的功能整合可以降低成本，大体上可以分为两类：第一类，因扩大同一事业的规模而降低成本的规模效应，例如汽车制造业；第二类，基于现有资产而开展多元化经营而提高利润率的范围效应，例如电子商务业。

以上述两个行业举例，并不是说其他的行业扩大规模或推进多元化就不好，而是因为其他行业即使扩大规模或推进多元化也看不到成本上的优势。从这个角度看，上述两个行业可以成为我们讨论的对象。

规模效应的代表——汽车制造业

很多读者对于规模效应一词已经是耳熟能详了。从事咨询顾问的人经常使用这个词，但真正理解其含义的人并不多。同时，这个世界上，规模效应有效的行业并不多，我们将这些行业整理如下：

例如，汽车制造商的工厂里，随着机械化的普及，产量越高，平均到每台设备的制造成本就越低。在金融业也存在类似的现象，购买同一款金融产品的客户数量越多，每位客户所承担的商品开发成本越低。

成本可以分为两种类型：一种是共同成本，另一种是专属成本。

共同成本是指事业整体共同承担的成本，专属成本是指每一个别要素所产生的成本。

规模效应有效的行业是指相对专属成本，共同成本所占比例更大，共同成本所占的比例越高，规模的效应越明显（图7–2）。

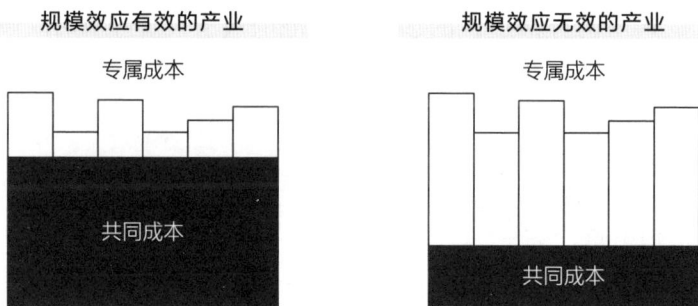

图7-2 规模效应有效和无效的产业的成本

例如，为了生产某种产品而对生产线进行的投资属于共同成本。为了生产某个产品而付出的费用属于专属成本。

如果仅生产一个产品，共同成本全部有这一件产品承担。如果生产

100个产品，那么共同成本由100件产品平均分摊。

除此之外，某家在全国拥有50个营业据点[①]的企业，总部的成本是共同成本，而每个营业据点产生的成本属于营业据点的专属成本。

如果共同成本的比例小于专属成本的比例，则规模相应在这个行业中是无效的。

大规模采购时所享受的折扣优惠经常与规模效应相提并论，这两个概念需要区别对待。

折扣优惠是因大规模采购，在与供给方谈判时获得谈判优势，进而可以降低成本，而专属成本不能因为被分摊而降低成本。

范围效应：因多元化的推进而提高利润率

例如富士胶片将其积累的研发能力投入大化妆品领域，利用范围效应实现了多元化，使原有事业与成本实现了共享化。

如果一家毫无研发能力的企业想要进军化妆品市场，要么招聘新的研究人员，要么与拥有研发能力的企业合作，这些都是业务拓展时的必经之路。

然而，亚马逊还可以向其在销售图书时积累的顾客出售家电和日常用品，这是共用销售渠道式的多元化，范围效应发挥了作用。无论是购买图书还是家电，只要是停留在这个渠道内的，就不需要重新开发新的顾客。

另外，在谋求利用多元化提高利润率的同时，也会产生一些不利因素，需要特别留意。

例如生产高级化妆品的企业利用公司现有的研发技术准备生产面向普通消费者的健康饮料时，可能会对现有的品牌造成影响，造成原有消费者的流失。

同时，综合企业需要特别留意多元化是否会对企业的独创性造成影响。

---

① 营业据点包括分公司、办事处、营业所等。——编者注

日本在战后的经济高速增长期，将资本和经营型人才等稀缺资源实现公有化而推进了综合企业化，但这些不应该是发达国家采取的战略。

不适合通过扩大规模和多元化提高利润率的行业

当某项事业取得成功后，为谋求新的生产基地或消费市场，很多企业通常会面向全国乃至世界拓展业务，然而，这种策略正确吗？

是不是每个行业都有必要追求规模化和推进多元化呢？

从成本结构的角度看，答案是否定的。

因为还有很多不会因规模扩大和多元化推进而提高利润率的行业。

被误解的密度经济适合很多行业

不会因规模扩大和多元化推进而提高利润率的行业中，有一种是密度经济行业。

密度经济是指通过增加单位面积上产业活动量而提高利润率。

无论是在全日本还是全世界的范围内开展业务，这种行业都不能提高利润率，因为这种行业看重的是增加单位面积范围内的产业活动量。最为典型的是以便利店为代表的零售业。

增加单位面积产业活动量的方式主要有两种：一种是增加单位面积范围内的营业网点数量，另一种是增加单位网点的客流量。

首先，我们分析第一种方式，即增加单位面积范围内的营业网点数量的典型代表——便利店。

7-11便利店刚刚进入日本市场时，仅仅在东京开设了47家分店，且分店的规模很小。从为了完成每天三次的商品配送所需的仓库与卡车数量来看，过于分散的店铺选址将导致效率非常低。

第二种方式，即增加单位网点的客流量，只能用于人口密度高的区域。人口密度高的东京与人口密度低的北海道，单位店铺的客流量之间存在巨大的差距，由此导致单位顾客的销售成本之间也存在巨大的差距。

要求将原材料和商品配送至各个营业网点的行业在扩张经营网络时，需要同时考虑上述两种方法。而配送物品较少的行业，可以着重考虑第二种方式。

后者如电动汽车的充电设施以及移动通信的服务基站。如图7-3所示，我们将代表性行业汇总到一起。

通过这种方式，我们可以很容易联想到身边的符合密度经济的众多行业。

需要物的移动的行业 ①重视单位面积范围的网点数量 ②重视单位网点的客流量	不需要物的移动的行业 ②重视单位网点的客流量
● 连锁式便利店　● 连锁式洗衣店 ● 连锁式外卖店 ● 连锁式药房	● 移动服务（网络基站）　● 派出所 ● 电动汽车（充电设施）　● 消防队 ● 健身中心　● 培训机构

图7-3　密度经济的行业分类

强调运转率的行业重视模块化的微观管理

强调运转率的行业也是一样的，即使扩大规模或者开展多元化也很难实现利润率的增加。

例如，像IGPI这样的咨询公司，提高每位咨询顾问的平均工作效率非常重要，无论是一个人运营的咨询公司，还是拥有数千名员工的咨询公司，这个道理都是适用的。

咨询公司的成本几乎全部来自人工费用。因此，即使推进全球化，也不能起到降低成本的效果。

类似的行业还包括航空业和出租车行业。这些行业很难通过扩张全球化业务规模或者多元化而得到预期的利润，当航空公司想要提高利润率时，需要计算一架飞机，乃至一条线路的成本预算。

按照价值链的功能，扩大规模和推进多元化提高利润率

前文中，我们探讨了能否以产业为单位，通过扩大规模和推进多元化而削减成本的可能性。

但是，每个产业链的功能所对应的成本结构之间存在巨大的差异。因此不能将所有的行业一概而论，而需要按照产业链功能的不同分别把握每个产业的特点，进而确立发展战略。

以汽车业为例，生产与研发领域中，可以采用规模效应的方式通过扩大规模实现利润率的增加。而对于销售与维修领域，这种方式不见得有效。因为销售与维修属于劳动密集型产业，增加利润率的方式应该是追求个别的优化，而不是整体规模的扩大。

商业案例

一个在全国拥有50个营业据点的大企业在日常运营中，营业据点遇到下面的困境：尽管已经定期向管理企划部门提交了报告，但仍旧需要答复来自总部各个据点的零零散散的问题，致使没有充足时间应对客户的咨询。面对这个普遍存在的问题，作为总部的管理企划部门的负责人，需要采取哪些措施？

这是在协调总部与营业据点之间关系时，经常遇到的问题。财务是财务，人事是人事，IT是IT，都按照各自的逻辑，要求各个营业据点提交相应的数据信息，营业据点的负责人为了应付这些事务类的工作不得不花费相当长的时间坐在电脑前准备相关资料。

解决这个问题需要用到范围效应。既然经营企划部门已经从各个营业据点得到了定期的报告，说明相互之间沟通的渠道是畅通的。如果可以利用相同的渠道提供满足其他方面需求的信息，则不仅可以使总部的其他部门与营业据点在针对个别问题时产生的成本实现共享，还可以通过填写固定形式的

报告解决其他方面的疑问，从而有效减轻各个营业据点的工作负担。

企业的一切活动都会产生成本，因此需要时常将事业经济性的概念放在脑海中。同时，因为产生成本，还需检验随之而来的附加价值。

由人事制度、薪酬制度、从业规则、IT系统等众多习惯性规定组成的管理制度正在加速公司的老龄化，因此对这些制度的定期更新重置乃至断舍离都是有必要的。

各个部门自认为好而引进的各种制度，正是导致公司老龄化的原因。这样的说法或许有些讽刺，但自上而下整理这些制度也是架构师的职责。

那么，如果架构师缺位，应该采取怎样的解决方案呢？最常见的处理方式是，为遍布全国的50个营业据点配备负责人助理，或者引进能够满足整个部门需求的全新IT系统。

练习题 | **电动汽车**

假设你是电动汽车公司的负责人，你会优先开发日本市场还是澳大利亚市场？

（提示：电动汽车的普及离不开充电设施的配置，充电设施的配置符合本节所阐述的哪种性质呢？）

---

5. 推进本地化提高附加价值

推进本地化提高附加价值的潜力取决于根据地域细分或对象细分而实施本地化策略能够给顾客带来多少附加价值。本节中将按照价值链的每个职能展开详细的说明。

企划职能的本地化

前文中我们解释了价值链分成三个部分，即企划、生产和销售。在最初的企划职能中可以包括产品企划和研究开发等内容。

由于企划职能的本地化，可以从区域细分或对象细分的角度进一步将客户的需求差异化。

例如，联合利华与可口可乐等生产消费性产品的制造商，在全世界范围内拥有具有开发商品等职能的机构。日用家电制造商大多也开发适应当地生活习惯的产品。

而对于电子产品企业和汽车制造商来说，他们的企划职能很难因本地化而产生差别。

半导体制造商一边捕捉全球市场的动向，一边推进研发活动。

汽车制造商按照地区的不同分别推进品牌名称的本地化，产品的配置也有所调整，但整体上看都是全球性企划的内容。

生产职能的本地化

生产职能包括原材料和半成品的输入、生产、组装、物流等内容。生产职能的本地化是否有效，取决于所在国家或地区的供应链。

外资系超市在日本收购超市供应链的失败案例不绝于耳，原因在于他们没能完全理解生产职能，特别是进货和物流等流程特点。为了满足消费者追求生鲜食品新鲜度的强烈需求，日本的生鲜食品供应商开发出了独特的配送体系，按食材分类，独立完成商流和物流的配送。结果导致供应链衍生出多层次化和缺乏效率的特点，这也是外资系超市失败的原因。

美国的可口可乐融合本地资本在世界各国设置装瓶厂，实现产品的本地生产。这一本地化策略就是结合各国的供应链特点而进行的大胆尝试。

在经历一定的年限、能够正确理解各国市场后，再通过装瓶厂的收购和整合进行效率化改造，根据不同市场供应链的成熟度的不同，以自身成熟度为依据实行合适的本地化战略，可口可乐的做法不能不将其称为高明之举。

销售功能的本地化

销售职能包括销售、支付和售后等内容。销售职能拥有直接面向客户的职能特点，通过推行本地化策略可以更好地提升附加价值，类似的成功案例非常多。接下来我们按照B2B和B2C的顺序分别进行说明。

B2B销售的难点是，目标客户与有最终支付决定权的决策者通常不是同一人。将什么样的商品卖给目标客户，最终决定权掌握在谁手里，都要一一厘清后，再将本公司或本公司的产品的魅力综合地传递给客户。自我宣传时，销售人员与客户的信赖关系非常重要，因此还需要进行构建关系的社交接待等活动。而这些内容很难在全球范围内实现统一的标准，因此B2B企业更多倾向于实施本地化策略。

B2C企业的情况则大不相同，它们面向的是大众化消费群体，所以不需要销售职能的本地化。例如，麦当劳因为执行企划职能的本地化，而在各国推出完全不同的商品，而在销售层面却又要追求全球统一的标准化商品。

另外，在基础设施尚不完备、支付功能和终端配送仍居主要地位的新兴市场国家开展电子商务时，如果采取前文中GoJek的本地化策略，就可以有效提高附加价值。

商业案例

与传统媒体相比，为什么视频主播具有如此之高的收视率？

近年来，视频主播收视率激增，一时间居然登上了小学生希望从事职业的排行榜。曾几何时，节目的制作还是以电视台和广播为中心进行的。而今，这项工作已经变成了由葫芦（Hulu）和奈飞（Netflix）等流媒体公司独自担纲创作的格局了。

尽管受新冠疫情的影响，但今天的视频主播仅仅依靠一个人的力量就能利用收视率实现如此巨大的收入，退回到15年前，这是完全不敢想象的。

15年前的传统媒体，还在大规模使用设备创作各式节目，留给个人参与的空间几乎为零。

然而，得益于油管等平台的崛起，智能手机的拍摄和剪辑功能的提高，让普通人也能轻松地完成节目的制作。

同时，个人的嗜好也在随着时代的推移而发生变化。当然这是一个见仁见智的问题，从笔者自身的情况来看，几乎没有任何变化。个人的嗜好原本就是多样化的，油管的节目制作在一定程度上正是依赖于被细化的观众需求。为了满足这些需求而进行的环境整合，恰好是众多主播聚集于此的原因。

再加上节目内容领域的商业模式从B2B向B2C过渡的过程中产生了巨大的影响。在过去，来自企业的广告费投入曾经占据了广播电视台收入的半壁江山。当网络出现后，内容提供者直接与消费者接触，传统格局被打破了。

第四章中我们曾讨论过谁是真正意义的客户，在内容领域中，客户由之前的企业变成了现在的消费者。为了应对时代变化，各个电视台出现了收购购物公司的举动，然而仅靠这些是无法从本质上应对商业模式的变革的。

换言之，从本质上看，平台上的节目内容通过本地化策略得到了很高的增值空间。油管之类的播放平台有一家就足够了，而观众的期待是节目内容的制作更加符合需求，更加本地化。

可以说这为节目制作提供了很多的商业机会，一体化的平台和本地化的内容开发是成功的决定性因素。

我们再看其他行业。英格兰足球超级联赛通过制度的创新实施了面向全世界的赞助商开发与广告活动。与此同时，它还推出了一系列鼓励各个俱乐部发展独创性的举措。

与之相对的日本的职业棒球联盟作为平台的职能非常有限，各个球队只能在各自职业团体的延长线独自开展各种活动，使得整个职业棒球联盟领域处于一个自我封闭的状态。

如图7-4所示，在价值链的上游和下游有更多附加价值，这种现象被称为微笑曲线。以节目内容为例，视频主播或者漫画家可以一个人独立完成创作，后期直接放在油管或Kindle等平台上向全世界播放，大大减少了视频制作和印刷等中间工程的附加价值。

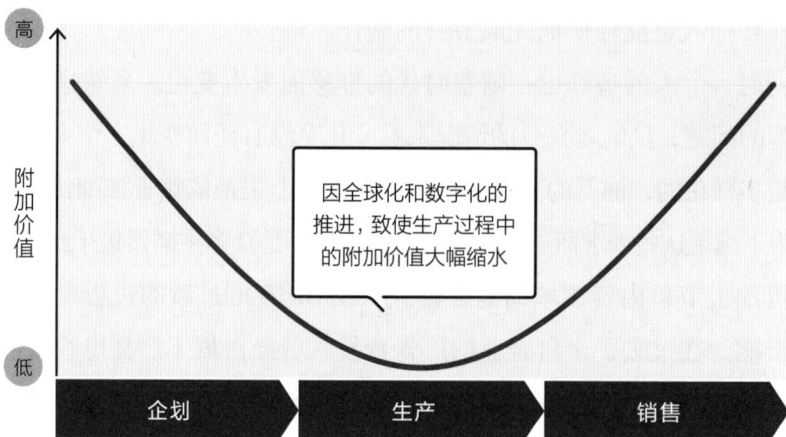

图7-4　微笑曲线

如果视频创作需要由多个人完成，在越南和印度的工作室中进行模块化开发，也可以大幅降低制作成本。这只不过是一个案例，随着全球化与数字化的发展，更多的行业中会出现类似的微笑曲线。

练习题 | **疫情下的海外派驻员工**

由于疫情的影响，视频会议变成了工作日常，很多的海外派驻员工也变得不再需要。对于这种说法，你是赞同还是反对？

如果是反对，需要海外派驻员掌握哪些职能？

（提示：将海外派驻员工的工作内容分为管理工作和事业推进工作来进行思考。）

6．多样性矩阵的四种类型及其特点

通过对"扩大规模和推进多元化提高利润率"和"推进本地化策略增加附加价值"两条坐标轴进行整理，如图7-5所示，我们将行业特性总结为四种类型。这个分类不表示行业的优劣，而是帮助读者掌握行业特性的一个工具。

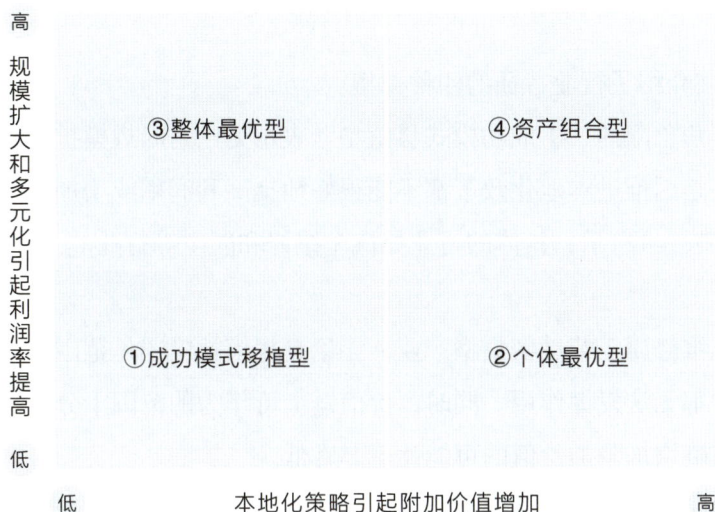

图7-5 多样性矩阵

每种类型的特点如表7-1所示，类型的分类中具有战略性方向与管理方式两方面的区别。

表7-1 四种类型的战略性方向与管理方式

内容	①成功模式移植型	②个体最优型	③整体最优型	④资产组合型
行业案例	• 汽车维修 • 航空 • 连锁酒店 • 连锁外卖	• 一般消费品 • 咨询	• 耐用消费品 • 套装软件开发	• 投资基金 • 制药
战略性方向	致力于通过标准化提高各个营业据点的收益	致力于通过以营业据点为单位的本地化策略，提高收益	致力于通过扩大规模和推进多元化实现企业规模的增长	致力于在集团共享资产的基础上以营业据点为单位实施本地化策略，力求扩大企业规模

续表

内容	①成功模式移植型	②个体最优型	③整体最优型	④资产组合型
管理方式	实施由总部主导的一体化战略决策方式,按照任务让渡分支机构负责人的权限	将战略决策与任务实施的权限全部让渡给分支结构负责人,总部仅在管理层面和支持上提供协调	实施由总部主导的一体化战略决策方式,执行具体任务时总部也积极参与,力求实现集团整体价值的最大化	总部仅针对资产的利润进行管理,战略性决策及具体任务的执行权限均让渡于营业据点负责人

7. ①成功模式移植型

图7-5介绍了行业特征的四种类型。

左下角象限的"①成功模式移植型"表示无论是因规模扩大和推进多元化,还是因推进本地化政策都不能很好地提高利润率或增加附加价值的行业。如表7-1所示,具体的行业如汽车维修和航空等行业。

汽车维修属于劳动密集型产业,无论是规模效应还是范围效应,在这个行业中都无法发挥作用。同时,价值链上可作为的范围十分有限,推进本地化策略增加附加价值的可能性也非常低。

其次是航空业。前文中我们已经做过说明,这个行业属于依赖运转率的行业,单纯依靠扩大规模和推进多元化很难实现提高利润率的目标。

另外,从航空公司的角度看,推进航空业操作标准化、按照线路实施本地化策略也难以实现提高附加价值的目标。捷星航空(Jetstar)亚洲航空(AirAsia)等低成本航空公司(Low Cost Carrier)彻底的标准化以及不以航线为单位实施本地化的策略,使其一举攻占其他国家市场的案例,相信很多读者依然记忆犹新。

对于这些行业来说,应该采取怎样的战略性方向呢?

①成功模式移植型的行业没必要一味地追求无休止的规模扩张与多元化发展。由于本地化很难形成差异性,因此需要在全国甚至全世界范围内彻底推行适合本公司实际情况的操作标准化准则。由此,思维的出发点是以各个营业据点或固定的单元为单位,谋求收益的提高。

管理方式方面，将战略性决策的权限集中于总部，力图实现战略性方向与操作的标准化。

另外，严格按照操作手册要求执行现场行动的权限应该彻底让渡于各个营业据点的负责人。

在航空领域，开通与废止航线是总部的权限，而以线路为单位提高利润率、严格遵守操作手册执行现场行动的权限，可以让渡于各个营业据点的负责人。

如果执行③整体最优型方案，将导致一味地追求增加航线，如果执行②个体最优型方案，会因本地化的推进使各个营业据点设定各自的关键绩效指标（KPI），在集团内形成各自为政的分散局面。

8. ②个体最优型

图7-5右下角象限的"②个体最优型"表示不会因扩大规模和开展多元化而提高利润率，却可以因推行本地化政策而增加附加价值的行业。

如表7-1所示，这种类型的行业包括一般消费品和咨询行业。这种行业也可以分类到其他象限中，但暂且将按照当前的原则进行行业分类。如果一般消费品和咨询行业能够改变运行的商业模式，将其放在其他的分类中也不是不可能的。

我们将一般消费品行业的代表性商品设定为洗发用品和护肤用品。不同国家消费者发质的不同和水质的差异要求洗发用品的成分也不能完全一致。还有，日本的量贩式销售方式与面积不超过10平方米的家庭式杂货店的销售方式，必将导致包装尺寸上的差异性。

当然，如果出现这样的差异，也将引起生产线的巨大差异，由此很难通过规模的扩大与多元化的推进有效地提高利润率。

让我们再将目光转向咨询行业。笔者从事为面向东南亚市场开展全球化业务的日资企业提供战略援助的工作，因此有机会接触到很多的跨国项目。

然而，通常的咨询公司所触碰的业务大多停留在本国市场。销售方式、困扰客户的难题及解决方案都因国家的不同而大相径庭，没有普遍的解决方案。

②个体最优型的行业需要以营业据点为单位对业务内容进行本地化改造，这样可以有效地提高营业据点的收益性。

当一般消费品公司创立新的品牌时，必须一边搭建专有的销售渠道，一边思考即便是单客价仅仅是日本的十分之一也能赚到钱的盈利模式。

在管理方式上，需要实施以营业据点为单位的本地化，将战略性方向的决定权限与现场行动权限让渡于各个营业据点的负责人。总部应该从整个品牌、综合管理和支持方面提供协助，致力于提高集团整体的价值。

对于咨询公司而言，必须通过在每个国家寻找合作者开发符合该国国情的项目才能创造利润。在此基础上，各国的合作者需要以负责任的态度管理每家营业据点的工作效率和执行标准价格。总部通过整个市场与管理职能，一如既往地从背后提供支持。

公司需要派遣任期固定的海外常驻员工作为营业据点负责人，实现总部对当地执行权的让渡。如果做不到这一点，则本地化很难实施。而像市场调查公司一样强化调查职能，销售立足于本国市场的解决方案也是完全可以的，但这样做很难从各国政府及当地企业的核心领导层获取业务。

9. ③整体最优型

图7-5左上象限的"③整体最优型"表示随着规模的扩大与多元化的推进可以有效提高利润率，但是本地化策略将无法提高附加价值，这类行

业的典型包括耐用消费品和套装软件开发行业。我们将按照表7-1所示的顺序分别进行说明。

耐用消费品是指使用寿命长、更换频度低的产品，如汽车和摩托车等商品。汽车行业是规模效应行业的典型代表，建设大规模工厂，进行大规模生产，就会取得制造成本降低的效果。

变更品牌名称和调整配置等是耐用消费品行业经常实施的本地化策略，但相对一般消费品行业而言，这种效果不甚明显。

套装软件是指能够将很多企业的业务进行标准化的软件。套装软件一经开发，能够应用于很多企业，因此通过扩大规模和推进多元化可以有效提高利润率。

套装软件本身是为了在全世界范围内使用而开发的，本地化是由各个国家的系统集成开发商完成的。系统集成开发商的商业特点与咨询公司相似，因此归类于②个体最优型。

③整体最优型行业的战略性方向在于通过规模的扩大与多元化的展开而扩大事业规模。在研究开发和设备制造阶段需要大量初始投资，因此失败的风险也很高，战略本身值得商榷。

公司内部应该保留并强化哪些职能、是否引入外包等问题涉及价值链设置方面的核心问题，对事业能否成功有巨大的影响。

由于各个营业据点分别进行决策，因此战略性方向的决策需要由总部集中执行。

同时，项目的执行也需要总部的参与，对于实现集团整体价值的最大化有决定性作用。

如前文所述，由于资本与经营性人才等稀缺性资源的共享化，过去反复进行多元化的综合性企业，如果不定期重新审视业务内容、整理不具有协同作用的业务，其独创性将受到损害。这种决策需要由总部自上而下地推进。

在集团内部引入财务系统时可以借鉴开发套装软件的思维方式。总部基于集团整体的最优化考虑，制作操作手册并在全世界范围推广，最初阶段应该会招致很多的反对意见，但其优点是可以避免无效的本地化开发和从世界范围内提取的数据都是相同的。另外，如果发现各个营业据点的操作中存在细微的差别时，可以适当地听取负责人的意见。

各个营业据点的负责人可以按操作手册执行，但是出于输入渠道和汇总时间会因各国的具体情况的不同而出现差异，汇总之后总部需要对数字做进一步的修正。

另外，每次系统更新，都会按照国别产生追加的开发成本。

10. ④资产组合型

图7-5右上象限的"④资产组合型"表示既可以通过扩大规模和推进多元化提高利润率，也可以通过推进本地化策略增加附加价值。如表7-1所示，代表行业如制药和投资基金等。

按照行业分类，即使是被分类到个体最优型中的一般消费品行业也可以通过全球化的资产共享而实现事业的扩张。而前文中所述的可口可乐公司既可以放在个体最优型行业，又可以放在资产组合型行业。

制药产业的研发周期是以十年为一个单位计算的，其通过大量销售研发成功的医药品回收当初的投资成本，属于典型的规模效应产业。

同时，在世界各国开展产品化还需要产品改良和临床经验的积累，因此推行本地化可以有效增加附加价值。

金融产业通常来说也是属于规模效应产业，扩大规模和推进多元化也能很好地提高利润率。通过专业技能和金融资产的全球化最优配置，可以实现企业规模的扩大和利润率的增加。

而对于投资基金等需要做出明确投资决策的企业来说，拥有专属于地区或产业的专业知识显得尤为重要，因此推进本地化将大大提高附加价值。

对于④资产组合型行业，在共享全球资产的基础上，借助扩大规模和推进多元化对于企业发展具有重要意义。资产不仅包括生产设备等有形资产，还包括专业技术、资金、人才等无形资产。

这种类型的行业需要由总部实施资产的组合式管理，并将战略性决策和现场操作的权限让渡于各个营业据点的负责人，因此需要高度的管理能力。

组织结构与财务制度也不能采用企业单位的模式，而是要采用事业单位的模式建立。

11. 按照不同类型进行类比

利用多样性矩阵，按照类型的不同对行业进行抽象化，可以准确掌握CSF。通过类型化分析，超越现有行业的界限把握特性具有重要意义。

同一类型的行业更易进行跨行业类比，不仅可以模仿航空业的方式，甚至还可以借鉴和模仿连锁酒店的经营战略和管理方式。

构思向其他类型的平移将导致差异化

如前文所述，在表7-1中描述的属于某个类型的产业，也可以归类到其他类型中，分类的标准不是唯一的。

换言之，企业可以为了追求独创性而转换商业模式，进而实现类型的平移。关于这个问题，让我们用前文所述的传统电视台与油管在多样性矩阵中的对比进行说明（图7-6）。

传统电视台为了提高收视率，竭尽所能地制作观众们能够接受的节目内容，同时为了从广告投资人那里获得更多的广告收入不断地尝试和修改，为了迎合地方性需求而将各个地方电视台进行了重新整合。

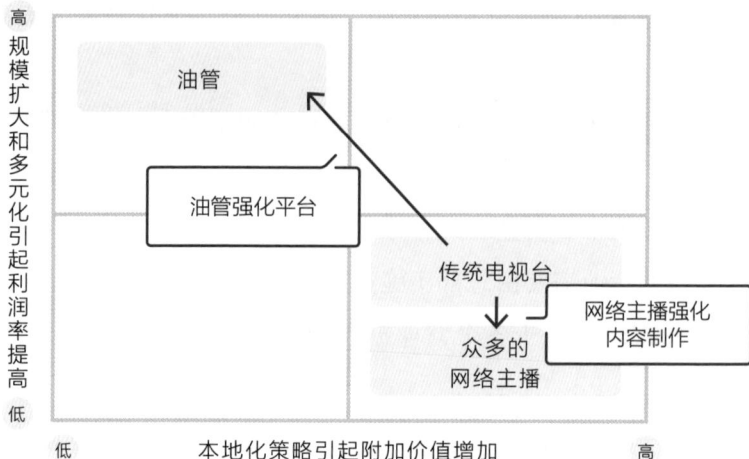

图7-6　传统电视台与油管及网络主播的区别

经过这些努力，不仅通过本地化实现了附加价值的提升，还因用户的增加而提高了收益率。但由于观众几乎仅限于国内市场，因此将其归类于个体优化型的偏上位置。

可以说，油管让传统电视台的平台职能和节目制作职能分开了。

除了语言对应和节目审查，油管不需要考虑任何本地化策略。油管只需考虑如何提高作为平台的便利性和如何帮助主播增加用户数，即可吸引来自世界范围的广告投资人。因此，将其归类于整体优化型。

同时，我们将世上为数众多的网络主播们归类于右下方的象限里。主播们的经营模式无外乎通过油管增加观众数量从而获得收入。

当然，像HikakinTV和"はじめしゃちょー"等拥有超过千万粉丝级别的主播，拥有类似传统电视台的影响力。众多的主播不仅制作内容节目，还出售自有品牌商品。

按照上述方式从零开始构思，完全可以实现向其他类型的平移。我们已经将传统电视台按照不同的职能进行了分别说明，将业已分散的众多玩家重新组合也是完全可以实现的。关于这个问题，我们将在第八章用多个事例来讨论。

练习题 ┃ 看清自身业务的特性

为了完全掌握多样性矩阵，请读者分析自己所在公司的类型。再进一步思考现有的战略性方向与管理方式是否有需要改善的地方。

通过案例掌握架构师思维

1. 学习四个来自新兴市场国家的案例

本章结合全局构思的步骤整理了新兴市场国家的四个案例。在理解组成全局构思的四个步骤的同时，希望读者能够对日本人不熟悉的海外案例加深印象。同时，我们从抽象范畴比较日本市场与海外市场，希望读者能够学到更多有价值的东西。

本书中所用的案例，并不是闻名世界的GAFAM，也不是中国的BAT（百度，阿里巴巴，腾讯），而是以东南亚地区为中心的四个新兴市场国家的案例。我们是从如下的两个角度考虑的：

第一点是我们准备向读者传递东南亚这个今后将成为日本的重要市场的生存法则。在东南亚，国与国之间各不相同，每个国家又独具特色，在发达国家畅销的人气商品和服务，在这里未必会同样博得人气。

这个地区的识字率、学历及商业习惯都迥然不同，管理方式也与发达国家毫无二致。可以说这正是架构师所期待的市场。

第二点是与像GAFAM或BAT等利用互联网在数字空间展开空中战的企业相比，以解决人的问题为中心的地面战的艰苦卓绝的案例，对于日本企业更具学习价值。之所以如此，是因为原本在操作方面具有明显优势的日本企业，与其突然立志要成长为像GAFAM或BAT一样的企业，还不如继续发挥地面战的优势，朝着数字空间方向稳扎稳打地努力。我们认为这种方式更适合日本企业。

第五章中我们阐述了面向中产阶级的服务的质量呈现出参差不齐的状态，其实日本企业拥有解决这个问题的宝贵经验，在世界范围内这是独一无二的。笔者的一位朋友在印度尼西亚管理着一家超过四千人的劳务公司——养乐多女性（YakultLady）。他在上门拜访配偶等一系列工作后再决定是否录用，甚至还亲自参与严格的培训等基础性工作，展现了孜孜以求、力臻完美的工作态度。

如今我们正在考虑如何通过信息技术的广泛应用，将日本企业的优势运用到更广泛的领域和行业中。

日本企业在保持优势的众多行业中，如何在地面战，乃至即将出现的空中战中，找到属于自己的位置至关重要。

例如，汽车产业正在面临来自电动化和自动驾驶的巨大冲击，要想成为这场竞争的王者，必须在地面战和空中战中都取得胜利。前文阐述的特斯拉超过九成的故障都可以通过远程诊断的方式加以解决，其他不能解决的故障则通过远程救援的方式派遣工程师到达现场进行处理，或者送回客服中心进行解决。

同样的变化预计也将在健康医疗和物流等众多产业中出现。

我们在进入具体案例之前，首先整理一下从案例中可以学到的内容。如图8-1所示，我们利用价值链作为分析问题的坐标轴，整理在不同的案例中全局构思的要点。

案例1中的TH牛奶是一家生产在常温下不变质的复原乳、颠覆常识的越南牛奶企业。这家企业没有拘泥于原有的习惯，而是将奶农、生产和销售经过垂直整合后直接面对消费者，成功实现了向越南民众提供可与日本牛奶相当的美味冷藏牛奶。

案例2中的富邑葡萄酒（Treasury Wine）是一家在澳大利亚红酒界引起轰动性案例的红酒制造商。这家酒商从消费者视角重新评估红酒的价值，考虑到价值的大部分取决于品种和产地等因素，将收购的众多品牌的生产工艺进行水平整合，建立了以更低的价格销售红酒的同时增加了收益的红酒产业新格局。

案例3中的工作街（JobSreet）是一家创立于马来西亚的招聘平台。在东南亚尚未普及人才招聘之前，工作街通过开展平台式人才招聘服务，使用人单位与应聘者的匹配率大幅提高，增加双方的便利性，开创了全新的市场。

与案例2中的富邑葡萄酒通过收购企业来水平整合价值链职能的模式不同，工作街通过强化部分层面的功能切入市场。当信息化完全展开之

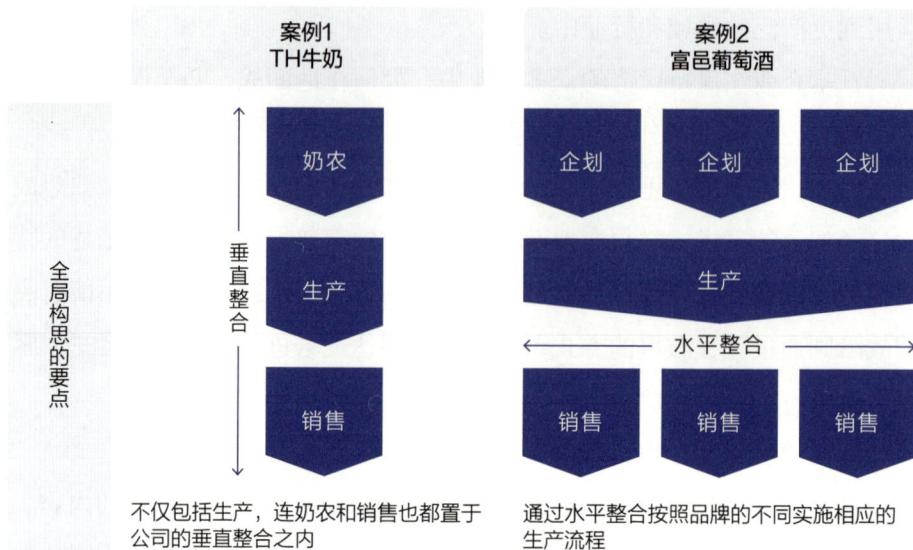

图8-1　利用价值链整理全局构思要点

后，这种模式渐渐失去了优势，变成了一般化的战术了。例如，操作系统领域中将业务扩展到全世界的微软，以及电子商务领域开创购物平台的乐天，都是具有代表性的典型案例。

案例4中的阿德哈尔（Aadhaar）是在人口大国印度开展身份证业务的公司。阿德哈尔与工作街（JobStreet）一样，都是水平切入市场。但阿德哈尔认为不能因为提供的是公共服务而限制使用的范围，而是要将身份证普及到全体国民。因此，阿德哈尔搭建了一个没有智能手机也能提供身份信息的服务架构，并且开放了应用程序接口（API），供服务商共同开发。

2.　案例1　垂直整合模型下将牛奶直接送到消费者家中

案例1是来自越南的一家名叫TH牛奶的牛奶公司。我们在这个案例中，讲述在没有像日本一样完整的冷链运输体系（低温物流体系）的国度

案例3
工作街

企划	企划	企划

招聘

← 水平整合 →

录用	录用	录用

以企业为单位，实施一元化招聘流程

案例4
阿德哈尔

企划

← 水平整合 →

发行	发行	发行

运用	运用	运用

按照不同用途整个所有的身份证

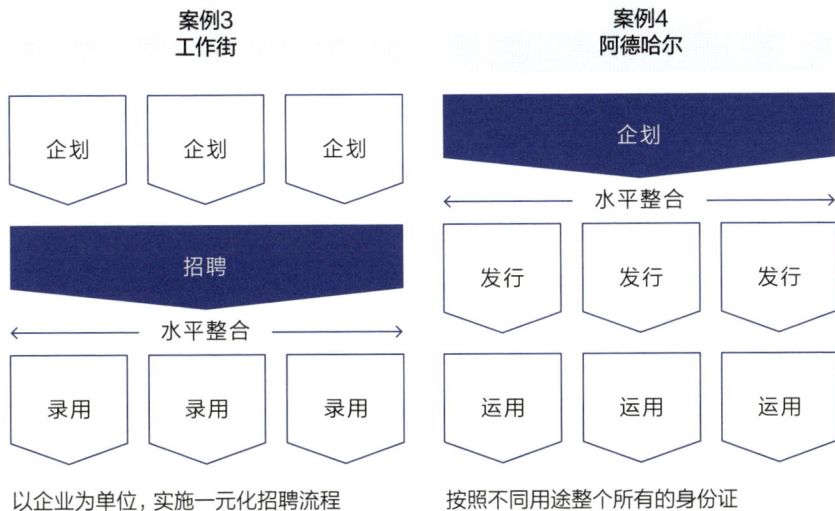

里，如何解决将生产出来的牛奶送到消费者手中的课题。

如表8-1所示，通过与日本进行对比，我们明确了越南没有发达的冷链运输体系。在TH牛奶尚未创立的十年前，越南平均一人冷冻食品的消费额相当于日本的1/18；超市和便利店等现代渠道的比例也非常低，这表明商品的质量管理还没有形成统一的标准。

表8-1　越南与日本的冷链系统对比

项目	越南	日本
人口（2019年）	9600万	1.26亿
人均年冷冻食品消费量（2013年）	13千克	119千克
冷冻食品市场规模（2012年）	2.16亿美元	56.59亿美元
人均年冷冻食品消费额（2012年）	2.4美元	44美元
物流指数物流业景气指数（2010年）	2.96（世界排名53）	3.97（世界排名7）
现代渠道比率	27.4%（2015年）	80%（2014）
年生乳产量（2019年）	102.9万吨	731.35万吨

资料来源：世界银行，欧睿，国土交通省，越南统计总局，e-Stat。

案例学习的要点

TH牛奶通过建立包括奶农、生产、销售在内的垂直整合模型，为很难买到优质牛奶、尚未建立完整冷链系统的越南消费者提供高品质牛奶。为了打破越南牛奶制造商面临的困境，即不能生产需要冷藏保存的新鲜牛奶，TH牛奶从全新领域构思了垂直整合的行业模型，展现了TH牛奶的全新价值。

同时，通过配置具有完全不同职能的奶农、生产、销售等职能型子公司，力求实现个体优化。图8-2与表8-2是关于TH牛奶整体情况的总结，请读者在阅读正文之前先浏览这两个图表。

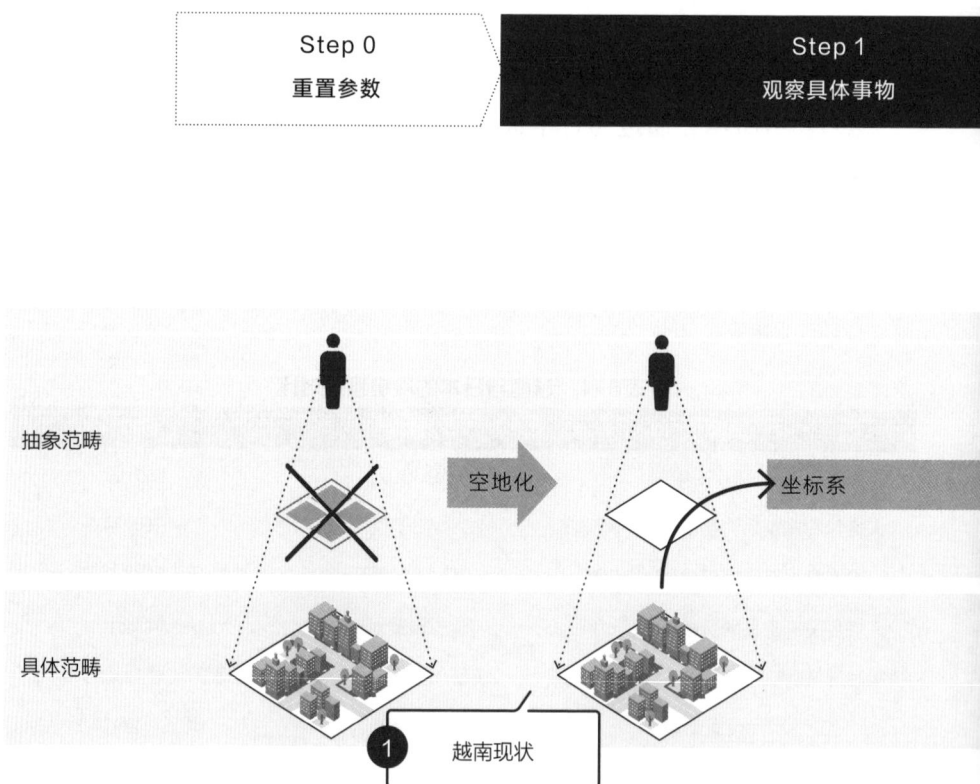

图8-2　TH牛奶的全局构思步骤

表8-2　TH牛奶的全局构思步骤

序号	步骤	内容
1	越南现状	• 奶农技术落后，生牛乳质量不好 • 冷链系统不完备，不具有将新鲜牛奶送到消费者家中的技术能力 • 结果导致市场上充满了劣质的防腐牛奶
2	选择框架模型	• 选择价值链·经营资源矩阵与多样性矩阵作为分析模型
3	寻找瓶颈	• 奶牛场品质低 • 冷链系统不完备 • 消费者缺少饮用新鲜牛奶的意识
4	归纳行业特性	• 分析奶农、生产和销售，实施符合市场需求的本地化策略，扩充产品开发与销售职能以及统一管理的生产职能
5	引入其他行业的成功经验	• 参考可口可乐等饮料行业的垂直整合+企业化经验 • 参考苹果和特斯拉等值得借鉴的垂直整合模式
6	垂直整合模型	• 构思垂直整合奶农、生产、销售全部职能的模式 • 探讨优化个体职能的企业化可能性

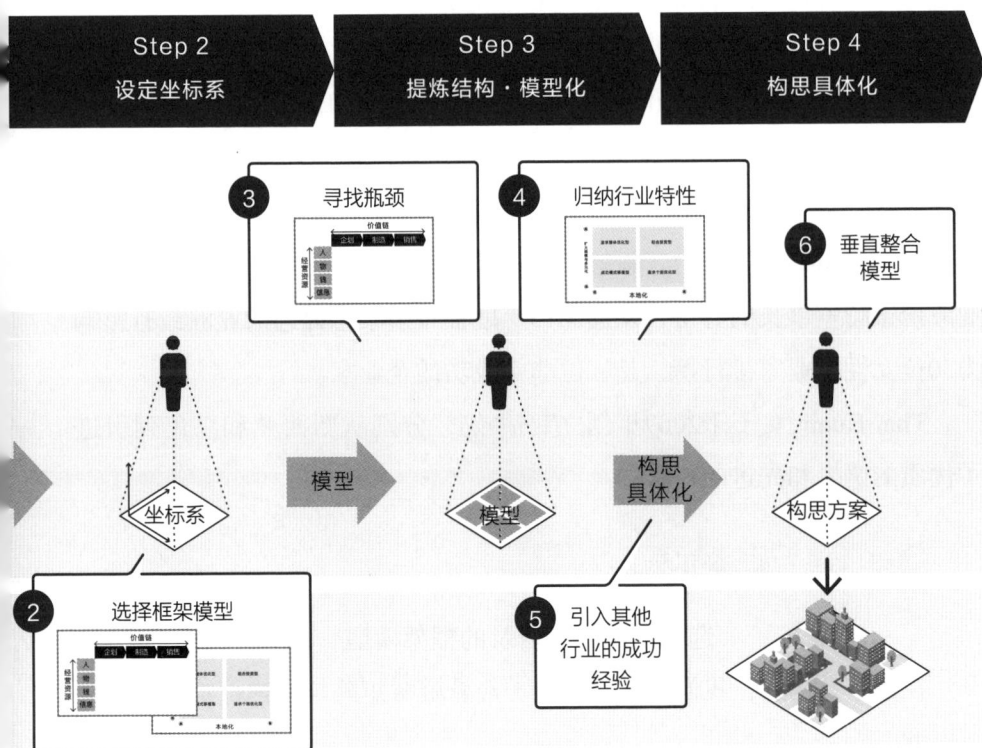

在阐述四个案例的过程中，我们使用相同格式的图表按照全局构思的步骤分别展开讨论，利用图形标出全局构思的要点，再利用表格说明具体内容。将Step 1中获得的信息通过Step 2～3进行抽象化，最终在Step 4中完成具体的构思，希望读者在实际操作中也能按照这样的步骤把握整体结构。

Step 1　观察具体事物

在奶农技术水平低和冷链系统不完备的基础上销售新鲜牛奶

越南不是乳业大国，不具备发达的冷链技术，通常只能生产常温下可以保存的复原乳。

1976年创立的国营牛奶企业——越南乳业（Vinamilk）利用这种模式，以从海外进口脱脂奶粉为基础生产复原乳。

2001年越南提出了奶业振兴计划，奶业开始兴盛起来，生牛乳产量从2000年的5.15万吨提高到2008年的26.22万吨，增长四倍多。

随着生牛乳产量的大幅增长，由于奶农与冷链品质的不足导致无法将新鲜牛奶及时地送到消费者手中的矛盾开始日益凸显。TH牛奶的创始人，Thai Huong女士开始着眼解决这个问题。Thai Huong曾以越南北亚商业股份银行董事长的身份，入选2015年度福布斯杂志评选的亚洲最有影响力50位女性企业家排行榜，是一位非常成功的企业家。

Thai Huong女士于2009年创立TH牛奶，分别从新西兰和以色列引进了优质的奶牛和先进的技术。

Step 2　设定坐标系

选择适合牛奶普及的框架模型

在这个案例中，我们使用价值链·经营资源矩阵与多样性矩阵作为分析模型。

在生产和销售牛奶的过程中，准确把握瓶颈是必不可少的步骤。由于每个价值链环节都具有各自不同的特点，正确设计管理方式显得尤为重要。

Step 3　提炼结构·模型化

着手解决冷链问题

图8-3总结了牛奶产业的价值链。奶农步骤包含哺育、饲养、繁殖、分娩和挤奶等流程，生产步骤包含奶制品的生产与容器灌装，销售步骤包含物流和出售给最终消费者等流程。

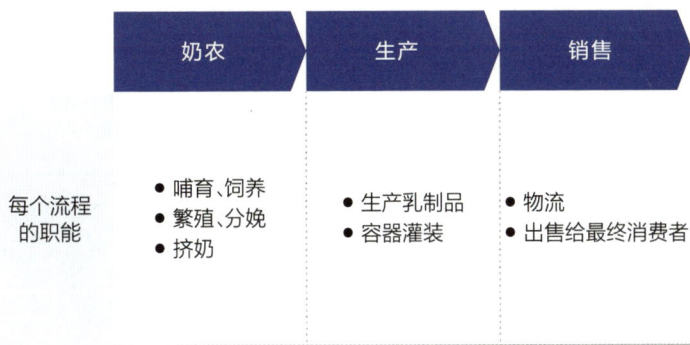

图8-3　牛奶行业价值链

分析价值链时，抽象化的关键在于尽可能归纳成简单的内容。从事经营管理方面的咨询时我们经常会听到"这个行业具有特殊性"等说法，殊不知排除特殊性才是抽象化的第一步。

越南的牛奶技术发展迟缓，导致越南国内无法生产高品质生牛乳。因此TH牛奶通过大规模投资，从国外购买数万头奶牛，设立了生产高品质牛奶的奶牛场。

然而，由于冷链这个技术瓶颈的限制，导致在越南生产的高品质牛奶无法及时地送到消费者手中。冷链，顾名思义，就是低温物流的连锁运输系统，从工厂到消费者，中途如果出现断裂，则冷链将失去其特殊价值。到头来即便是将没有变质的新鲜牛奶配送到小卖店，也会因为在常温下长时间存放，最终在消费者饮用之前变质。

从经营资源的角度看，越南冷藏仓库和冷藏运输车辆（物）存在严重不足的现象。

另外，因为越南市场充斥着复原乳，对于牛奶变质的意识还没有完全渗透到越南消费者（人）的心中。

下一步，我们再看多样性矩阵。如图8-4所示，TH牛奶属于适用个别优化型战略的行业。

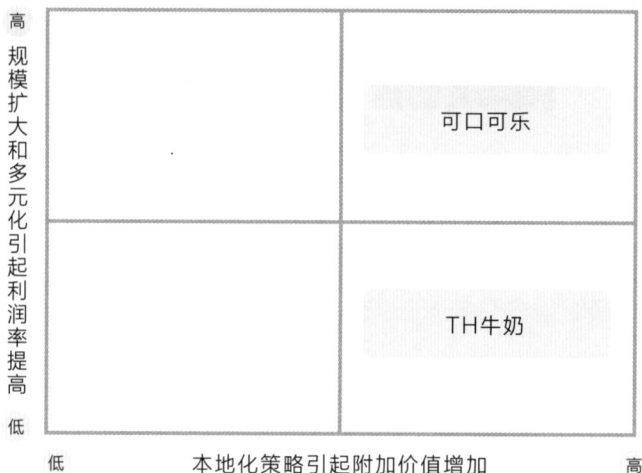

图8-4　TH牛奶的多样性矩阵

之所以这样分类，是因为受限于奶农的生乳产业很难实现规模效应，通过扩大规模降低牛奶生产成本的做法几乎不具有可行性。

另外，结合本地化需求开发产品，和构建适合当地国情的销售网络可以增加差异性，因此在这个产业中推行本地化策略可以有效增加附加价值。

第七章中，由于可口可乐拓展全球化的生产与研发能力，实现了资源的共享，我们将其归类于资产组合型产业。如果TH牛奶也积极拓展海外市场，致力于研究开发技术实现全球共享的多元化发展，则也可以将其归类于资产组合型产业。

使用多样性矩阵时不需要考虑牛奶产业的特殊性，只需从零构思四个象限的分类，并完成对其内容的抽象化即可。因此，我们的分析不仅仅包括越南和日本的牛奶产业，甚至还可以包括可口可乐、苹果以及特斯拉。

Step 4　构思具体化

设置垂直整合模型+职能子公司

进入TH牛奶的最终解决方案之前，我们回顾一下越南复原乳的历史。

由于价值链上存在低品质的奶牛场和销售渠道等瓶颈，与其在产品企划方面下功夫，开发能够保存高品质牛奶的冷藏设备更具长远意义。这与日本在没有建立发达的冷链体系前，掌握先进寿司与熏制技术如出一辙的。当然，这顶多算是在封闭环境中适合生产商面对当前问题的最佳解决方案。

本书的说明围绕以迫切需要解决的问题为前提制订和执行解决方案而展开，同时也接触一些限于经营性资源的缘故无法解决的课题。

例如，东南亚地区冷链不发达，导致收获的三到四成的蔬菜无法从农场送到市场而被迫丢掉。

然而，无法预计投资产出比，致使大多数的小规模物流从业者对冷链投资望而却步，取而代之的是使用价格低廉的工业用冷却剂，加上提高配送到最终消费者手中的速度。对于外资系企业，因为冷链的脆弱性，即使投入规模庞大的资金也恐怕很难获得回报。这些都是不得不面对的现实背景。

不能因为发达国家有而新兴市场国家没有就盲目决定项目的发展，而是要参考市场特点，重新判断是否是一个需要解决的真正问题。

同样，正因为是没有历史遗留的新兴市场国家，才更容易出现蛙跳效应。像GoJek这样的超级应用程序以及印度的阿德哈尔等企业确实有很多值得发达国家爱学习的东西。

让我们再回到TH牛奶解决冷链问题的方案上。TH牛奶决定构建一个从奶农到最终消费者的垂直整合模式的全新业务网络（图8-5）。

图8-5　垂直整合与水平整合

前文中我们说过，如果出现断裂的环节，冷链将失去价值，为此TH牛奶投资建设了从自有养牛场到冷藏仓库、冷藏运输车，到零售店的全流程网络。

Thai Huong女士凭借其商业银行经营者的从业经验，深刻理解将商品和服务直接送达到消费者的难度和重要性。松下电器的街头电器店，雅马哈的音乐教室等形式，都是在市场处于黎明期时为了将商品和服务直接送到全国消费者手中，开设由本公司经营的零售店。这是非常有效的解决方案。

同时，亲自参与生产与销售等两方面的工作，可以直接将来自消费者的数据运用于管理经营中。TH牛奶开设了可以从网络上直接购买商品的渠道，可以根据销售数据制订相应的新产品开发和销售等计划。通过上述步骤，TH牛奶实现了从制造商品到创造商品的飞跃，与苹果和特斯拉等企业类似。

如图8-6所示，我们整理了价值链·经营资源矩阵，通过垂直整合模型解决了奶农问题、冷链问题和从业人员的能力问题。

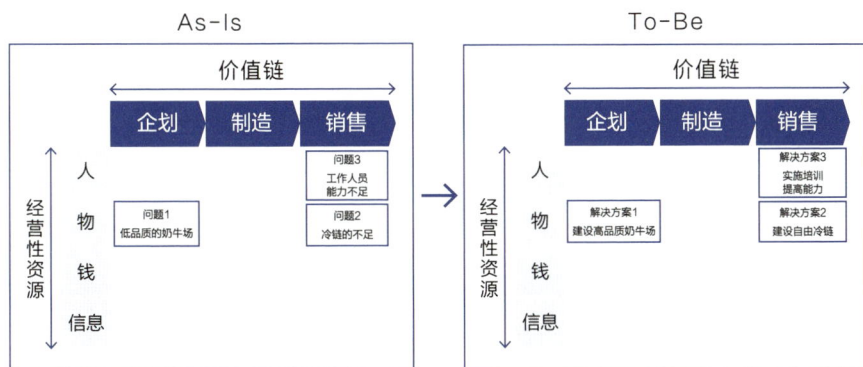

图8-6　现状分析（As-Is）与解决方案（To-Be）

使用价值链·经营性资源矩阵，能够从抽象化范畴找到解决问题的方案。如果不考虑现实可能性，假设越南不具备建设高品质奶牛场，从国外进口生牛乳未尝不是一个很好的解决方案。

另外，除构建属于自己的冷链体系外，TH牛奶还以委托销售的形式建立了连锁便利店。

如图8-7所示，TH牛奶按照价值链的职能，利用多样性矩阵总结了企业的特征。在结合当地情况需要重新建立销售网络的销售方式中，推进本地化策略有助于提高产品的附加价值，因为规模效应有限而将其归属于个

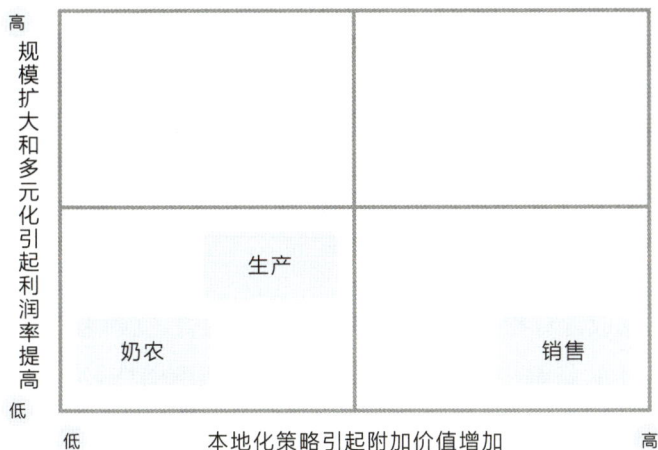

图8-7　通过多样性矩阵整理TH牛奶的各种职能

体优化型中，向各个网点让渡管理权限对于业务的开展也具有积极的意义。

此外，对于奶农来说，TH牛奶不需要本地化策略，规模效应也不明显，因为归属于成功模式移植型，而总部的决策，以及具体操作中的权限让渡在整个过程中尤为重要。

多样性矩阵是构思整个行业方向性时必不可少的工具，而通过整理不同的价值链职能，可以构思基于每项职能特点的方向性与组织结构。之所以能做到这点，是由于TH牛奶的同一项业务在四个象限中的分类也各不相同。

上述四个步骤在决定事业发展方向的同时，逐步向构思的具体化迈进。

在世界范围内取得巨大成功的雀巢和可口可乐等企业，各个分公司拥有非常大的裁量权，可以承担独自研发商品和构建销售网络的职能。例如日本可口可乐公司在日本设有专门的研发中心，独自开发了畅销全世界的众多产品。

同时，日本可口可乐与各地的知名企业共同出资设立装瓶厂，负责最终产品的制造和销售。

而今的可口可乐，与1957年刚刚进入日本市场时相比，日本市场的现代渠道比例更高，拥有更加完善的物流网络，通过规模的扩大与多元化的展开可以有效提高利润率。现在，装瓶厂正在实施业务整合，朝着更加高效的方向不断前行。

TH牛奶的决策与经营理念完全由控股公司掌握，除此之外的业务全部按职能分类分别设置独立法人。

具体来说，奶农、生产和销售分别由三家职能子公司独立运营。这样做的原因在于，以独立预算式方式分别管理具有不同成功因素的职能子公司，更利于保持它们的自律性。

例如，完成针对物流和零售店的设备投资后，立即重视从业人员的培训。前文阐述的新鲜牛奶需要冷藏的知识在越南消费者中还没有普及开来，那么制订完操作手册后就需要定期的培训。

另外，生产现场不断要求提高工厂的运转率进而提高生产效率。

如第四章所述，B2B比B2C更有必要单独分析客户的需求与收益性，探讨单独的行动方案。

而以大众消费市场为对象的B2C业务，单独分析价值链上的每个流程，然后分别进行优化，更为有效。

练习题 | **角色职能终结后的垂直整合模型应该何去何从？**

日本有很多通过垂直整合而统领市场的企业，代表企业如优衣库和丰田汽车等。

在这其中，当垂直整合的职能终结后，企业该如何发展？同时，为了延续下去，企业应该如何考虑今后的方向性？

---

3. 案例2　水平整合模型下改革成熟的葡萄酒业

本节中我们将介绍在澳大利亚经营葡萄酒的企业——富邑葡萄酒。这是一家在国内外经营超过50个红酒品牌的澳大利亚上市公司。

通过表8-3，我们可以清楚地了解澳大利亚拥有广阔的土地，第一产业占国内生产总值的比率约是日本的两倍。同时，在平均工资方面也远远高于日本，高昂的人工成本不利于开展劳动密集型产业。

表8-3　澳大利亚与日本的基础信息对比

项目	澳大利亚	日本
人口（2019年）	2500万	1.26亿
面积	768.8万平方千米	37.8万平方千米
平均工资（2019年）	54021美元	39041美元
第一产业占国内生产总值的比率（2018年）	2.46%	1.24%

资料来源：世界银行，澳大利亚地球科学，国土交通省，经合组织。

案例学习的要点

通过细致的附加价值分析，富邑葡萄酒清楚地得知，在劳动密集的葡萄酒生产过程中很难创造附加价值。因此需要收购更多的葡萄酒制造商，让葡萄酒制造过程朝着集约化和机械化方向发展，利用规模效应引领葡萄酒制造业向装备化转型。

在TH牛奶的案例中，我们解释了垂直整合的概念。而日臻成熟的行业可以通过水平整合的方式对行业进行重组。发生在半导体和电力行业的数次水平整合的经历，依然让我们记忆犹新。

我们尽管经常会听到关于水平整合和垂直整合孰好孰差的争论，而实际上如果不考虑行业的特点与成熟性，是不会得到正确答案的。因此，我们需要从案例的角度理解隐藏在垂直整合与水平整合背后的理论。

图8-8与表8-4是关于富邑葡萄酒的整体内容的总结，请读者在阅读正文之前先浏览这两个图表。

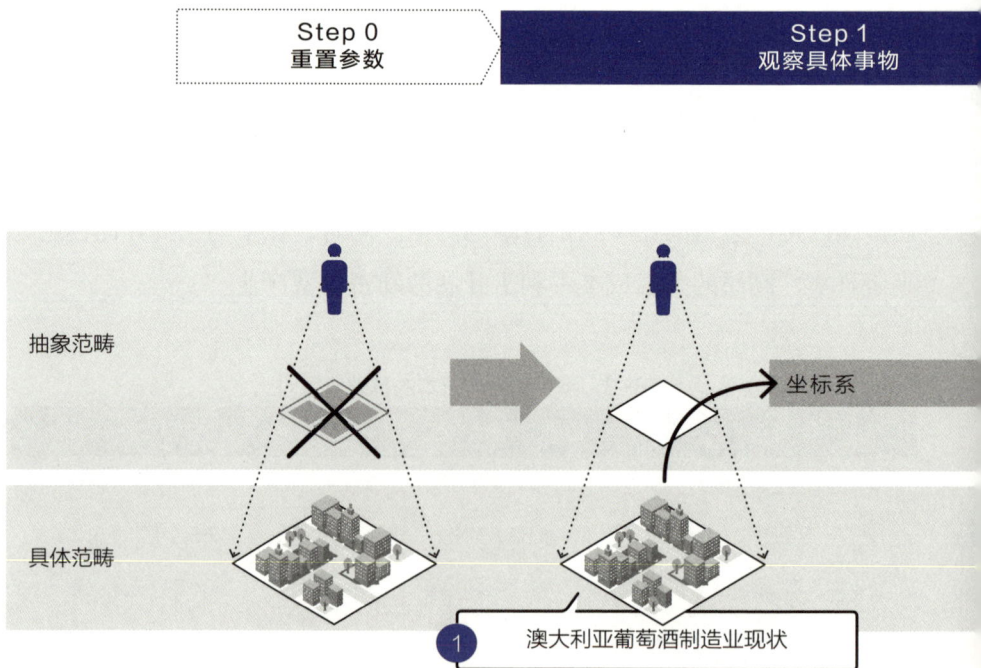

图8-8　富邑葡萄酒的全局构思步骤

表8-4　富邑葡萄酒的全局构思步骤

序号	步骤	内容
1	澳大利亚现状	• 全世界对澳大利亚葡萄酒的需求正在扩大 • 受澳元升值的影响，国内用工成本居高不下，葡萄酒制造业陷入赤字危机
2	选择框架模型	• 选择价值链·经营资源矩阵和多样性矩阵
3	分析附加价值	• 通过分析附加价值，发现葡萄酒的价值大部分取决于品种和产地
4	寻找瓶颈	• 作为劳动密集型产业，总览行业整体发现人工成本是瓶颈
5	归纳行业特性	• 变革生产和销售模式，扩大规模和推进多元化可以提高利润率
6	引入其他行业的成功经验	• 借鉴采用水平整合模式的半导体行业经验 • 借鉴实行资源组合型企业运营方式的服装制造业经验
7	水平整合模型	• 通过收购众多的葡萄酒制造商，计划通过水平整合的方式实现生产过程的集约化和机械化 • 通过改革，由劳动密集型产业向规模效应型装备制造业转型

※表中的1~7的步骤与前文的解释步骤不一致，请读者留意。

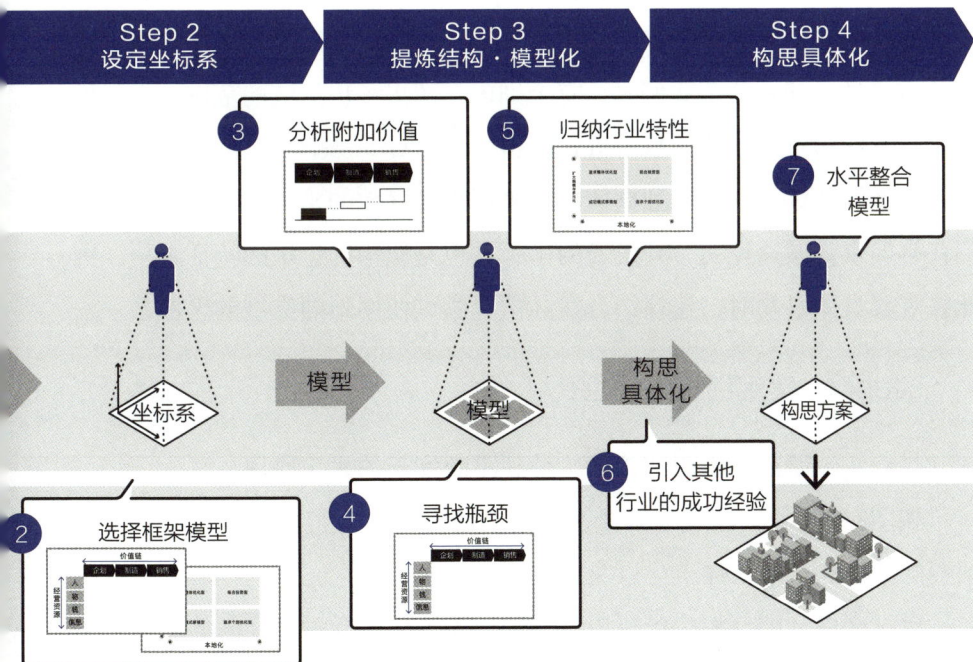

Step 1　观察具体事物

陷于赤字危机的澳大利亚葡萄酒制造业

知名的澳大利亚葡萄酒品牌，如悉尼（Sydney）、墨尔本（Melbourne）、阿德莱德（Adelaide）和珀斯（Perth），其首字母正好组成SMAP而在日本家喻户晓。

澳大利亚也是主要的葡萄酒出口国，2019年的出口额达21.4亿美元（资料来源：澳大利亚葡萄酒管理局）。

此外，由于澳大利亚自然资源出口量大，导致本国货币强势，相对于其他国家，劳务成本偏高，制造业常年深受荷兰病的困扰，苦不堪言。同样的问题也出现在葡萄酒制造业中，持续高涨的劳务成本令葡萄酒制造业苦不堪言。

Step 2　设定坐标系

为不盈利的葡萄酒制造业选择框架模型

在这个案例中，我们依然选择价值链·经营资源矩阵和多样性矩阵作为分析工具。分析这个案例时，有个别内容超出了价值链的范围，但我们依然将其作为价值链的一部分进行分析。

这样的坐标系既可以独立使用，也可以与其他的坐标系组合使用。我们在第四章曾做过说明，开发新的坐标系也是架构师思维的特征之一，因此在观察具体事物时，建议结合实际情况尝试使用不同类型的坐标系。

Step 3　提炼结构·模型化

通过分析附加价值，处理不断增长的人工费用

如图8-9所示，通过分析个别葡萄酒制造商价值链的附加价值得知，葡萄的品种和产地大体上可以决定葡萄酒的价格。

反过来说，即使将生产与销售分割出去，也不会对葡萄酒的定价产生太大的影响。

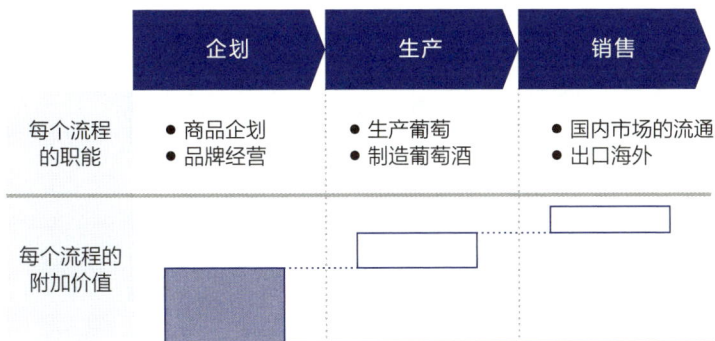

图8-9 葡萄酒制造商的价值链

我们在第六章中也已说明，附加价值不是由成本决定的。时尚界这个现象最为显著，著名设计师在完成自己的作品时，该商品的价格大体上就已经确定了。这样的现象在其他行业也不罕见。

继续寻找瓶颈会发现，对于制造业来说最大的问题是不断上涨的人工成本。每个制造商单独的葡萄生产和葡萄酒制造正在成为巨大的负担。这种经营困难和难以维系的发展状态使得葡萄酒制造商陆陆续续地将自己手中的资产出售给了富邑葡萄酒和来自中国的投资者。

Step 4 构思具体化

通过集约化葡萄酒生产过程提高利润率

富邑葡萄酒试图通过葡萄酒生产过程的集约化和一体化提高利润率，它将原本属于劳动密集型产业的葡萄酒制造业集中于大规模的工厂中，向规模效应的装备制造业转型。

从葡萄酒业的常识来看，这种想法可以称得上是革命性的，但是在半导体等行业中，实施水平整合（图8-10）的管理方式却是司空见惯的。所谓水平整合是指将众多企业在独自的价值链上的部分职能集中到一起，通过规模效应提高利润率。这种方式不局限于某个特定行业，从其他的行业借鉴经验是非常重要的。

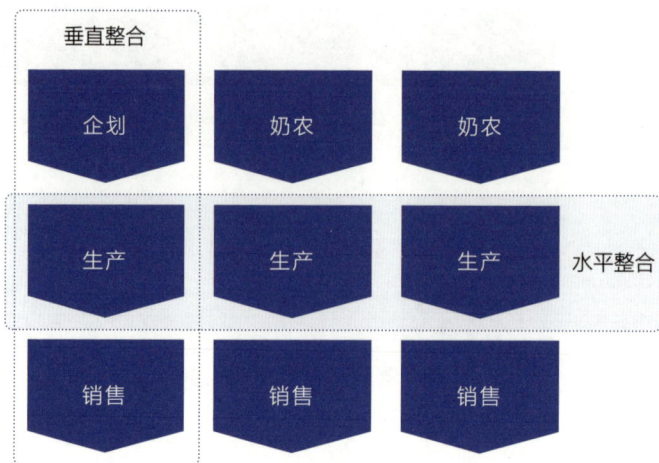

图8-10　水平整合与垂直整合

通过使用价值链·经营资源矩阵进行分析，我们得知可以使用大规模的工厂（物）替代廉价劳动力（人）的不足（图8-11）。

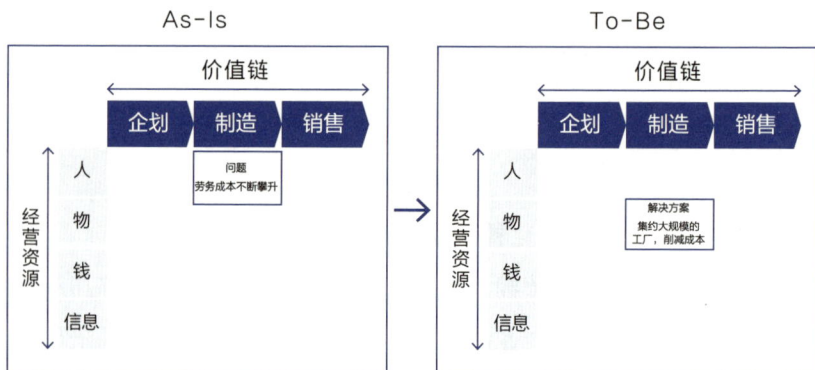

图8-11　现状分析（As-Is）与解决方案（To-Be）

将上述结果放在多样性矩阵中分析后，我们发现对于传统的葡萄酒制造业，规模效应不起作用，需要按照具体区域实施本地化策略，因此将其归属于个体优化型。

然而，如图8-12所示，当富邑葡萄酒集中了大量的葡萄酒制造商转换商业模式后，导致其类型由个体最优型变成了资产组合型。

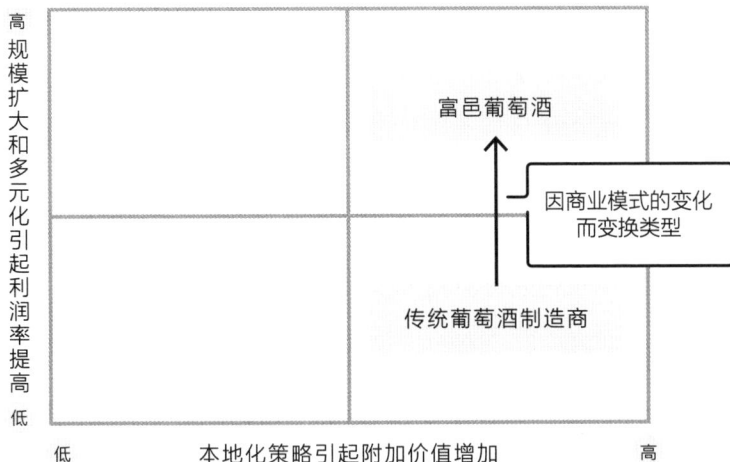

图8-12　富邑葡萄酒职能的多样性矩阵

　　需要补充的是，在多样性矩阵的四个象限中，不存在孰优孰劣的说法，这只是我们为了弄清当前位置而探讨今后的方向性而采取的一种措施而已。从富邑葡萄酒的角度看，偶尔向资产组合型转变或许是最合适的解决方案，但并不表示这个目标是最理想的。

　　如图8-13所示，在多样性矩阵中，因商业模式的转换，富邑葡萄酒的生产过程从左下象限平移到了左上象限。

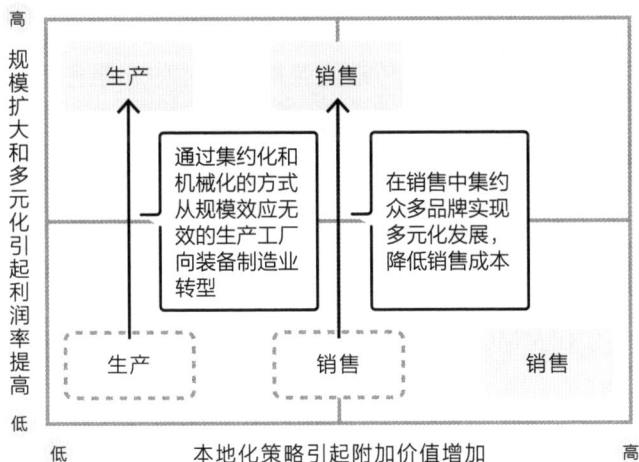

图8-13　富邑葡萄酒的多样性矩阵

全局构思力

同样，众多的品牌一旦集约到集团中，可以在销售方面因销售渠道的共享化而实现利润率的增加。

至于管理方式，在总部实施生产和销售的集中管理来提高利润率，将企划方面的工作交给营业据点，例如需要本地化策略的个别品牌的推广。

前文中提到的时尚界，如规模庞大的路易威登集团，通过资产组合型方式，在激发各个品牌创意总监和设计师按照各自的世界观不断创新的同时，在共享所有的资产管理及资源的基础上谋求利润率的增加。

练习题　生产过程的集约

假设日本也试图和澳大利亚一样通过集约生产过程的形式提高利润率的业态。如果想要实现这个目标，日本面临的障碍有哪些？

（提示：对于劳动密集型产业，思考如何通过集约化的方式降低共有成本）

---

4. 案例3　为20世纪90年代引入数字平台技术，创立人才市场

本节将要介绍的案例是在马来西亚提供人才中介服务的工作街。工作街现在运营着东南亚地区最大的在线人才中介网站，同时也是在澳大利亚上市的、世界上规模最大的在线人才中介网站SEEK集团旗下的一员。

工作街的创始人，Mark Chang Mun Kee先生毕业于麻省理工学院，取得硕士学位后回到马来西亚，创立了马来西亚首个门户网站——MOL.com。最开始工作街仅仅是MOL.com提供的一项服务。

如表8-5所示，在工作街以嵌入式服务成为MOL.com一部分的1997年，当时马来西亚的年平均家庭收入约105万日元，而日本同时代的年家庭平均收入约658万日元，二者相差悬殊。

现在，马来西亚已经成为以欧美企业为中心，在东南亚开展业务时区域管理中心和共享服务中心，因此马来西亚的白领工作机会激增，家庭平均收入增加到约250万日元。

表8-5 马来西亚与日本基本信息对比

项目	马来西亚	日本
人口（2019年）	3200万	1.26亿
人口（1997年）	2200万	1.26亿
家庭年平均收入（2018年）	94812林吉特（250万日元）	552万日元
家庭年平均收入（1997年）	31272林吉特（105万日元）	658万日元（年收入）
第一产业和第二产业占国内生产总值的比率（2018年）	45.80%	30.30%
第一产业和第二产业占国内生产总值的比率（1997年）	55.70%	35.70%

资料来源：世界银行，马来西亚统计局，厚生劳动省。

案例学习的要点

工作街抓住了马来西亚人才中介服务的黎明期，通过网络技术将求职者的信息以一体化的方式集中到一起，解决了求职过程中的信息不对称问题。

在富邑葡萄酒的案例中，富邑葡萄酒为了重新整合业已成熟的葡萄酒行业，采用水平整合制造职能的方式解决了行业中的问题。而工作街则是在人才中介服务业方兴未艾的时候果断地引入了水平整合模式。

曾几何时，为了实现水平整合，需要设置工厂和收购企业，而近年来让更多用户使用同一个平台就可以实现水平整合。换言之，通过数字化的方式，利用具有优秀创意的水平整合模型可以减少介入市场时的障碍。

同时，通过对中央集权化领域与本地化领域的切割，也能够实现海外市场的成功。

图8-14与表8-6是关于工作街整体内容的总结，请读者在阅读正文之前先浏览这两个图表。

Step 1　观察具体事物

马来西亚面临蓝领工人雇用难题

马来西亚的第一、第二产业的比例相对较高，大多数的企业以雇用蓝领员工为主。每家企业发出招聘广告后，针对应聘者的简历筛选、面试等必要工作给企业造成了巨大的负担。对于企业来说单独操作本质上没有太大差异的蓝领工人录用工作，从社会角度看也是没有效率的。

近来，在日本引起热议会员制就业方式即将成为常态，而针对个别企

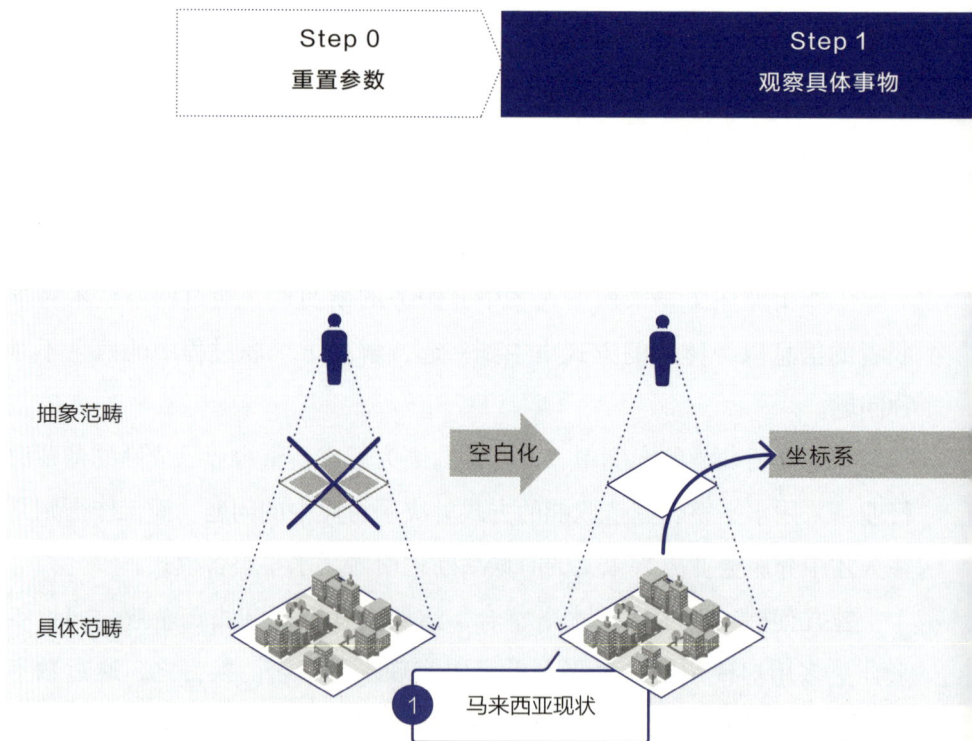

图8-14　工作街全局构思步骤

表8-6　工作街的全局构思步骤

序号	步骤	内容
1	马来西亚现状	• 各家企业单独进行人才招聘、筛选简历等 • 对于蓝领离职率高的企业，招聘成本成为企业难题
2	选择框架模型	• 选择价值链·经营性矩阵和多样性矩阵
3	寻找瓶颈	• 某些企业从零开始收集求职者信息，面对筛选等工作，效率不高 • 探讨一体化收集求职者信息的方案
4	归纳行业特性	• 按照招聘的职位类型募集求职者，提高匹配度，高效便捷
5	引入其他行业的成功经验	• 借鉴互联网相关企业的经验，发挥IT技术的优势，理解一体化集约地解决问题的重要性
6	借助平台介入市场	• 工作街原本并非是劳动密集型人才中介公司，而是起步于门户网站的嵌入式服务内容 • 由总部一体化管理数据的企划与运营，积极推进与销售和增加求职者信息的本地化策略，大力开发海外市场

※表中的1～6的步骤与前文的解释步骤不一致，请读者留意。

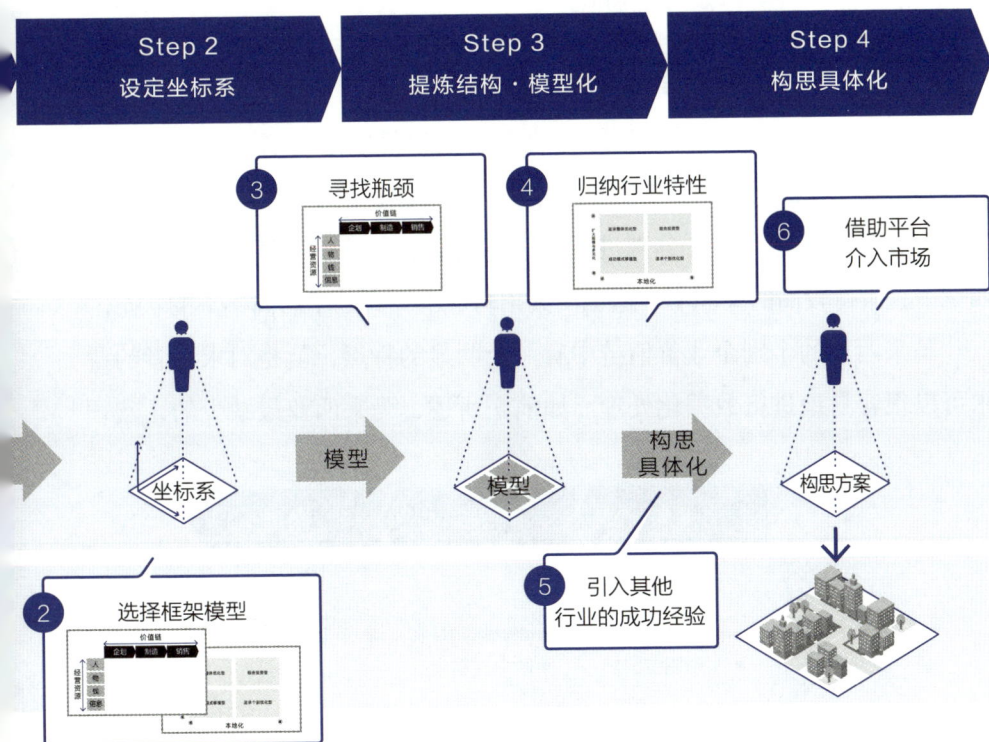

Step 2 设定坐标系	Step 3 提炼结构·模型化	Step 4 构思具体化

3　寻找瓶颈

4　归纳行业特性

6　借助平台介入市场

坐标系

模型

模型

构思具体化

构思方案

5　引入其他行业的成功经验

2　选择框架模型

业的人才要求进行详细规划设计。同一个财务职位，因企业的不同而对人才的要求也不同，而要将要求抽象化恐怕是更难的。持有会计初级资格，拥有两年债务债权管理经验等内容很难通过数字化形式进行判断，因此需要结合企业的需求进行甄别和判断。

Step 2　设定坐标系

为筹建人才中介公司而选择框架模型

在这个案例中，我们依然采用价值链·经营性资源矩阵与多样性矩阵进行分析。

在工作街案例中，面对筹建全新业务，需要在把握瓶颈的基础上分配经营性资源。同时开展海外业务时，需要在理解行业特性后，考虑战略性方向与管理方式。

Step 3　提炼结构·模型化

如何解决应聘者信息不足的难题

图8-15展示了从个别企业角度的人才招聘价值链，简单来说可以分为制订招聘计划、募集应聘者和录用等三个步骤。在1997年，马来西亚招聘以蓝领工人为主，需要分别进行筛选和面试。另外，与日本相比，马来西亚一直维持较高的离职率，这也使其招聘成本一直处于居高不下的状态。

马来西亚的个别企业价值链中有一个明显的特点，就是对求职者的要求可以很容易地进行数据化处理。如前文所述，马来西亚最缺少的是蓝领

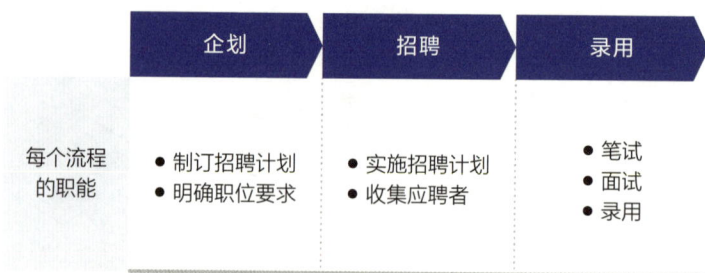

每个流程的职能	企划	招聘	录用
	● 制订招聘计划 ● 明确职位要求	● 实施招聘计划 ● 收集应聘者	● 笔试 ● 面试 ● 录用

图8-15　人才招聘价值链

工人，因此企业的用人需求之间没有太明显的差异。

　　而瓶颈则存在于决定录用应聘者过程中的信息。招聘50人，应聘500人，属于明显的企业与应聘者之间出现了信息不对称，企业需要在收集应聘者信息后再进行筛选工作。

　　通过多样性矩阵的分析，我们发现人才中介服务业应该尽可能地实施本地化，由于业务内容是为了增加相同职位的招聘信息和应聘信息，因此归属于个体最优型。

　　再从规模效应的角度看，相同职位的招聘信息刊登次数的增加，会导致符合要求的应聘者登录的次数增加，可以有效提高匹配的效率。这种行业属于间接网络外部性行业，尽可能地推进本地化策略、针对特定目标的招聘职位数量和应聘者数量越是增加，对于企业与求职者双方来说都能增加附加价值。

　　另外，借助增加业务活动区域，拓展海外市场等方式很难实现提高利润率的效果，同时扩大规模和实施多元化等方式对于增加利润率的可能性也很低。好比无论在印度尼西亚刊登多少招聘信息，对于马来西亚的求职者而言都是毫无意义的。

　　因此，如图8-16所示，在限定于特殊行业和职位的情况下，受规模

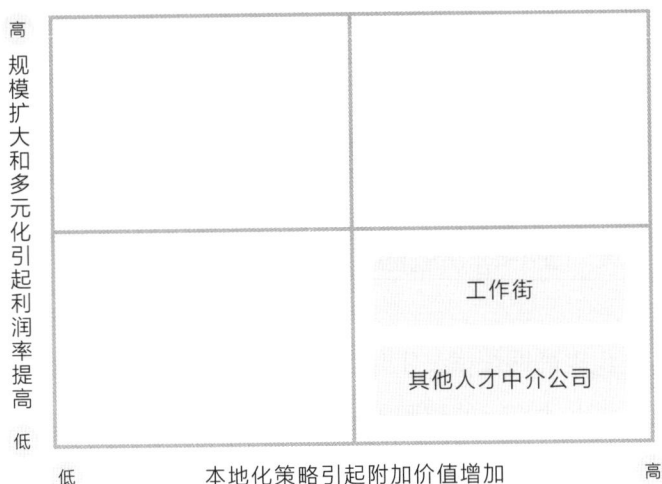

图8-16　工作街的多样性矩阵

效应的影响，将工作街放在右下的象限中，置于其他人才中介服务公司之上，归属于资源组合型行业。

Step 4 构思具体化

开创在线人才中介服务，借助本地化开拓海外市场

工作街创立在线人才中介服务公司的目的在于解决企业与求职者之间信息的不对称。特别是以用人需求容易数据化定义的蓝领工作职位和根据企业不同将产生巨大用人差异的人事或财务等白领工作职位为中心，发布招聘信息。

即使是相同的职位，比起由个别企业单独收集信息，工作街以打包的形式收集并提供求职者的信息，通过与企业共享的方式，形成压倒性的效率优势（图8-17）。

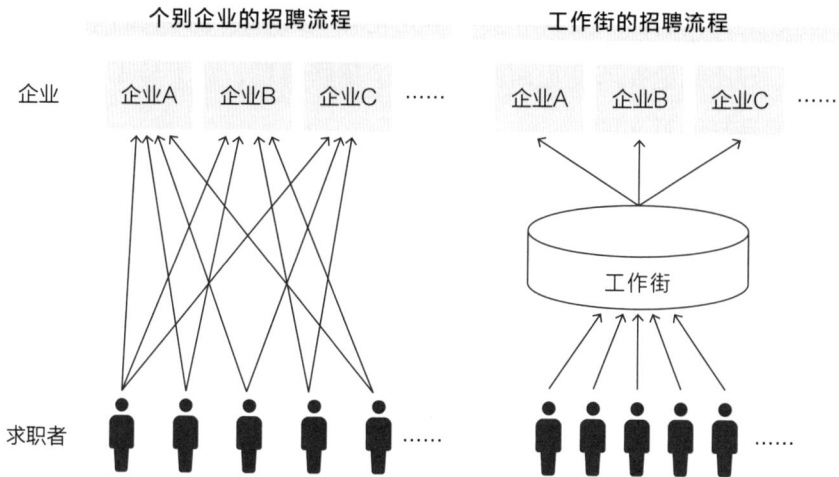

图8-17 个别企业与工作街的招聘流程对比

为了进一步提高匹配率，工作街开发了独特的算法，分别向刊登招聘广告的企业提供名为SiVa的招聘平台，向找工作的求职者提供名为LiNa的工作匹配引擎，能够有效减少双方互相匹配的操作步骤而大获成功。

Mark Chang Mun Kee先生拥有创立门户网站的互联网企业的经验，从

最开始就知晓一体化管理信息所带来的便捷性。因此赶在劳动密集型人才中介公司出现之前，工作街以卓越的洞察力席卷了人才市场而获得了巨大的成功。

工作街的另一个成功秘诀是将目光投向信息不对称，通过强化涉足的领域实现了用户数量的稳定增长。

而工作街海外市场的成功秘诀是，整合所有需要整合的领域和地区，明确所有应该实施本地化策略的领域。

工作街之所以能够成长为东南亚地区首屈一指的人才中介网站，不仅是因为工作街从集团角度整合了品牌经营与算法开发，还有其各个子公司的市场开发、语言支持和接口开发、支持体系等以国别为单位分别开展的本地化。

依托MOL.com的海外拓展经验，Mark Chang Mun Kee先生对于在其他国家开拓互联网服务的管理方式已经了然于胸。

图8-18显示了工作街的主要职能的多样性矩阵分析结果，价值链上衍生出更多附加价值的职能多数集中于右下象限中。

管理方式方面，工作街将关于销售工作和募集应聘者等战略性决策与

图8-18　工作街的各种职能多样性矩阵

操作的权限让渡于营业据点负责人，同时将那些不需要开展本地化的数据库设计以及管理事项集中于总部。

练习题 ｜ 工作街拓展日本市场

假设工作街考虑拓展劳动力人口减少、人才中介行业竞争激烈的日本市场，首先应该考虑哪些行业？以怎样的形式介入市场？

（提示：将业务内容格式化，寻找能够产生一定影响力的领域）

---

5. 案例4　打破大国行政分割，力求独一无二

本节中的案例将要介绍印度的阿德哈尔公司，一家在印度拓展身份证业务的公司。与日本的个人番号制度相比，阿德哈尔公司的普及率更好，业务做得也更加成功。与日本的个人番号制度一样，印度也开发过多种类似的身份系统（表8–7）。

表8–7　印度与日本的身份信息系统对比

项目	印度	日本
正式名称	阿德哈尔	个人番号
开始运行年份	2010年	2015年
人口（2019年）	13.66亿	1.26亿
身份信息系统使用人数	12.51亿	1800万
普及率（使用人数/总人口）	91.50%	14.40%
可使用的功能	• 在线/离线身份证明 • 援助金、补助金、退休金的领取凭证 • 银行交易 • 房屋贷款 • 购买移动电话等使用范围广泛	• 证明个人番号的文件 • 在线申请各种行政手续 • 确认本人的正式身份证明 • 各种民间在线交易 • 可以承载多种服务的卡片 • 可在便利店等直接获取各种证明

资料来源：印度唯一身份识别管理局、日本总务省、世界银行、日本地方政府信息系统组织。

案例学习的要点

作为私营服务提供商，无论是GoJek还是工作街，都可以限制使用人群的范围，而公共服务提供商，必须将其服务内容的对象设置为全部人群。

同时，从用户的角度看，不希望看到众多的平台，希望有一个超级应用程序可以容纳所有的服务内容。

阿德哈尔的价值在于在拥有近14亿人口的大国，实现了上述两点要求。

现在，几乎所有人都使用阿德哈尔的服务，不仅限于公共服务，包括各种私人服务在内的众多服务内容都可以在阿德哈尔上使用。在阿德哈尔的案例中，我们将从全局构思的角度详细说明阿德哈尔成功的两个原因。

首先，在普遍识字率低的印度，阿德哈尔并不是从事培训国民的工作，而是消除不正当使用所获取的居民信息的行为，国民对这个系统有着独一无二的信赖性。

其次，阿德哈尔在构建工厂界普遍的数据平台时采用了开放式应用程序接口，将分割的各式各样的服务全部囊括在内，有效提高了用户使用率而大获成功。

图8-19按照第四章介绍的步骤解释了阿德哈尔的业务流程。表8-8整理了各个步骤中的具体要点，请读者参考。

Step 1 观察具体事物

国民身份证件普及率偏低的印度现状

在阿德哈尔没有创立国民高度信赖的身份证件之前，印度出现了很多问题。例如，与印度尼西亚类似的银行账户普及率偏低和生活保障金的非法领取。

而在这之前使用的身份证件如护照、驾照、纳税用的永久性账号（Perm-anent Account Number，PAN）卡，以及支付生活保障金时的配给

Step 0	Step 1
重置参数	观察具体事物

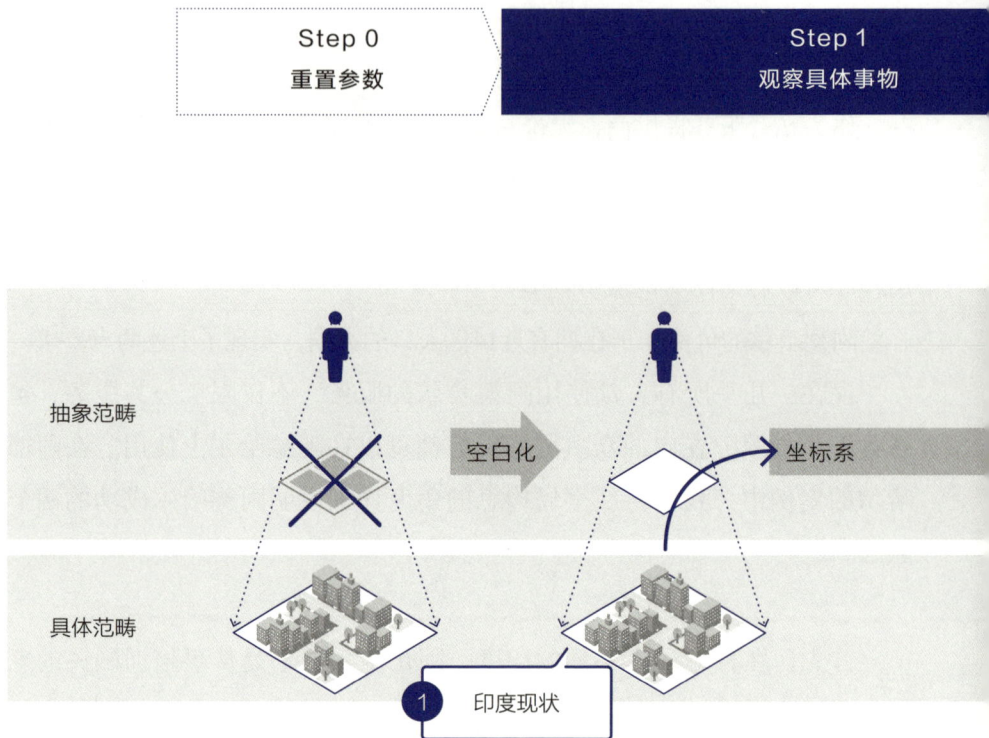

图8-19 阿德哈尔的全局构思步骤

表8-8 阿德哈尔的全局构思流程

序号	步骤	内容
1	印度现状	• 国民身份系统普及率低，护照、支付卡等多种系统混用现象严重 • 国民的识字率低，素质不高，盗用身份信息现象频发
2	选择框架模型	• 选择价值链／经营资源矩阵和多样性矩阵
3	寻找瓶颈	• 用户素质低和相关培训滞后导致盗用现象频发，国民信息系统的适用范围扩张程度有限
4	归纳行业特性	• 应由中央管理的平台设计职能与应按区域实施本地化的国民身份系统的登记与个别服务项目的开发等职能混淆不清
5	引入其他行业的成功经验	• 借鉴中央承担平台的整体设计与管理的经验，灵活运用开放式应用程序接口加速开发小程序
6	阿德哈尔的解决方案	• 无论是用户还是程序开发者都能轻松使用并由中央管理的阿德哈尔系统

※表中的1～6的步骤与前文的解释步骤不一致，请读者留意。

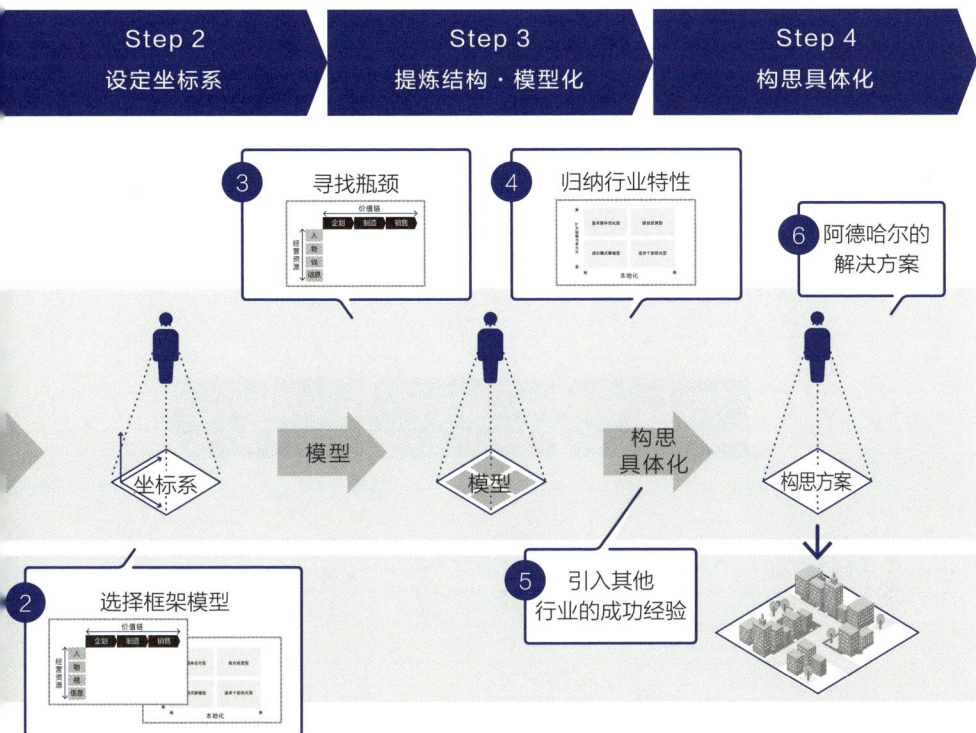

卡等。这些都不属于每个人都需要用到的身份证件，因此普及率偏低，而且材质要么是纸，要么是塑料，导致伪造的身份证件泛滥。

Step 2　设定坐标系

选择导入国民身份系统的框架模型

在这个案例中，我们依然采用价值链／经营资源矩阵与多样性矩阵进行分析。

国民身份系统的运作需要多个步骤，需要对整个国家的经营性资源进行分配。

同时，身份信息登记与提高使用率是完全不同的两件事，为了使二者平衡，正确设计管理方式显得尤为重要。

Step 3　提炼结构·模型化

如何解决培训问题

图8-20表示个人番号运营商的价值链。企划步骤包括卡片规格的企划，发行步骤包括用户登记个人信息，使用步骤包括对用户使用过程中的支持和对开发追加服务。

图8-20　个人番号运营商的价值链

印度的阿德哈尔在价值链上的优势在于什么都能做，反过来说，也可以理解为身份系统普及率低。正是因为身份系统的普及率低，导致无法在银行开设账户，导致需要政府提供生活保障的人无法切实地享受生活保障。

并且，正如我们反复强调的，如果没有以往的遗留物的干扰，当状况发生变化时，蛙跳效应就容易出现了。

我们再从价值链的角度考虑瓶颈问题。

印度之前的身份系统的普及率低以及使用方法存在问题。孩子出生后不去政府登记的人大有人在，导致尚未统计在册的人口数量庞大。

同样，即使拥有身份系统，由于没有得到妥善的利用，导致其价值大打折扣。例如，因识字率偏低，即使出现自己的配给卡被盗用的情况也不能发现的案例一直居高不下。

在日本，即使没有公权力的强制约束，孩子出生后登记户口俨然已经成为标准操作。人们如果发现汇入自己账户的养老金数额出现问题也不会坐视不理。可是在印度，由于国民不具备操作相应事物的基础性能力，导致在日本可以轻易实现的事情在这里难上加难。

然而，为了教育国民既要首先培养能够从事教育工作的教育工作者，还要花费大量的时间实施教育。从经营资源的角度看，对于运行系统而言，教育工作者（人）就成了瓶颈了。

如图8-21所示，我们借用多样性矩阵发现，通过扩大规模和推进多元化可以有效提高利润率（降低每项服务平均成本），对于实施本地化增加附加价值的可能也很高，因此将阿德哈尔归属于资源组合型行业。

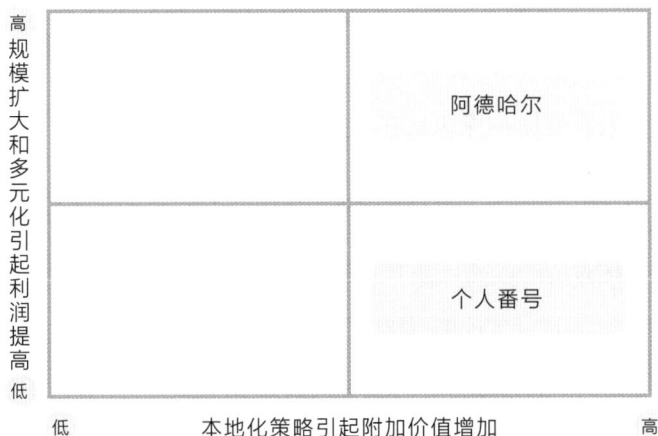

图8-21 阿德哈尔与个人番号的多样性矩阵

首先我们看一下图8-21的纵轴。国民身份系统是由政府运营的平台业务，具有间接网络外部性。比起日本以政府部门和企业单位提供的个人番号平台，集中于一个平台，无论对服务提供商，还是对于用户，都可以显著地提高利润率（降低每项服务的平均成本）。基于这种观点，阿德哈尔的开发团队没有将用户仅仅设定为贫困阶层，而是面向印度全体国民实现了通用平台化。

间接网络外部性是指电视游戏（需要外部设备支持的游戏模式）等平台型商业模式中常见的性质。例如，某个游戏的第一部发布了PS款，而第二部则发布了任天堂款，而第三部又换成了Xbox款。这时，游戏开发者需要设置相应的开发环境，而玩家则需要购买相应的游戏机才能体验这三款游戏。

从横轴看的话，贫困阶层与富裕阶层的需求是完全不同的，而根据区域不同推行本地化可以更灵活地满足不同的需求。因此，在开发之初，阿德哈尔项目就开放了有印度构造美誉的应用程序接口，面向全体印度国民推进数字化。

结果也是非常乐观的，在阿德哈尔的诞生地——印度，从支付、融资，到保险等众多满足各种需求的互联网金融企业应运而生。进一步导致电子商务的交易急剧增加，到2019年，形成了一个规模达10万亿日元的庞大市场。

日本的个人番号原本应该放在与阿德哈尔相同的象限中，但管理方式属于右下象限的个体优化型。这是由于个人番号只是日本众多的身份证明中的一种而已，其地位与阿德哈尔完全不能相提并论。最终导致日本无法实现整体优化，无论是驾照、护照，还是各地区的预期等，都无法实现统一。

我们再回到表8-7，日本的个人番号也可以像阿德哈尔一样应用于很多手续。可是，正如图8-22所示，尽管已经反复提及，之所以普及速度太慢，还是因为个人番号只不过是众多身份证明中的一种而已。

但是，阿德哈尔俨然已经成为很多印度人独一无二的身份证明。

Step 4　构思具体化

获取一体化身份信息，提供本地化服务

针对瓶颈的直接解决方案是重整用户培训体系。如果用户能够直接阅读来自行政机关的文书，当自己的补助金被半路截留时也会立刻察觉。那

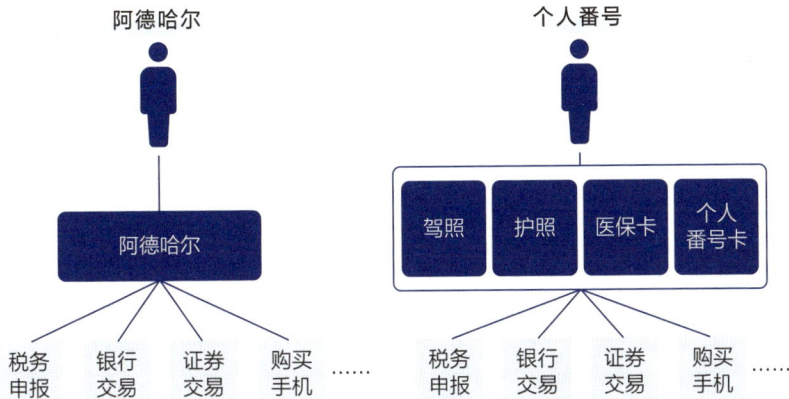

图8-22 阿德哈尔与个人番号的区别

么如果能够增加培训用户的教育人员（人）实施彻底的培训工作的话，就可以实现顺畅地使用这个系统。问题是要想达到顺畅地使用这个系统的阶段，需要多长时间呢？

除此之外，为了掌握人口的绝对数量和人们的行动，设置监视摄像头观察国内情况以获得信息的方式也是可行的。

实施这种方法时，一旦发现没有户籍的人，需要立即启动下一个数据录入的工作。同时，即使有再高的覆盖性，能否真正解决滥用身份盗领补贴的问题仍旧是个疑问。

有鉴于此，时任总理辛格（Manmohan Singh）先生着眼于价值链最上游的规划，于2009年任命了印孚瑟斯（Infosys）的共同创始人南丹·M.尼勒卡尼（Nandan·M. Nilekani）担任架构师，全面负责阿德哈尔项目。从企划的角度看，教育程度更高的发达国家拥有更多选项，如设置更加复杂的密码或改进现有的身份系统都是备选答案。

但是，在印度，不仅要实现即使读不懂文字也能登录和利用这个系统，还必须解决安全方面的问题。

项目团队能够实现的目标是设置12位数字的国民号码，采集两只手的全部手指指纹外加双眼虹膜来开发登录程序（图8–23的To-Be）。获取这些个人信息的基础是日本电气开发的技术。

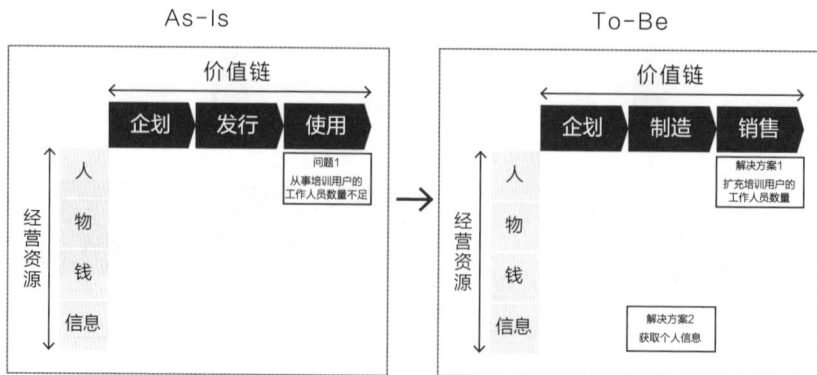

图8-23　现状分析（As-Is）与解决方案（To-Be）

通过回顾这个项目，我们发现，印度在项目中并没有直接解决培训用户的教育人员（人）不足的问题，而是在更上游的步骤中，通过获取个人信息的方式解决了问题。

阿德哈尔项目不仅在印度没有先例，在世界范围内也是前所未闻的。

总之，对于印度这个庞大的国家来说，这是一个革命性的决策。可以说任命南丹·尼勒卡尼先生担任架构师的决定是这个项目成功的最关键因素。

组织中最初的决策必须经过最高领导人的同意，而不是仅由不承担责任的专业人士构成的专家委员会来做出。

阿德哈尔项目属于典型的资源组合型项，以中央集权的形式设计平台的架构，利用开放式应用程序接口搭建了多种多样的服务模式。在各种服务的开发过程中，不进行具体的干预，只要求开发人员遵守基本原则。

在IT界，利用集中式平台，借助开放式应用程序接口可以开发满足需求的应用程序。这种方式不仅可以有效地降低开发成本，还能提高系统的安全性。因此，类比参考IT领域中的案例非常有意义。

图8-24展示了阿德哈尔项目中各种职能的多样性矩阵。平台企划中，规模扩大和多元化可以有效提高利润率（降低每项服务的平均成本），因此政府应该强力推动实施。

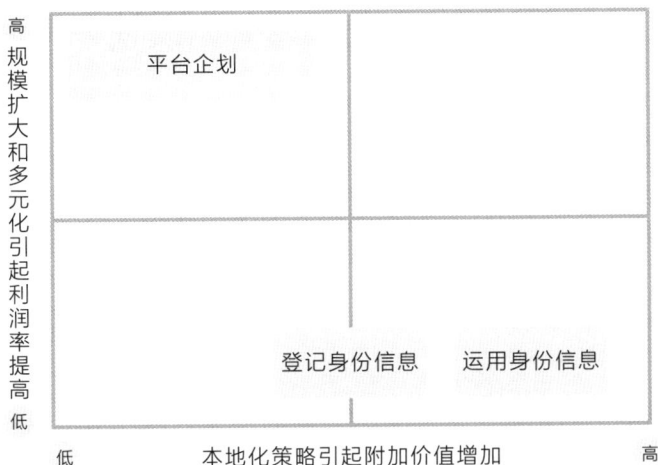

图8-24 阿德哈尔项目中各种职能的多样性矩阵

同时，在身份信息的使用方面，需要开发适合具体情况的功能和结合地域特点进行使用，因此有必要要求各运营商大幅地让渡权限。而关于身份信息的登录方面，涉及语言对应等，几乎不涉及身份信息的使用，因此有必要以各地方政府为单位开展一定程度的本地化。

练习题 ｜ 带领日本的个人番号系统走向成功

在本节开头部分我们已经阐述过日本的个人番号系统的使用率非常低。那么，如果想要从零开始设计一个类似个人番号的系统，使其使用率达到100%，应该做哪些步骤？

（提示：在各种身份系统林立的状态下，普及一种全新的身份系统，其困难程度不言而喻。请类比阿德哈尔或茑屋书店①积分卡的成功案例进行思考）

---

① 茑屋书店：一家以出租图书和音像制品的连锁企业，其发行的积分卡在日本市场具有很高的占有率。——译者注

专栏　利用架构师思维从零开始谋划一个发达国家的发展思路

日本的国家运营

回顾日本历史中能够称之为国家层面的架构师，脑海中会浮现出谁的身影？是提出日本列岛改造论的田中角荣，还是构想废藩置县的西乡隆盛和大久保利通？

虽然这个话题超越了本书的主题，我们不能展开太多，但还是要说一句，第二次世界大战后，战胜国承担了日本的国家架构师职责，日本政府在经营国家时毫不动摇地跟随由其制定的方针。

作为最后一个案例学习，我们介绍一下构建新加坡国家基础的李光耀先生。

从零开始建设新加坡的李光耀

1965年，当新加坡从马来西亚独立时，面临人口不足、土地面积狭窄、自然资源匮乏的窘迫局面。带领新加坡摆脱困境，一跃成为世界上为数不多的发达国家的人就是李光耀，他可以称得上是亚洲具有代表性的架构师。

当时的新加坡，尚不具备有竞争力的国内产业，只能通过引进外资进行工业化。他设计了对于外资企业最具吸引力的税收制度，培养了外资设立的工厂中急需的廉价而熟练的产业工人。结果也是非常有成效的，通过第二产业的带领作用，新加坡的经济一跃而起。

随后，受土地面积限制，工业化带来的经济发展开始放缓，他再次指引新航向，将国家的发展中心向第三产业转移，带领新加坡成长为亚洲的金融和运输中心。现在，新加坡正在大力发展旅游和信息产业，国家的产业结构正朝着多样化方向大步前进。

在经营资源匮乏的背景下，得益于架构师思维，李光耀从外部获取了必要的资源，成功实现了转型，最终将新加坡打造成一个连手握丰富资源的竞争对手都争先向往的投资天堂。因此，我们迫切期待着在少子高龄化不断加剧、国家债务不断攀升的日本，也能出现像李光耀一样，能够承担起架构师职责的那个人。

新加坡的身份信息系统

本章中，我们围绕印度的身份信息系统——阿德哈尔展开了详细说明，而新加坡是从早期着手身份信息系统建设并取得成功的国家。

新加坡为了提高居民的便利性，一直在普及代表居民身份的Singpass系统。这个系统由新加坡政府于2003年提出构想，并在全国60个国家机关使用。Singpass被设计成用户可以在政府机关中横向共享密码，而不需要花费精力管理数个密码。

Singpass由新加坡政府科技局（Government Technology Agency，GovTech）实施统一管理。15岁以上的新加坡公民、拥有永久居留权以及持有各种签证的外国公民均可以申请Singpass，在报税等使用政府服务时需要提交Singpass用来证明身份。

发展到现在，Singpass的应用范围不仅限于公共服务，在私人服务领域的应用范围也正在不断扩大，现在提供服务的规模已经超过1400种。与印度的阿德哈尔一样，由于使用特定服务内容时必须提供Singpass，因此随着普及范围的扩大，其他的服务也随之发展，这也就是我们所称的CSF。

个人身份系统发达的新加坡，对抗新冠疫情的措施也非常有效，值得称赞。

　　当外国劳动者集中的住宅区出现大规模感染群体之际，为适应准封城而准备的早期隔离措施，新加坡及时启动了熔断机制。

　　同时，新加坡通过促进普及与身份系统并行的TraceTogether（手机应用程序）和通行卡（一种小型装置），搭建了能够掌握多数居民行动轨迹的机制。得益于此，当新的感染者出现时，新加坡能够迅速及时地应对和处理，向与感染者有密切接触可能性的居民发出警报，有效地控制感染范围。

　　在疫苗接种方面，居民只需登录政府的网站，手机会收到通知，实现了自由预约。在预约接种日到达指定的接种中心，从问诊到接种完成大概需要40分钟的时间。接种记录全部处于身份系统的管理之下，使用TraceTogether也可以查询相关信息。

　　上述措施仅是新加坡政府应对新冠疫情的部分措施，能够迅速及时地提出这些措施，与个人身份系统的普及，以及充分利用Singpass中丰富的身份技术是分不开的。

　　在新加坡，派发口罩等随着疫情的变化随时调整。口罩的领取方法从用户到健康中心亲自领取调整为通过街头自动贩卖机直接获得。通行卡的派发方式也在不断调整。就连Singpass应用程序的行程管理功能也被整合到TraceTogether应用程序中，类似的行动式调整随时随地都在进行。

　　这是因为新加坡科技局从架构师的高度提出明确的行动方针，并沿着行动方针适时地检查其作为方法论的可行性。

　　像李光耀先生结合实时情况积极调整产业结构的做法一样，新加坡的架构师提出行动方针，并付诸实践，其重要意义是不言而喻的。

结束语

读完本书并不意味着到达终点

各位读者，您曾经读过商业图书或自我启发等类型图书后，有多少付诸实践呢？当然，不能否定只将阅读当成乐趣的习惯，但无论怎样，笔者衷心希望读者朋友拿到本书后能够反复阅读，改变思考方式，并将思考内容放到实际生活中去执行、去操作。

作为咨询师，我们也不是从一开始就能掌握本书所述的架构师思维，也不能沿着架构师思维直接付诸实践中。获得工商管理硕士学位，接受了咨询公司严格训练也不意味着可以立即掌握架构师思维。

最后的部分，笔者想再讨论一下如何让架构师思维成为习惯，在日常活动中不断加以锻炼的方法。

将架构师思维习惯化

思考是一种习惯。早上在规定的时间起床、洗脸、吃早饭，完成这样的日常活动后出门上班，当我们适应这些固定内容后，习惯就形成了。将读报纸、看新闻时获得的信息原封不动地记忆在脑海中对实践没有帮助。

由于我们接受的是以背诵为中心的教育模式，并不擅长将自己独自思考的内容向外输出。特别是我们在本书中阐述的信息化，更加加重了这种倾向。

数字原住民或许很难理解数字依赖的概念。在数字时代还没到来之前，我们读书时如果遇到了不认识的单词，要么动手查字典，要么向别人请教，要么自己一个人瞎猜。而今，如果只要在平板电脑的应用程序中单击一下这个单词就能得到相关的解释。这样的功能在之前是完全没有的。

例如，过去与朋友在地铁站台汇合时，要事先约好到3号站台上行方向从车头开始数第二个车厢附近，如果没有这样详细的信息恐怕两个人很难遇到对方。之后一种被称为寻呼机的社交利器诞生了。但寻呼机本身没有打电话的功能，如果没有公用电话将无法收到对方的消息。现在，如果与朋友约好10点在涩谷碰头的话，即使在碰头前再告知对方详细地点也不会错过。

在公司里，如果向上司寻求帮助，通常只能得到如"之前是怎么处理的?""竞争对手采取的策略是什么?"之类的回答。新员工的培训师向新员工提问时，回答要么是谷歌上能查到的信息，要么是陈列在书店的操作手册中记载的内容。

在经济高速增长期，可以从欧美和国内获得良好的参考样本时代里，积极学习过去案例和成功案例，然后进行改善是最重要的。然而，在变化迅速、未来难以预料的乌卡时代里，这种办法行不通了。

不仅如此，曾经只能通过义务教育和高等教育才能获得的重要知识，现在已经可以在网上搜索到了。就连像哈佛大学、斯坦福大学等世界顶级大学的课程，都能以非常低廉的价格在网络上听。会计师、律师和咨询师的业务正在越来越多地被人工智能所取代。

数字化进程的发展加快了世界的抽象化，对架构师的需求也在持续上涨。GAFAM正在潜移默化地为我们的生活和工作提供支持，导致我们独自思考的机会正在减少，进一步导致架构师的培育变得更加困难。

总之，能够用自己的头脑思考、建立假说、打磨计划，最后付诸实践的机会正在变得越来越少。因为思考本身是一个主体性行为，当世界变得更加便利时，个人也不会去考虑那么多。在此背景下，架构师思维显得愈加弥足珍贵。

尝试一天一次的输出

从积极的角度看，人们将架构师思维变成习惯后，更易从社会中脱颖而出。

那么，怎样才能让架构师思维变成一种习惯呢？

笔者推荐的做法是，从坚持一天一次的输出开始。

思考本身包含信息的输入、加工和输出三个步骤，这是必须习惯的过程。

你可以利用社交平台乃至智能手机的记事本、日记等形式，将一天一次的输出当成习惯开始训练自己。

这里的重点是，必须保持一天一次，坚持每天都要跨越障碍。例如，如果喜欢看棒球，就每天关注职业棒球联赛的新闻，想到的事情哪怕仅有一行也要坚持写下来。读报纸的一个版面，将自己最在意的内容以一行文字的形式总结出来。这些都是坚持的表现。

为了减肥而拼命地限制饮食和过度运动，勉强坚持一个月实现了暴瘦的目标，但随后迅速反弹，这样的做法不是习惯。倘若不能将上述思维习惯变成生活的一部分，那么就不是习惯化，也不能说是已经掌握了架构师思维。

形成习惯后，后面要逐步提高思维水平。这个过程也不是一气呵成的，而是要循序渐进。例如，看到职业足球联赛新闻后，将对足球的感想延伸到职业棒球联赛，或者思考两家不同便利店的宣传片之间的区别。我们身边可以锻炼架构师思维的素材数不胜数。

架构师思维的工具之一——框架模型的应用也是如此。不要强迫自己立即适应框架模型的规律，而要从日常生活开始一步一步地熟悉框架模型的使用方法。

假设父母因工作时间重合而无法接送孩子上下学，首先考虑这个问题的瓶颈在哪里。如果是人手不足，那么请求父母或朋友帮忙或许可以直接解决问题。当然，也可以居家办公，不去公司上班，用信息的方式解决问题。同时，寻找离公司近的临时托管班（物）也是解决方法之一。

假如遇到部下报上来的日报存在内容遗漏或方法不恰当等问题，可以使用多样性矩阵分析这个问题。如果格式不统一，那么采用统一的格式就会降低整体的成本。如果单独开展的定制化内容不能有效提高附加价值，就采取选择式方式，提高对方对定制方案的理解程度。

从最简单的事情开始，养成坚持一天一次输出的习惯化思维。一年下来，你将与周围的人迥然不同。

将思考内容付诸实践

当下社会充满评论家。不仅有在电视上反复发表各种不负责任言论的评论家，还有开会时没有任何对策、会后对人喋喋不休的批评者，将拿不出结果归结到环境不好的抱怨者，将业绩不好归责于新冠疫情的影响、而对资金筹备和业绩改善拿不出任何方案的经营者。

无论哪种情况，架构师都要提高自由度，一个人思考，积极主动地创造结果。

将思考内容付诸实践、转化为成果的过程中最重要的一点是，将行动方案具体化到切实可行的程度。也就是说必须落实到"一天一次输出"的程度。各位读者在公司中恐怕都有如下的经历：

- 这次没能拿到订单是对客户需求的分析不足导致的，因此老板要求员工：下次分析客户需求时绝对不能懈怠。
- 因为预测今年的业绩将恶化，老板要求全体员工提高成本意识。
- 员工满意度调查结果显示，领导与下级之间的关系淡薄，因此收到了来自人事部门要求强化员工关系的意见书。

或许，这些解决方案在方向上没有错。然而，不改变意识，人的行为是不会改变的。架构师在寻求抽象化的解决方案的同时，也必须具备将行动方案具体化的能力。

架构师不仅要出现在现场，获得具体的信息，思考抽象化的解决方案。当展开具体行动时，还需具备在现场将行动方案落实的能力。

标榜现场主义，目光集中于细枝末节的经营者只能为现场添乱。发出现场不能消化的抽象化命令、想依靠一个人完成工作的经营者不具有架构师思维。

丰臣秀吉即使有构思修建大阪城的想法，如果不具备将自己的构思传达给臣属的能力，恐怕筑城也将无从谈起。

沃尔特·迪斯尼即使描绘了在佛罗里达的湿地里规划游乐场的构思，如果没能完整地将其想法传达给设计师，恐怕世界中也不会出现这个造梦乐园。

架构师应该享受思考的乐趣

本书原稿即将完成的时候，笔者看到了关于将棋棋手藤井聪太以最年轻棋手的身份成功卫冕和升入九段的新闻。在与渡边明名人的感想交流中，这些完成了一整天番棋战的棋手们，居然还能带来意想不到的经验分享。

在赛后的记者会上，藤井说"不要一味地追求冠军头衔的数量，而是要重视过程""在不断地变强中，我看到了之前从未看到的风景"。藤井将记者们期待的夺冠感言抛在一旁，用自己的方式表达着对将棋真理的追求。同理，架构师对于思考本身的理解，也应该是源自心底的享受。

面对81个棋盘格，将棋棋手以架构师的姿态通过终极思考的方式展现自己。本书中出现的架构师们也是为了能够欣赏那些其他人欣赏不到的独特风景而展开终极思维，践行着属于自己的世界观。至于销售额、利润，充其量只是结果之一而已。

面对模拟考试、考前冲刺、求职冰河期、资格考试……如果只是为了应付，学习和思考只会乏味不堪。历史年号、古文活用表、微积分、通识知识等内容学起来似乎没有任何意义。但是，这些是为了学习具体与抽象而准备的课程内容。如果能将简单的历史年号按照顺序排成一列，经过抽象化处理，掌握窍门，在从事研究未来的工作时，将发挥巨大的作用。将数学公式理解为设计公式进行推导的抽象化过程，具有意义非凡。

为了创造美好的明天，今天与昨天相比，明天与今天相比，应该有一天比一天精彩的内容。为了这个目标活用上述知识，将是多么激动人心的事呀。不要将架构师思维看成是昏暗的、无聊的工作，而要理解成面向未来的充满活力的工作。

受疫情影响而资金周转陷入困难的企业不断出现，同时，也有因疫情而股价飞涨、业绩飙升的企业。无论怎样，不稳定的环境将不断给经营者带来麻烦。不稳定的艰难时期里，直面现实，勇敢前行，才是个人和组织的真正优势所在。

希望本书能够帮助读者成为一名真正的架构师，亲手设计自己的人生和事业，这是我们最大的荣幸。

最后，我们向从本书策划阶段开始一直给予莫大帮助的以高野仓俊胜先生为代表的钻石社的全体员工，和对本书主题提供建议的建筑师上田真路先生，以及对本书原稿给予各种建议的热心人士表示衷心的感谢。

细谷功　坂田幸树

参考和引用文献

1. "イノベーションのジレンマ　増補改訂版"（クレイトン・クリステン
   セン、玉田俊平太監修、伊豆原弓翻訳、2001年）
2. "隠喩としての建築"（柄谷行人、講談社学術文庫、1983年）
3. "日本建築思想史"（磯崎新、太田出版、2015年）
4. "具体と抽象"（細谷 功、dZERO、2014年）
5. "'具体⇄抽象'トレーニング"（細谷功、PHPビジネス新書、2020年）
6. "ザ・ゴール―企業の究極の目的とは何か"（エリヤフ・ゴールドラッ
   ト、三本木亮翻訳、ダイヤモンド社、2001年）
7. "競争優位の戦略"（M.E.ポーター、土岐坤翻訳、ダイヤモンド社、
   1985年）
8. "会社の老化は止められない"（細谷 功、亜紀書房、2013年）
9. "The Multinational Mission"（C.K. Prahalad, Yves L. Doz：Free Press、1987
   年）
10. "Transnational Management"（Christopher A. Bartlett, Paul W. Beamish：
    Cambridge University Press、2018年）